Resgate na Cidade das Sombras

Resgate na Cidade das Sombras

Psicografado por
Eliane Macarini

pelo espírito
Vinícius (Pedro de Camargo)

Resgate na Cidade das Sombras
pelo espírito *Vinícius (Pedro de Camargo)*
psicografia de *Eliane Macarini*
Copyright ® 2007 by
Lúmen Editorial Ltda.

2ª edição – Dezembro 2008

Direção editorial: *Celso Maiellari*
Preparação de originais: *Alessandra Miranda de Sá*
Revisão: *Mary Ferrarini*
Diagramação: *Lucas Godoy / Casa de Idéias*
Arte da Capa: *Daniel Rampazzo / Casa de Idéias*
Impressão e acabamento: *Gráfica Palas Athena*

Dados Internacionais de Catalogação na Publicação (CIP)
(Câmara Brasileira do Livro, SP, Brasil)

Camargo, Pedro de (Espírito).

Resgate na cidade das sombras / pelo espírito Pedro de Camargo (Vinícius) ; psicografia de Eliane Macarini. -- São Paulo : Lúmen, 2007.
Bibliografia

1. Espiritismo 2. Psicografia 3. Romance espírita I. Macarini, Elaine. II. Título.

07-7834   CDD-133.9

Índices para catálogo sistemático:
1. Romance espírita : Espiritismo 133.9

Rua: Javari, 668
São Paulo - SP
CEP 03112-100
Tel/Fax (0xx11) 3207-1353
visite nosso site: www.lumeneditorial.com.br
fale com a Lúmen: atendimento@lumeneditorial.com.br
departamento de vendas: comercial@lumeneditorial.com.br
contato editorial: editorial@lumeneditorial.com.br

2008
Proibida a reprodução total ou parcial desta
obra sem prévia autorização da editora
Impresso no Brasil – *Printed in Brazil*

Prefácio

*Bem-aventurados os mansos, porque eles possuirão a Terra.
Bem-aventurados os pacíficos, porque
serão chamados filhos de Deus.*

(Mateus, 5: 5 e 9)

A doçura e a amabilidade são conquistas de nosso espírito quando, realmente, nos colocamos em saudável caminhada de renovação pessoal. Essa postura, do espírito renovado, se origina da sinceridade de propósitos com nossos semelhantes e, principalmente, conosco. Postura essa que se manifesta pelos pensamentos sinceros, quando não julgamos, não condenamos e não punimos aqueles que nos ofendem, mas, em atitude contrária ao nosso orgulho e à nossa vaidade, conseguimos elevar nosso pensamento ao Pai, pedindo que nos perdoe as falhas na medida em que conseguirmos perdoar aos nossos irmãos ofensores.

A humanidade faz desta época histórica um momento de reajuste, superando as tentações que invadem o planeta, em formas atraentes, representadas pelas facilidades que se originam do progresso material.

Densa energia envolve o globo, pois estamos vivendo momentos derradeiros de oportunidades de resgate, e irmãos ainda em estado de selvageria mental aqui renascem em busca de perdão. São possibilidades preciosas ofertadas a esses espíritos ignorantes, que se apresentam em momentos de expiação de desatinos pretéritos, e em doces momentos de provação para espíritos cientes de sua ignorância.

O progresso material que vem beneficiar uma humanidade carente de saúde física, moral e emocional também serve como provação, pois o direcionamento que daremos ao uso de todas essas oportunidades é que nos fará espíritos melhores ou não.

Importantes descobertas são mal utilizadas por mentes doentias, assim trazendo aos incautos espíritos maiores débitos, que se somarão aos já existentes, facultando, ao espírito que não se esforçou em sua redenção, uma nova morada de dor, que em futuro próximo o elevará ao papel de mestre; e para aqueles que já labutam na Seara Bendita é a oportunidade de direcionar boas energias em benefício dessa sociedade ainda tão conflitante, alimentando o verdadeiro amor, o amor fraternal, partilhando virtudes por meio do exemplo sadio, como nos ensinou Jesus.

Esse trabalho que ora realizamos, com as bênçãos de Deus, tem como objetivo principal alertar a população do orbe bendito de que todos nós, espíritos encarnados ou não, temos obrigação moral de direcionar os melhores esforços para o bom uso de nosso livre-arbítrio. Dessa maneira consciente, seremos abençoados por nossas escolhas felizes, e passaremos a ter o merecimento de ser os que auxiliam.

Lembremos, pois, que o mal não é característica fatal de nada nem de ninguém; ele se origina dentro de nós mesmos, e é nossa energia pessoal que dá qualidade aos nossos pensamentos e a nossas ações, impregnando positiva ou negativamente tudo que tocamos.

Lembremos mais e amorosamente de nossa origem divina e alimentemos a chama inextinguível de nossa criação, direcionando esforços amorosos a todos os que habitam esta Terra Bendita de oportunidades, e sejamos constantes em nosso crescimento moral e cristão, tarefa essa que nos exige humildade, perseverança e boa vontade.

Deus os abençoe.

Vinícius

Ribeirão Preto, 23 de julho de 2006

Capítulo XV	O Senhor das Sombras	146
Capítulo XVI	A Internet e seus perigos	155
Capítulo XVII	Constantino e sua influência	165
Capítulo XVIII	Mais uma questão delicada a ser resolvida	173
Capítulo XIX	Um momento sublime	183
Capítulo XX	Colocando os pingos nos "is"	193
Capítulo XXI	Utilização desmedida da energia sexual	205
Capítulo XXII	Tristes conseqüências	215
Capítulo XXIII	Chegada à Cidade das Sombras	224
Capítulo XXIV	Os amigos de Jorge	237
Capítulo XXV	Atendimento mais que fraterno	252
Capítulo XXVI	Quando a mão do destino impõe o limite	262
Capítulo XXVII	Álvaro faz uma surpresa muito desagradável	271
Capítulo XXVIII	Ninguém vai arredar o pé	280
Capítulo XXIX	Amor, desencarne e redenção	288
Capítulo XXX	Mensagem reconfortadora	296
Capítulo XXXI	Um espírito de luz chega ao planeta	303

CAPÍTULO I

~✦~

O início dos problemas

614. O que se deve entender por lei natural?

A lei natural é a lei de Deus; é a única necessária à felicidade do homem; ela lhe indica o que ele deve fazer ou não fazer e ele só se torna infeliz porque dela se afasta.

(Livro dos Espíritos – Livro III – As Leis Morais – Capítulo I – A Lei Divina ou Natural – Item I – Caracteres da Lei Natural)

Sara saiu de casa apressadamente. Estava atrasada para chegar ao trabalho. Irritada, mostrava no semblante tenso a ansiedade que a consumia. Enquanto caminhava em passos largos e rápidos, sua mente fervilhava com os acontecimentos dos últimos dias. Pensava e repensava, em uma tentativa vã de entender tudo o que vinha ocorrendo dentro de sua casa. Sua mãe vivia brigando, agredindo a todos e a ela mesma, com cobranças injustificadas, carregadas de mágoa e acusações. Os filhos, sem saberem exatamente como deveriam reagir a todo esse conflito, acabavam se contaminando com tanta negatividade.

"Mamãe anda muito estranha. Não se interessa mais por ninguém lá de casa. Mesmo quando vamos contar a ela algum fato corriqueiro, ela nos rejeita, como se não mais nos amasse. Será cansaço? Mas... ela não trabalha tanto assim, quem assume toda a responsabilidade de nossa casa é a vovó, apesar de estar tão doente. E trabalho não acaba com ninguém. Nós também trabalhamos e ainda estudamos à noite. Em casa não tem nenhum desocupado.

Mesmo o Junior, com seus dezesseis anos, já arrumou trabalho. Será que ela anda brigando com papai porque ele é meio sossegado, não gosta de sair, de passear? Mas... ele trabalha a semana toda viajando, ainda cuida do escritório na cidade. Aos sábados e domingos ele quer curtir a família, ficar em paz dentro de sua própria casa, e todo fim de semana é um inferno.

Mamãe sempre foi meio desequilibrada, mas nos últimos anos tem estado sob controle com a medicação que toma. Será que não está seguindo as prescrições médicas e por isso está tão agressiva e desrespeitosa? O que será que está acontecendo com ela?"

Enquanto esses pensamentos giravam vertiginosamente na cabeça de Sara, Virginia, sua mãe, acabava de se despedir de Samuel, que saía para trabalhar e só retornaria no fim de semana.

— Ainda bem que foi todo mundo embora, agora posso fazer o que gosto.

Virginia contava com seus quarenta e cinco anos. Era uma mulher de aparência frágil, delicada, com traços harmônicos.

Grandes olhos verdes e os cabelos louros cortados na altura dos ombros davam-lhe uma aparência de menina.

Animada, se dirigiu ao quarto, sentou-se diante de uma mesa e ligou o computador.

Vários anos separam os fatos que passarei a narrar dos contados nas primeiras linhas deste livro. Mas chegaremos até elas, o leitor bem saberá, após alguns anos de história.

Virginia conhecera Samuel no início da adolescência. Contava com dezesseis anos. Samuel era amigo de faculdade de seu irmão, e era mais velho que ela. Na época, tinha vinte e dois anos. Virginia apaixonou-se por ele, mas principalmente pelo que ele representava para ela em termos de futuro. Enquanto o rapaz não a notou, ela não teve sossego. Começaram a namorar e seus pais exigiram que esse namoro fosse dentro de casa, com a assistência e a vigilância dos familiares.

Aos dezessete anos se casou com Samuel, que sempre fora um rapaz responsável e respeitoso, pertencente a uma família de posses, fato que lhe proporcionou condições para dar a Virginia um padrão de vida bastante elevado, satisfazendo todos os seus caprichos.

Logo nos primeiros anos de casamento vieram os filhos, duas meninas e um menino: Sara, a primogênita; Sophia, a do meio; e Samuel, o caçula que tinha recebido o mesmo nome do pai.

Apesar da responsabilidade com o casamento e a maternidade, Virginia tinha às suas ordens um quadro de funcionários que executavam todo o trabalho da casa.

Leonora, jovem senhora viúva, sem filhos, desempenhara o papel de babá das crianças, e, depois que elas cresceram, o de governanta da casa. Com o passar do tempo, Virginia foi relegando suas responsabilidades e deixando tudo ao encargo de Leonora, até mesmo a educação dos filhos. Samuel, irritado com o comportamento da esposa, que somente se interessava por compromissos sociais e em satisfazer a sua vaidade pessoal, chamou-a para uma conversa séria.

— Virginia, estou muito preocupado com o rumo que as coisas estão tomando em nossa casa.

— Do que você está reclamando? Está tudo limpo, organizado; as refeições são servidas na hora e com esmero; as crianças estão bem cuidadas. Não sei do que está falando.

— Um lar não é somente isso que você acaba de descrever. Tudo que acaba de relacionar é executado por nossos empregados, mesmo o cuidado com nossos filhos. Outro dia, entrei na cozinha e o Junior chamou a Leonora de mãe. Ela, constrangida, tentou de várias maneiras explicar ao nosso filho que você era a mãe dele, mas a criança não entendia, porque é ela que cuida dele, e não você.

— Como essa infeliz se atreve a querer roubar meu filho? Amanhã mesmo ela está no olho da rua. Aí fora está cheio de serviçais querendo um emprego, e farão do jeito que eu mandar. Não admito essa insolência!

— Que insolência, Virginia? A única culpada pela confusão na cabecinha do Junior é você. Ele quase não vê a mãe e, quando a vê, não pode nem ao menos tocá-la, porque pode estragar o penteado, sujar e amassar sua roupa, ou você está com muita pressa para olhar nos olhos de seu filho e saber do que ele precisa.

— Agora você me acusa? Passo o dia todo trancada nesse mausoléu, sozinha. Sou uma mulher jovem. Preciso de diversão, preciso me cuidar. Você não vê que faço isso para que tenha orgulho de me exibir aos seus amigos? Você pensa que não escuto quando lhe dizem como sou linda, perfeita e elegante? Tudo isso dá muito trabalho. Preciso de tempo, então tenho serviçais para cuidar da casa e das crianças.

— Não quero um objeto para exibir aos meus amigos. Quero uma companheira que divida comigo as alegrias e também as preocupações. Quero que você seja mãe para seus filhos; eles são crianças maravilhosas e merecem todo o amor do mundo.

— Eu os beijo todo dia. Quanto à parte chata, de limpá-los e alimentá-los, a Leonora, ou outra qualquer, pode fazer. E agora chega! Essa conversa está me irritando profundamente! — Mudando de assunto, Virginia disse com animação: — Não se esqueça de que hoje à noite temos um baile à fantasia, e não quero estar com péssima aparência. Preciso ir, tenho hora na massagista e no salão de beleza. O penteado que escolhi é muito difícil, levará horas para ficar perfeito. Até a noite, meu bem!

Dizendo isso, Virginia saiu da sala em direção à entrada da casa, onde um motorista, sempre à disposição, a aguardava para levá-la aonde quisesse.

Samuel, com o semblante franzido pela raiva, foi até a cozinha e encontrou Leonora entretida com seus afazeres.

— Bom dia, Leonora! Ainda tem café fresco?

— Acabou, senhor Samuel, mas em um instante preparo uma xícara para o senhor.

— Não quero atrapalhar!

— Não se preocupe! As meninas já foram para a escola e o Junior ainda está dormindo; estava apenas deixando instruções para a cozinheira preparar o almoço. Depois vou cuidar das roupas dos senhores.

— Essa casa sem você estaria um caos. Virginia não dá a mínima atenção para sua família. Isso me deixa muito triste.

— Ela ainda é muito jovem, senhor Samuel. Tenha paciência; as ilusões aos poucos vão sendo substituídas pela realidade, e nos tornamos responsáveis. Dê-lhe tempo para que amadureça.

— Você deve ter razão, mas, enquanto isso, as crianças crescem sem a supervisão ativa da mãe. Procuro de todas as maneiras compensar essa falta, porém preciso me ausentar todos os dias e trabalhar. Sinto-me culpado, e penso que os estou relegando a um segundo plano em minha vida.

— O senhor é pai amoroso e sempre paciente com seus filhos; não se preocupe com eles, são bons espíritos e saberão fazer excelentes escolhas na vida. Vá trabalhar em paz, tudo ficará bem!

— Obrigado, Leonora! Com você aqui fico sossegado, pois sei o grande carinho que tem por meus filhos.

Samuel foi embora e Leonora o observou pela janela com carinho. Seus olhos se encheram de lágrimas ao pensar: "Ah! Se eu tivesse o merecimento de ser amada por ele, tê-lo encontrado em minha vida e me casado com ele, cuidaria dele com tanto carinho que nunca o deixaria sair de nosso lar com as rugas de preocupação que vejo em sua testa. Mas... estou aqui para aliviar essa dor, apenas isso. Vou me dedicar com amor a este lar, e nunca permitirei que ninguém saiba de meus sentimentos".

CAPÍTULO II

~·~·~

A mansidão de Leonora

619. Deus proporcionou a todos os homens os meios de conhecerem a sua lei?

Todos podem conhecê-la, mas nem todos a compreendem; os que melhor a compreendem são os homens de bem e os que desejam pesquisá-la. Não obstante, todos um dia a compreenderão, porque é necessário que o progresso se realize.

(Livro dos Espíritos – Livro III – As Leis Morais – Capítulo I – A Lei Divina ou Natural – Item I – Caracteres da Lei Natural)

Leonora era uma mulher serena. Com seus vinte e nove anos, aparentava a maturidade alcançada por meio do sofrimento e da luta diária pela sobrevivência. Seu rosto de pele clara, emoldurado por cabelos crespos e negros, era enfeitado por um lindo par de olhos azuis, expressivos e tranqüilos. Era alta e possuía um porte ereto; inspirava respeito e confiança.

Nascida em uma família muito pobre, sempre sofrera privações materiais, mas eram pessoas de boa índole, trabalhadoras, que valorizavam muito a educação dos seis filhos.

Leonora e os irmãos sempre receberam noções de alta moral. A família, de berço espírita, freqüentava uma boa casa de trabalho, onde contribuíam para as atividades como voluntários e aprendiam a dividir o pouco que tinham com os mais necessitados.

A serena governanta crescera em um ambiente saudável, sempre apoiada pelos pais em sua caminhada. Aos vinte e três anos casara-se com Antônio, rapaz também de condições financeiras precárias, homem honesto e amoroso, que tinha sido o companheiro amável e compreensivo de Leonora por três anos, quando desencarnara em um acidente de trabalho. Era pedreiro em uma grande construtora. A construção onde trabalhava acabara desabando devido à má qualidade dos materiais usados. Naquele dia, mais oito operários tiveram o mesmo fim.

A jovem viúva havia sido escolhida pelas famílias dos acidentados para representá-la perante a construtora responsável pela obra, a fim de defender os seus direitos. Leonora tinha sido ameaçada e intimidada de várias maneiras, chegando a perder o emprego por conta de sua persistência em defender o direito à pensão das esposas dos outros trabalhadores.

A secretária de Samuel era prima de Leonora e estava encarregada de encontrar uma pessoa de confiança para auxiliar na organização da casa. Lembrando-se do problema de Virginia e da dificuldade de Samuel em encontrar uma pessoa de confiança para cuidar das crianças, conversou com o patrão sobre Leonora, e Samuel concordou prontamente em falar com a moça.

Assim que a viu entrar no escritório, ele se encantou com sua postura firme e sincera. Não conseguia desviar os olhos daquele rosto expressivo e triste. A simpatia foi mútua, e no dia seguinte Leonora já se mudava para a grande mansão dos Elias, família tradicional da região.

Virginia, aliviada de suas obrigações, mal conversou com a nova funcionária, apenas exigiu que ela resolvesse todos os problemas com os filhos e com a administração da casa, sem a importunar com esses assuntos.

Desde o início, Leonora tinha assumido total controle sobre a organização daquela casa e o cuidado com as crianças, sem nunca interferir ou mesmo se fazer notar pelo trabalho que realizava com todo amor. Discreta e anônima, procurava passar despercebida, conquistando, desse modo, o respeito de todos os que a auxiliavam nos trabalhos domésticos.

Aos poucos, foi percebendo a tristeza nos olhos de Samuel, e sentiu uma profunda dor no peito por ver o descaso com que era tratado pela esposa. Em tais ocasiões, orava e pedia a Deus que iluminasse aquele lar, trazendo harmonia e serenidade a todos.

Naquele dia, em que Samuel viera lhe pedir uma xícara de café, sentira uma profunda angústia tomar conta de seu coração. Olhava a sua volta e pressentia que algo muito ruim estava por acontecer. Sentou-se à mesa da cozinha e, de cabeça baixa, fez uma prece a Deus.

Virginia, após a conversa que tivera com Samuel, saíra para ir ao cabeleireiro, mas as palavras de Samuel sobre seu filho chamar a babá de mãe passou a incomodá-la. Aos poucos foi envolvida por uma fúria insana que a dominava por completo, fazendo-a transpirar e sentir náuseas. No meio do trajeto ordenou ao motorista que voltasse a sua casa.

Assim que desceu do carro, se dirigiu à cozinha e adentrou o aposento com estardalhaço, jogando pratos e copos no chão, e gritando em descontrole.

— Sua vadia, desgraçada! Traindo a mim? Eu, Virginia, aquela que paga o seu mísero salário? Traindo-me vilmente pelas costas!

— Desculpe, dona Virginia, mas não sei do que fala.

— Cínica! Sua sem-vergonha, tentando roubar meus filhos, ensinando-os a chamá-la de mãe. Você é uma mísera serviçal que, com certeza, deve ser seca, estéril, não tem capacidade nem de gerar seus próprios filhos, então rouba os meus.

— Calma, dona Virginia, a senhora está muito exaltada! Sente-se, vou preparar uma água com açúcar.

Violentamente, Virginia a agrediu com uma bofetada, e continuou a dizer barbaridades em voz alta, chamando a atenção dos outros empregados, que começaram a chegar à cozinha atraídos pelo barulho.

— É bom que todos estejam aqui para ver o que faço com quem me trai. Essa desavergonhada... querendo roubar meus filhos! Quem sabe não quer também o meu marido? Louca, você acha que Samuel quer uma mulherzinha barata, cheirando a gordura? Olhe para mim! Olhe! Veja a diferença entre nós duas.

Nesse instante, em total descontrole, Virginia pegou uma faca e, antes que qualquer uma das pessoas ali presentes conseguisse impedi-la, desferiu violento golpe no abdômen de Leonora.

Joaquim, o jardineiro, e Oswaldo, o motorista, juntos, imobilizaram Virginia e a levaram para o escritório, onde a trancaram.

Enquanto isso, Mafalda, que trabalhava na casa como cozinheira, chamava socorro médico e telefonava para Samuel colocando-o a par dos últimos acontecimentos.

CAPÍTULO III

Compreensão inesperada

630. Como se pode distinguir o bem do mal?

O bem é tudo que está de acordo com a lei de Deus e o mal é tudo o que dela se afasta. Assim, fazer o bem é se conformar à lei de Deus; fazer o mal é infringir essa lei.

(Livro dos Espíritos – Livro III – As Leis Morais – Capítulo I – A Lei Divina ou Natural – Item III – O Bem e o Mal)

Samuel imediatamente se dirigiu a sua casa, antes solicitando à secretária que entrasse em contato com o psiquiatra e o psicólogo que assistiam Virginia, para que também fossem até lá.

Chegando à mansão, constatou que duas viaturas da polícia lá se encontravam. Os policiais conversavam com o senhor Oswaldo, que procurava convencê-los a esperar a chegada de Samuel.

— Bom dia. Meu nome é Samuel!
— O senhor é o marido de dona Virginia?
— Sou sim. Só peço que esperem os médicos que cuidam de minha esposa chegar, e permitam que eu converse com ela para acalmá-la.
— Estaremos aqui esperando, mas precisamos cumprir nosso dever.
— Sei disso, e agradeço a compreensão dos senhores.

Dizendo isso, Samuel entrou na casa e foi recebido por Mafalda.

— Graças a Deus o senhor chegou. Tenho medo do que a senhora Virginia possa fazer. Desde que foi trancada no escritório está quebrando tudo e gritando sem parar. O barulho é assustador, porém, há uns cinco minutos, ela parou e está um silêncio mortal. Tenho receio de que ela tenha feito alguma besteira.
— Obrigado, Mafalda! Agora eu cuido de tudo. Leonora já foi levada ao hospital?
— Não senhor. Os paramédicos estão cuidando dela para depois transportá-la. Graças a Deus, não permitimos que o dano fosse muito grande. Dona Virginia conseguiu esfaqueá-la uma única vez.
— Meu Deus, até aonde isso vai?

Enquanto conversava com Mafalda, Samuel apressadamente se dirigiu ao escritório. Abriu a porta, com suavidade, e procurou por Virginia, encontrando-a agachada em um canto do aposento, com um abridor de envelopes nas mãos. Seus olhos estavam arregalados; os cabelos, sempre penteados com esmero, agora estavam em desalinho; sua aparência comprovava o desequilíbrio de sua mente.

— Virginia, sou eu. Posso entrar?

— Vou me matar. Ninguém gosta de mim. Vocês vão ficar sozinhos, eu matei aquela desgraçada que roubou minha família. Agora também vou me matar, assim posso persegui-la no inferno. E você, seu judeu maldito, pensa que me converti a sua religião? Pensa que me dominou, como faz com tudo o que toca? Eu o enganei, eu queria apenas o seu dinheiro; nunca o amei.

— Calma, Virginia! Você está descontrolada! Largue essa espátula, vai acabar se machucando.

— Machucando? Vou me matar, você ainda não entendeu? Acabei de escrever um bilhete para a polícia dizendo que você é culpado por tudo. Você e sua amante desgraçada!

Dizendo isso, Virginia, com violência, cortou o próprio pulso, enquanto Samuel rapidamente avançou e impediu que ela continuasse seu intento.

Nesse momento, dois senhores entraram correndo no aposento, e imediatamente passaram a cuidar de Virginia. Eram os médicos que acompanhavam Virginia havia alguns anos.

Tempos atrás Samuel havia percebido que Virginia tinha alterações em seu comportamento. Apresentava sinais de descontrole e algumas atitudes compulsivas. Na época, levou-a aos profissionais citados, e desde então ela passou a ser tratada; mas, nos últimos meses, sem o conhecimento do marido e dos médicos, ela havia parado de tomar os medicamentos. Apesar das cobranças que lhe eram feitas, alertando-a para seu descontrole, Virginia afirmava que estava tudo em ordem e mentia dizendo que se medicava regularmente.

Por fim, Virginia foi sedada pelos médicos e encaminhada ao hospital, acompanhada de perto pela viatura da polícia.

Leonora, apesar de ter sido esfaqueada somente uma vez, precisou de cirurgia e corria risco de vida.

Samuel pediu à mãe que tomasse conta de seus filhos, levando-os para fora da cidade; dessa maneira planejava poupá-los do assédio da imprensa e da curiosidade dos conhecidos.

Uma das empregadas da casa havia chamado a polícia e informado à imprensa sobre a tragédia acontecida. Sua intenção era vingar-se de Virginia, que a perseguia e humilhava. Viu no ocorrido uma oportunidade de expor a senhora maldosa e prepotente que humilhava e maltratava a todos, e também de ganhar dinheiro fácil.

Samuel via seu mundo desmoronando aos poucos, sua família se desfazendo. Sentado na sala de espera do Centro Cirúrgico, aguardando notícias de Leonora, demonstrava no semblante toda a dor que o consumia naquele momento.

Pablo, irmão de Leonora, entrou na sala e se aproximou de Samuel.

— Boa tarde, Samuel!

— Oi, Pablo, boa tarde! Sinto muito por tudo que aconteceu, não sei o que dizer, ou o que fazer, para ser perdoado por sua família e por Leonora!

— Não se preocupe conosco, não o culpamos de nada! Sabemos que dona Virginia está doente. Tenho certeza de que Leonora também não os culpará pelo que aconteceu. Estou aqui para oferecer nossa ajuda.

Emocionado, Samuel abraçou Pablo, e chorou copiosamente. Nesse momento, o médico saiu do Centro Cirúrgico e se dirigiu aos dois.

— Vocês são parentes de Leonora?

— Exatamente. Está tudo bem? — perguntou Pablo.

— A cirurgia correu bem, conseguimos estancar a hemorragia. A faca atingiu o estômago e precisamos remover um pouco do tecido danificado. O que mais nos preocupava, realmente, era a hemorragia. Agora ela será encaminhada a uma sala de recuperação. Quando passar o efeito da anestesia, irá para um quarto. Só pedimos que a deixem repousar, pois ela perdeu grande quantidade de sangue.

— Temos o mesmo tipo sanguíneo. Se precisar de doador... — ofereceu-se Pablo.

— É bom saber, porque o tipo O negativo é difícil de se conseguir. Vou lhe pedir que vá até o hemocentro do hospital e doe sangue em nome de sua irmã.

— Também sou O negativo, então irei com você. Obrigado, doutor. Serei responsável por tudo o que for necessário para o tratamento de Leonora — falou Samuel.

— Quanto a isso, o senhor deve dirigir-se a nossa administração; lá poderão esclarecer o que for necessário. Em relação à doação de sangue, não é necessário que os doadores tenham o mesmo tipo do de Leonora. Agradecemos a ajuda de qualquer tipo sanguíneo, pois a área de saúde tem enorme dificuldade em conscientizar a população sobre a necessidade de adquirir o hábito de ser doador, e cada vez mais a carência aumenta — esclareceu o médico.

— Qualquer pessoa pode ser doadora? — perguntou Pablo.

— Exatamente, meu amigo. Com exceção de alguns casos, todos podem contribuir, pelo menos duas vezes ao ano — respondeu o médico.

— A carência é tão grave assim? — quis saber Samuel.

— É sim. Para vocês terem uma idéia, temos um paciente internado para cirurgia cardíaca há três dias, e não conseguimos realizá-la ainda porque não temos disponível sangue tipo A negativo ou O negativo. Espero que amanhã consigamos proceder à cirurgia necessária, pois o caso do paciente é grave. Se não conseguirmos o sangue para reposição, caso seja necessário, deveremos correr o risco assim mesmo — respondeu o médico.

— Eu e Samuel vamos doar sangue em nome de Virginia, e somos O negativo. Essa doação não poderia atender esse paciente? — perguntou Pablo.

— Poderia sim, mas, antes de ser usado em qualquer paciente, o material passará por exames rotineiros, e isso demanda certo tempo. Ainda assim, a quantidade não seria suficiente, mas estamos em contato com outros hemocentros e provavelmente o problema será resolvido — o médico completou.

— A partir de hoje, serei um doador assíduo, e procurarei conversar com outras pessoas a respeito da gravidade do problema. Doutor, mais uma vez, obrigado por tudo. Vamos indo, Pablo? — chamou Samuel.

— Vamos, sim. Obrigado, doutor.

Pablo despediu-se do médico e perguntou a Samuel:

— E sua esposa, como está?

— Ela também precisou passar por procedimento cirúrgico, mas foi tudo bem e rápido. No momento, está sedada. Segundo o doutor Meirelles, eles vão mantê-la assim por uns dias — informou Samuel.

— O que aconteceu para desencadear todos esses acontecimentos? Desculpe, Samuel, nem sei se você está em condições de falar sobre o assunto — Pablo expressou, constrangido.

— Não se preocupe! Vocês merecem uma explicação, sim! Na verdade, Virginia vem apresentando alguns sintomas de descontrole emocional há algum tempo. No início, pensamos ser depressão pós-parto, pois tudo começou logo após o nascimento de Junior.

— Tenho ouvido muito falar sobre depressão pós-parto, e eu mesmo passei por essa experiência, há pouco, com minha esposa. No centro espírita onde trabalhamos chegam ao Atendimento Fraterno alguns casos de depressão pós-parto. Isso tem ocorrido com certa freqüência, o que nos fez atentar para o problema. É um assunto muito sério que deve ser tratado de maneira adequada, senão pode produzir conseqüências bastante traumáticas, tanto para a nova mãezinha quanto para o bebê e o restante dos familiares. Desculpe a interrupção — desculpou-se Pablo.

— No caso de Virginia, ela foi tratada com antidepressivos leves e terapia. No início apresentou alguma melhora, mas, mesmo assim, continuou a ficar com o comportamento alterado; tornou-se cada vez mais irritadiça e agressiva em determinados períodos, para depois cair em estado de depressão profunda. Os médicos aconselharam aliviá-la de algumas pressões, como a direção da casa e o cuidado com as crianças. Foi nessa época que Leonora foi trabalhar em nossa casa — explicou Samuel.

— Antes disso, ela era diferente? Era mais ativa como esposa, mãe e dona-de-casa?

— Desde que nos casamos, Virginia nunca se dedicou totalmente aos seus afazeres como senhora de nossa casa. Ela vem de uma família simples, de posses materiais limitadas, e, após nosso casamento, passei a satisfazer todos os seus caprichos, a mimá-la e poupá-la de qualquer preocupação. Acredito que ela se encantou com tudo isso e não conseguiu assumir suas responsabilidades com alegria. Mas ela cumpria suas tarefas; reclamava, praguejava, mas fazia. As coisas pioraram e tomaram um novo rumo depois do nascimento de nosso filho. Muitas vezes fico pensando se fui o principal responsável por esse estado de coisas. Será que se estivesse mais presente, tomando mais decisões, e pagando menos pelo sossego e pelo conforto, ela não teria seguido um caminho diferente? — questionou Samuel.

— Pelo que Leonora fala de sua postura perante a família, você faz o melhor que pode. É responsável por uma grande empresa, que dá trabalho a várias pessoas, que tem grande responsabilidade social e, ainda assim, sempre esteve a par de tudo que se passava em sua casa, presente nas horas de conflito e necessidade. Dona Virginia tem graves limitações comportamentais e morais, que precisam de acompanhamento médico e espiritual. Você pode fazer mais? Com certeza sim, mas, até o momento, fez o que podia dentro das situações que enfrentou e de seu conhecimento a respeito do assunto; agora é arregaçar as mangas e procurar novas soluções — disse-lhe Pablo.

— Você fala em acompanhamento espiritual... O que quer dizer com isso? — perguntou Samuel.

— Sua família tem descendência judia, não é?

— Alguns membros, sim. Mas os parentes do lado de meu avô paterno, não.

— Engraçado, pensei que fossem judeus. Dona Virginia comentava sobre ter se convertido ao judaísmo pois, caso contrário, sua família não a aceitaria.

— Já ouvi essa história também. Hoje mesmo ela me acusou de obrigá-la a essa conversão, mas não é verdade. Meus pais são protestantes. Fui criado dentro da igreja evangélica, mas, na realidade, nunca fui um seguidor convicto, pois alguns dogmas me incomodam.

— Entendo... Continue a falar sobre o tratamento de dona Virginia. Depois eu explico sobre o acompanhamento espiritual ao qual me referi — comentou Pablo.

— Quando Virginia passou a ter essa alternância de humor, os médicos aventaram a hipótese da bipolaridade, cujo doente antigamente era chamado de maníaco-depressivo. Ela manifestava momentos de euforia, ficava agitada, agressiva e dominadora, para depois cair em estado de depressão profunda, e, nesses momentos, não tinha vontade nem de se arrumar. Isso era preocupante, pois Virginia, se tivesse um fio de cabelo apenas fora do lugar, não saía do quarto pela manhã.

— Realmente, o diagnóstico de bipolaridade é uma conquista recente da medicina — comentou Pablo.

— Quando foi feito o diagnóstico, ela passou a tomar alguns medicamentos para o controle do humor. Foi se equilibrando, mas nunca mais voltou a ser a mesma pessoa. Sua relação com a vida se tornou egocêntrica e prepotente, embora isso estivesse sob controle. Algumas vezes ela tentou parar de tomar os remédios, mas as crises voltavam cada vez mais fortes. Nos últimos dias, tinha notado uma agressividade maior. Acredito que ela não estava tomando os remédios. Apesar do seu jeito diferente, quando eu perguntava, ela dizia estar tudo bem, então não me aprofundei na observação para ter certeza de que ela falava a verdade — explicou Samuel.

— Você falou com os médicos? — perguntou Pablo.

— Falei hoje. Pela manhã, percebi que ela estava eufórica, ansiosa, e isso me deixou desconfiado. Quando cheguei ao escritório, liguei para o doutor Meirelles. Ele me aconselhou a presenciar a ingestão dos medicamentos por uns dias. Mas, infelizmente, ocorreu tudo isso. Sinto-me culpado porque, apesar de perceber seu desequilíbrio, cobrei sua presença junto a nossos filhos e comentei que havia presenciado Junior chamar Leonora de mãe. Pelo que me contaram, ela saiu de casa e voltou logo depois para agredir Leonora.

— Então foi isso que desencadeou a crise? — quis saber Pablo.

— Acredito que sim. Entende agora meu sentimento de culpa? — respondeu Samuel.

— Entendo sim, meu amigo, mas isso não ajuda. Sua intenção foi das melhores. Você queria trazer a mãe para perto de seus filhos, e não provocar uma situação de violência.

— Mas Virginia é doente e eu precisava entender isso de maneira melhor.

— Ela é doente, e você, humano! — complementou Pablo.

— Obrigado por suas palavras — agradeceu Samuel.

O telefone celular de Pablo toca.

— Era minha mãe avisando que estão levando Leonora para o quarto.

— Nossa! Quanto tempo já se passou? — perguntou Samuel.

— Desde que descemos do Centro Cirúrgico, doamos sangue e tomamos o café, exatamente três horas e meia — respondeu Pablo.

— O tempo passa rápido quando conversamos sobre coisas produtivas, não é mesmo? Gostaria de voltar a conversar com você sobre o tratamento espiritual a que se referiu e também tenho curiosidade sobre depressão pósparto. Quem sabe procurando esclarecimento sobre a visão espírita eu possa ajudar Virginia com mais êxito — disse Samuel.

Os dois se dirigiram ao quarto de Leonora.

Samuel entrou no quarto e viu Leonora deitada na cama, coberta por lençóis alvos. Seu rosto pálido e abatido, demonstrando o sofrimento provocado pelos momentos de aflição vividos nas últimas horas, abriu-se em um largo sorriso.

— Leonora, sinto muito.

— Não se preocupe, senhor Samuel, eu estou bem.

Nesse momento, dois policiais entraram no quarto.

— Desculpem, sabemos que é um momento delicado, mas precisamos conversar com dona Leonora — falou um deles.

— Tudo bem, policial. Estou bem — respondeu Leonora com voz débil.

— Dona Leonora, precisamos saber o que ocorreu — falou o policial.

— Não ocorreu nada demais, foi um acidente, apenas isso — retrucou Leonora.

— Não foi o que relataram os outros empregados da casa — comentou um dos policiais.

— Mas é o que vou relatar, policial, foi apenas um acidente — insistiu Leonora.

— A senhora não dará queixa?

— Não. Foi apenas um acidente. Agora gostaria de descansar, se não se importam — respondeu ela com firmeza.

Os policiais se retiraram. Samuel observava Leonora, que, cansada, fechara os olhos. Com os olhos marejados de lágrimas, ele pensou, emocionado: "É meu anjo, meu anjo que nem sequer posso amar".

Os dois se dirigiram à sala de espera.

— Como a Doutrina Espírita explica a depressão pós-parto? — Samuel perguntou.

— Pesquisei a respeito porque, após o nascimento de meu primeiro filho, minha esposa apresentou um quadro depressivo. O médico me explicou que existem graus de gravidade para avaliar esse triste estado emocional — respondeu Pablo.

— Graus de gravidade? — perguntou Samuel.

— Exatamente. O menos grave é denominado "tristeza materna", e é explicado pela nova situação que a mãe vive. Quando o filho ainda está no ventre, ela sente que ele está protegido e ela apenas precisa ter determinados cuidados pessoais para que a criança fique bem. Mas, após o nascimento, toda sua vida se modifica com a chegada do novo membro da família, além das diferenças hormonais, às quais o organismo sabiamente se esforça para se adaptar. Nesse caso, a tristeza materna vai sendo vencida conforme a vida se equilibra em uma nova rotina, que traz mais segurança à nova mãezinha.

— E como sabemos se é apenas a tristeza materna?

— Segundo as informações que consegui — continuou Pablo —, a tristeza materna dura poucos dias, de dez a trinta dias após o parto, e as características principais dessa crise de humor são irritabilidade, oscilações do humor, choro fácil e indisposição. Contudo, a depressão pós-parto é bem diferente. Pode tanto surgir logo após o nascimento da criança como aparecer bem mais tarde, e é bem mais duradoura e intensa. O humor da mulher pode transitar da euforia à depressão mais profunda, chegando mesmo a pensamentos suicidas ou até a certeza de que acabar com a vida do filho é uma solução. Alguns casos menos graves permitem que a mãe ainda possa continuar a cuidar do bebê; porém, há casos que debilitam o emocional da mãe a ponto de torná-la incapaz de cuidar do filho. O tratamento clínico indicado é à base de antidepressivos e acompanhamento psicológico, que auxiliam a controlar o estado depressivo. E, em casos mais sérios, denominados "episódios depressivos graves", podem ser observados sintomas como alucinação, audição de vozes e até perda da noção da realidade. O importante é tratar a paciente de maneira correta, identificando a limitação momentânea e levando a sério essas manifestações comportamentais, pois muitos não levam a sério as queixas das novas mães e, por isso, elas não são tratadas de maneira adequada.

— Uma parturiente com tristeza materna pode evoluir para um diagnóstico de depressão pós-parto? — perguntou Samuel.

— Pode, sim. Nesse tópico tenho de entrar na explicação que recebi de um orientador da casa espírita que freqüento. Quando fazemos nosso planejamento encarnatório, ainda como espíritos desencarnados...

— Planejamento encarnatório? Poderia me explicar de que se trata? — pediu Samuel.

— Posso sim. Quando ainda vivemos no Mundo dos Espíritos e, conscientes da necessidade de reparação dos nossos erros, fazemos um planejamento de como iremos conduzir a próxima encarnação, orientados por amigos mais sábios, escolhemos a família na qual iremos reencarnar e também nos comprometemos a receber nossos futuros filhos. Muitas vezes, acolhemos em nosso seio familiar espíritos com os quais nos comprometemos em outras oportunidades — prosseguiu Pablo.

— Estou me lembrado de um estudo que fiz, aproveitando uma apostila que encontrei em uma página da Internet. O assunto me interessou muito. Falava sobre o planejamento encarnatório que você citou, depois é explicado como se dá a aproximação do espírito com a família que o receberá, para que haja a familiarização necessária ao cumprimento do compromisso assumido; após, a redução perispiritual, para que o reencarnante seja acoplado ao centro genésico da mãe, e, por fim, a concepção propriamente dita, que seria o momento em que esse espírito é ligado à matéria em formação — complementou Samuel.

— Isso mesmo. Quando esse espírito se aproxima do instante do reencarne e passa a dividir a atmosfera fluídica com a mãe, ocorre o estado de perturbação, tão necessário a todos nós, pois assim teremos a oportunidade de transitar pela vida material livres das lembranças comprometedoras vividas em diversas situações traumáticas, muitas vezes ao lado daqueles que partilharão conosco a nova existência. Nesse momento, também, inicia-se um processo emocional importantíssimo, pois mãe e filho passarão a viver o mesmo ambiente fluídico. Se forem espíritos antagônicos em reajuste importante, pode haver a rejeição não consciente, tanto por parte da mãe como do reencarnante. No caso da depressão pós-parto, pode ocorrer um esgotamento por parte da mulher, após longos e dolorosos meses controlando suas emoções de rejeição e sentindo-se culpada pelos próprios sentimentos. Fragilizada pelo desequilíbrio hormonal, ela cede à tristeza e à sensação de incapacidade de cuidar do bebê. Como também pode ser o contrário: ela identificar a rejeição do espírito reencarnante e, conscientemente, não conseguir explicar essa sensação dolorosa, e aos poucos ir cedendo ao sofrimento e à incapacidade que sente em dominar os próprios pensamentos e sentimentos — disse Pablo.

— Então, seria importantíssimo que ela recebesse os três tratamentos: o médico, o psicológico e o espiritual?

— Com certeza. É o conceito do homem integral, o que definimos como mente, corpo e espírito. Gosto muito da literatura recebida pelo médium Divaldo Pereira Franco, do espírito Joanna De Angelis, que desenvolve excelente trabalho nessa linha de pensamento.

— O que faria o tratamento espiritual em favor dessa mãe?

— Ele poderia dar o esclarecimento sobre a relação afetiva entre espíritos que novamente se encontram para abençoada oportunidade de entendimento, a ação magnética do passe, a água fluida, além de incitar à prática do Evangelho no lar e ao hábito de orar e inibir os pensamentos ruins. Dessa maneira, aquele que se encontra em sofrimento passa a fazer uma autoterapia e a morar em ambientes fluídicos de melhor qualidade — explicou Pablo.

— O tratamento espiritual a que você se referiu, para auxiliar Virginia, teria a mesma linha de ação?

— Exatamente. Seja qual for o problema que vivenciamos, ele somente se esgotará quando nos posicionarmos de tal maneira que somente uma nova postura diante da vida nos livrará desse bendito fardo.

— Bendito fardo? — questionou Samuel com curiosidade.

— É assim que passamos a encarar nossas dificuldades, pois aprendemos que são provas ou expiações a serem superadas que nos facultarão crescimento moral — respondeu Pablo sorrindo.

— Interessante essa maneira de pensar. Poderia me indicar algum livro de Joanna De Angelis, psicografado por Divaldo Pereira Franco?

— *O Homem Integral, Plenitude* e *O Ser Consciente* são obras literárias que podem auxiliá-lo a compreender com facilidade essa linha de pensamento. Se se interessar, posso emprestá-los a você.

— Gostaria muito. Agora preciso ir até minha casa tomar algumas providências. Obrigado por toda a compreensão de vocês — agradeceu Samuel.

CAPÍTULO IV

~~~~

Mudanças drásticas e inevitáveis

> 647. Toda a lei de Deus está encerrada na máxima do amor ao próximo ensinada por Jesus?
>
> *Certamente essa máxima encerra todos os deveres dos homens entre si; mas é necessário mostrar-lhes a aplicação, pois do contrário podem negligenciá-la, como já o fazem hoje. Aliás, a lei natural compreende todas as circunstâncias da vida e essa máxima se refere a apenas um dos seus aspectos. Os homens necessitam de regras precisas. Os preceitos gerais e muito vagos deixam muitas portas abertas à interpretação.*
>
> (Livro dos Espíritos – Livro III – As Leis Morais – Capítulo I – A Lei Divina ou Natural – Item IV – Divisão da Lei Natural)

Os anos foram passando, e Samuel passou a cuidar de Virginia como de uma criança que precisasse ser vigiada e direcionada.

Os primeiros meses após a ocorrência violenta e traumática da agressão a Leonora também foram tempos de mudanças e reajustamento. A vida social do casal sofreu grande transformação. Os convites, antes constantes, foram rareando, pois o preconceito da sociedade que os rodeava os condenou ao anonimato.

Virginia se fechou em um mundo particular. Pouco participava da vida familiar. Vivia cercada de livros e filmes, trancada em seu quarto ou no terraço que circundava a piscina.

A mãe de Samuel, dona Heloísa, passou a morar com o casal e assumiu a administração da casa e o cuidado com as crianças.

Leonora certamente não voltou a trabalhar na casa dos Elias. Após o ocorrido, ela e Samuel haviam se encontrado algumas vezes na casa espírita freqüentada pela família da moça.

Samuel sofria com a ausência de Leonora, e vê-la nessas ocasiões intensificava sua dor. Dessa maneira resolveu não mais freqüentar aquela casa. A partir daí, tornou-se um estudioso das obras básicas e de toda boa literatura espírita que lhe chegasse às mãos. Nesses momentos podia até sentir o perfume e a presença de Leonora a seu lado, e nos momentos de maior aflição lembrava-se de seu gesto generoso de perdão e respeito, e isso o fortalecia em sua batalha diária.

Os negócios não caminhavam bem, o momento político e financeiro que o país atravessava trazia muitas dificuldades aos empresários, e isso não foi diferente para a empresa de Samuel. Houve um momento em que precisava tomar uma decisão difícil: poderia trilhar o caminho que muitos estavam seguindo, pedir concordata e adiar o acerto dos pagamentos aos fornecedores; ou poderia aceitar uma proposta de um grande grupo corporativo e vender a empresa, desfazer-se da mansão onde morava desde o seu nascimento, assim acertando as dívidas, e dessa maneira lhe sobraria o suficiente para recomeçar, iniciando uma nova empresa, modesta, no entanto com ganhos suficientes para sustentar a família com dignidade.

Optou pela segunda alternativa, pois, no acordo de venda, ficou acertado que nenhum de seus empregados seria dispensado.

Informou a família sobre sua decisão, no que foi apoiado por dona Heloísa e seus filhos. Quanto a Virginia, esta se mostrou alheia a tudo, sem opinar nem participar de tantas mudanças, apenas se deixando levar pelas novas decisões.

A família vendeu a mansão e comprou uma casa menor em um bairro de classe média. Tinham todo o conforto, mas as coisas haviam mudado. Os filhos passaram a freqüentar uma escola pública. Sara e Sophia começaram a trabalhar fora, com a intenção de ajudar Samuel nesses primeiros momentos. Junior, ainda com treze anos, era assistido pela avó, enquanto Virginia continuava perdida em seu mundo particular.

Dona Heloísa adoeceu gravemente, ficando impossibilitada de exercer qualquer atividade. Junior passou a cuidar da casa e da avó. Entristecido, via sua mãe distante, como se nada lhe importasse o bastante para que saísse de suas fantasias e auxiliasse sua família.

Certo dia, Junior, muito cansado da postura egoísta da mãe, entrou em seu quarto.

— Mãe, acorda! Preciso conversar com você.

— Você está me atrapalhando. Não vê que estou dormindo?

— Você é muito doida mesmo. Minha avó morrendo, meu pai se matando de tanto trabalhar, minhas irmãs saem de casa às seis horas da manhã e voltam mais de meia-noite, estudando e trabalhando. Eu vou à escola pela manhã, rezando para que minha avó não precise de você, chego em casa e dificilmente tem almoço pronto. A casa está suja, a roupa por lavar e você dormindo e fingindo que está lendo, ou assistindo a um filme, ou nesse maldito computador. Só tenho treze anos e me sinto um velho. Não posso nem sair na rua para bater papo com gente da minha idade, e sabe por quê? Porque a minha mãe resolveu brincar com sua família. Ela faz de conta que a gente não existe. Não esqueça de que vai chegar um dia que nós é que não iremos querer saber se você existe ou não. Vê se enxerga o quanto precisamos de você.

Ele a fitou, as lágrimas escorrendo pelo rosto, a mágoa estampada nos olhos. Por fim, disse:

— Ah!, deixa pra lá! Nem sei por que estou aqui perdendo meu tempo.

Junior saiu do quarto batendo a porta, enquanto Virginia, em choque, caiu em um pranto convulsivo.

No dia seguinte, o garoto saiu para ir à escola. Antes disso preparou o café-da-manhã para a avó, ajudou-a a ir ao banheiro e a se trocar. Na volta para casa, vinha caminhando apressado, de cabeça baixa, quando foi alcançado por Estela, uma menina simpática que sempre o procurava para conversar.

— Junior, por que você não me esperou para voltarmos juntos?

— Hoje pela manhã, quando saí de casa, achei minha avó mais fraca que o normal. O médico falou que o câncer já alcançou o intestino, que agora ela vai enfraquecer a cada dia.

— Não sei como você está agüentando. Cuida de tudo praticamente sozinho.

— Meu pai e minhas irmãs precisam trabalhar, os remédios e o tratamento de minha avó são muito caros. Minha mãe, você sabe como ela é. Tem a dona Joana, que vem duas vezes na semana. Nesses dias eu até fico sossegado, porque sei que ela cuida de minha avó.

— Mas... você só tem treze anos.

— Acho que tenho muito mais, e não descobri ainda.

Chegando em casa, Junior se espantou por ver o quintal da frente da casa limpo e lavado. Ao entrar em casa, sentiu o cheiro de comida fresca e sua avó sentada na sala, arrumada, com os cabelos penteados e perfumada. Ele se dirigiu à cozinha e encontrou sua mãe atarefada com as panelas.

— Bom dia, filho. Só vou falar essa vez, porque para mim é muito difícil dizer o que vai ouvir agora. Você, ontem, me fez ver o quanto tenho sido estúpida e egoísta. De agora em diante, pode voltar a ser criança, a bater papo com seus amigos. Você tem toda razão de não acreditar em mim, mas prometo que vou me esforçar para modificar as coisas por aqui.

Dizendo isso, enxugou uma lágrima e voltou a cuidar da preparação do almoço. Junior a abraçou por trás e disse:

— Amo você, mãe.

Ela acariciou as mãos do filho e disse, emocionada:

— Também amo vocês. Só não sei como fazer as coisas direito. Muitas vezes é como seu eu fosse várias pessoas ao mesmo tempo, fico atordoada. Sabe, Junior, tem dia que sinto uma tristeza e uma angústia profundas, não consigo nem levantar de minha cama, o corpo pesa como se fosse feito de chumbo; em outros dias sinto uma ansiedade crescente, que me domina de tal maneira que não consigo parar em lugar nenhum. É como se tivesse mil coisas a fazer, e não consigo realizar nada. É muito frustrante.

— Mãe, e se a senhora procurar um bom médico? Agora o papai está conseguindo pagar um convênio bom.

— Junior, em toda a minha vida, eu só vivi em médicos, psiquiatras e psicólogos; nenhum deles conseguiu me entender ou medicar de maneira correta. Estou desanimada. Acho que realmente sou uma péssima esposa e uma péssima mãe; nunca consigo ampará-los quando precisam. Juro que tento, que me esforço, mas essa boa vontade dura pouco. Logo vem o desânimo ou a ansiedade, que não consigo controlar. E esses remédios me deixam abobalhada. Meu raciocínio fica confuso e não me sinto bem.

— Mas já tem alguns anos que você não procura um médico diferente. Quem sabe? A medicina tem avançado e progredido muito. Ontem mesmo meu professor de biologia estava falando sobre a pesquisa a respeito das células-tronco, e sobre o quanto ela poderá ajudar a humanidade, transformando desespero em esperança. Quem sabe não conseguimos um profissional que entenda o que ocorre com a senhora? Por favor, mãe, vamos tentar?

— Está bem, Junior, por você vou tentar mais uma vez.

— Posso consultar a lista de médicos e pedir que alguém do convênio me indique um bom profissional que possa ajudá-la?

— Pode, sim — Virginia respondeu sorrindo.

— Mãe, você tem um sorriso lindo. Você é linda. Quero muito que seu rosto possa sempre brilhar, assim como agora.

Emocionada, Virginia abraçou o filho e pensou com firmeza que faria todo o esforço possível para melhorar. Tinha uma família linda e saudável; precisava voltar a ter esperança e a participar com eles do futuro.

CAPÍTULO V

~~∽◦⁙◦∾~~

O auxílio chega

649. Em que consiste a adoração?

É a elevação do pensamento a Deus. Pela adoração o homem aproxima de Deus a sua alma.

(Livro dos Espíritos – Livro III – As Leis Morais – Capítulo II – Lei de Adoração – Item I – Finalidade da Adoração)

Foi nesse período da vida dessa família que fomos solicitados a auxiliá-los. Um querido amigo de nosso Plano Espiritual veio até nós pedindo intercessão para que pudéssemos acompanhar o desenrolar dos fatos que passaremos a descrever.

Aurélio, grande amigo, apreciado por todos, possui vínculos familiares com Samuel, e é até mesmo comprometido com este nesta encarnação, servindo-lhe de espírito amigo, socorrendo-o nos momentos de aflição.

— O que poderemos fazer por você e seus amparados, Aurélio? — perguntou Ineque.

— Venho acompanhando Samuel há algum tempo. Ele é um espírito que se endividou perante nosso Pai. Porém, arrependido, vem evoluindo moralmente e entendendo o verdadeiro valor da vida. Virginia foi uma de suas vítimas, ainda no tempo do esplendor do Império Romano. Após o desencarne, desenvolveu ódio avassalador por seu carrasco, e passou a persegui-lo, necessitando ser amparada de início por uma bendita encarnação compulsória — explicou Aurélio.

— A perseguição empreendida por nossa irmã a Samuel chegou, então, quase à demência? — perguntei.

— Durante um tempo ela conseguiu seu intento, porém Samuel, amargurado diante de seus atos insanos, sempre amparado por sua mãe, já desencarnada e espírito portador de grande evolução moral, acabou cedendo ao remorso e à culpa que o perseguiam. Sua consciência já cobrava reparação, e, arrependido, implorou por perdão e uma nova oportunidade que resgatasse seus desacertos — falou Aurélio.

— E Virginia continuou no processo obsessivo de odiar? — quis saber.

— Exatamente, meus amigos. Quando ela se deu conta de que não conseguia mais encontrar Samuel, entrou em triste episódio de auto-obsessão, desenvolvendo assim pernicioso processo de fixação mental, que a levou a iniciar um fatídico processo de ovoidização, que não se concretizou graças à intercessão de Clara, nossa querida amiga e mãe de Samuel — explicou Aurélio.

— Vale salientar, mais uma vez, comentário bastante feliz feito por companheiro de jornada, Martins Peralva, sobre a fixação mental, que é a causa inicial da ovoidização. Ele nos diz o seguinte: "Podemos definir o estado de fixação mental de uma criatura, encarnada ou desencarnada, como aquele em que ela nada vê, nada ouve, nada sente além de si mesma. O espírito isola-se do mundo externo, passando a vibrar unicamente ao redor do próprio desequilíbrio, cristalizando-se no tempo" — completei.

— Isso define o estado mental de Virginia nesse período. Seu único pensamento era vingança e ódio. Como o objeto de seus sentimentos não estava mais a seu alcance, o desequilíbrio veio e ela passou a alimentar padrão mental ilusório, desistindo de si mesma — comentou Aurélio.

— E o processo de ovoidização, o definhamento do corpo espiritual, com a conseqüente redução do perispírito, é conseqüência natural desse estado mental — falei.

— Exatamente. Para que o perispírito volte a sua forma normal, muitas vezes as encarnações compulsórias são necessárias, servindo ao reencarnante como verdadeiros choques anímicos e moldes para o perispírito. Não podemos deixar de mencionar que esse estado doentio também pode ocorrer sob o domínio hipnótico de espíritos experientes, com conhecimentos suficientes para dominar mentalmente irmãos fragilizados por seus próprios enganos, por meio de magnetismo hipnótico — contribuiu Ineque.

— O mesmo método também é utilizado nos processos reencarnatórios para a redução perispiritual. Vemos, portanto, amigos, o mesmo conhecimento sendo utilizado para fins diferentes — comentei.

— O livre-arbítrio, somado a nossa evolução moral, determina como utilizamos tudo que já sabemos em termos de conhecimento material — completou Aurélio. E continuou: — A humanidade vivencia em primeiro lugar o progresso material; depois é que a moral vem determinar a utilidade de tantas descobertas.

— Voltemos ao assunto que estávamos discutindo. E Clara, onde está? — perguntou-nos Ineque.

— Encarnada. Assim como Leonora, comprometeu-se em auxiliar a família em resgate. Ela é espírito conhecido de Samuel. Na encarnação vivida na época do Império Romano, recebeu-o no ventre como filho para resgatar antigo débito, em que prejudicou muito nosso amigo. Reencarnou-se agora como mãe e educadora a fim de auxiliá-lo a encontrar um novo e caridoso caminho — falou Aurélio.

— Pela sua solicitação podemos chegar à conclusão de que algo muito sério está prestes a acontecer — comentei.

— Tenho notado grande movimentação em torno da residência de nossos amigos. O filho mais novo, Junior, espírito dedicado e muito amoroso, por meio do diálogo amigo com Virginia, vem cobrando, delicadamente, posicionamento mais firme e sadio de sua mãe, o que tem trazido à família resultados positivos. Hoje, por exemplo, deverá acompanhar Virginia a um psiquiatra que intuímos a atendente do convênio médico a indicar quando Junior solicitou ajuda. Marcelo é excelente profissional da saúde mental, muito amoroso e paciente, ouvinte tolerante e pacífico, vinculado a um grupo de pesquisas médicas que procura olhar o ser encarnado em sua totalidade, ou seja: mente, corpo e espírito — esclareceu Aurélio.

— Esse desenrolar dos fatos, com certeza, está incomodando alguns adversários do passado, dificultando, assim, a perseguição que acontecia aos membros da família — expressei.

— Isso mesmo. A família toda está mais tranqüila. Até dona Heloísa parece mais forte e serena para enfrentar essa fase terminal de sua doença — explicou Aurélio.

— O que aconteceu a dona Heloísa? — inquiriu Ineque.

— Devido a comprometimentos pretéritos que marcaram profundamente seu perispírito, desenvolveu neoplasias malignas no aparelho gastrointestinal, quadro esse que deveria ter-se manifestado há mais tempo, aproximadamente há vinte anos; entretanto, devido à importância do trabalho que realizou durante toda a sua encarnação, em programas de assistência social aos menos favorecidos; ao respeito dispensado aos empregados da fábrica de seu marido, acompanhando e auxiliando as famílias, incentivando o marido e o filho em novo método administrativo com o qual todos foram beneficiados; e ao carinho que dedicou à educação do filho, sempre direcionada para o respeito ao próximo e o amor a Deus, foi permitido o adiamento dessa prova — explicou Aurélio.

— Excelente exemplo. Com o bom uso da oportunidade reencarnatória, nossa irmã direcionou sua energia para construir e repartir benefícios com menos favorecidos, minimizando dores e dando esperança aos mais carentes de amor e confiança em Deus — concluí.

— A conseqüência direta em termos de benefícios foi a moratória para o período dessa encarnação. Sabemos que nosso corpo material é suprido do fluido vital necessário para o tempo em que viveremos encarnados. Quando ocorre a deliberação por espíritos superiores em conceder mais algum tempo a determinado espírito, este recebe a reposição do fluido necessário à manutenção da vida animal, ou seja, do corpo físico — explicou Ineque.

— Poderia nos explicar um pouco mais sobre esse fenômeno? — perguntou Aurélio a Ineque.

— Com muita alegria, meu amigo — respondeu o outro.

— Sabemos que, antes do momento da concepção, o espírito reencarnante passa por todo um processo de preparação: primeiro o planejamento encarnatório, que acontece no Plano Espiritual, ocasião em que, ao lado de nossos mentores, elaboramos a futura encarnação. Nesse período são planejados apenas os principais compromissos, como o casamento, os filhos, a profissão, o tempo médio de vida na Terra e as principais doenças cármicas. André Luiz relata em sua obra *Missionários da Luz* que aspectos importantes do futuro corpo podem ser determinados nesse período. São os mapas cromossômicos, responsáveis por nossa herança genética, determinantes do genótipo de cada criatura.

— Apesar desse roteiro inicial, o planejamento encarnatório, desfrutamos do livre-arbítrio, que nos permite escolher a maneira de executar cada um desses compromissos assumidos; se correspondermos de maneira saudável, evoluiremos moralmente; porém, se as escolhas forem desequilibradas, poderemos estagnar nossa evolução moral, ou mesmo adquirir novos débitos, não é? — perguntei.

— Exatamente. Encarnamos com um roteiro a seguir e com a liberdade de escolher a maneira como iremos atingir nossos objetivos — comentou Aurélio.

— Daí o nome de prova e expiação. Mas continue, Ineque... — solicitei.

— Após o planejamento encarnatório, é necessário que o espírito reencarnante passe a ter um contato fluídico com os pais e os familiares. Nesse processo normal de aproximação e familiarização com os pais, o espírito reencarnante vai, aos poucos, se desligando da esfera espiritual. Nesse estágio começa o processo que denominamos "redução perispiritual".

— É um fenômeno que ocorre por meio de um processo magnético automático ou mesmo auxiliado por técnicos especializados, que faz a redução dos espaços intermoleculares? — quis saber.

— Isso mesmo. Nessa etapa do processo reencarnatório, quando o perispírito atinge o tamanho ideal, ele é acoplado ao centro genésico da mãe — explicou nosso amigo Ineque.

— No momento da concepção é que ocorre a seleção do espermatozóide? — perguntou Aurélio.

— Após a liberação dos espermatozóides na relação sexual, uma equipe de técnicos da espiritualidade passará a magnetizar um deles, que será o "escolhido" para alcançar a trompa de Falópio, onde está o óvulo. Entendam que todo o processo que agora descrevemos é característico de encarnações voluntárias, semivoluntárias e compulsórias, pois o espermatozóide escolhido deverá atender às características genéticas do corpo material necessário à evolução do espírito reencarnante. Porém, há casos em que o espírito reencarnante não é merecedor desse cuidado; portanto, o processo se desenvolve segundo os princípios da sintonia magnética. O perispírito do reencarnante, por sintonia magnética, atrai o espermatozóide que melhor se adapte às suas necessidades evolutivas; e somente no momento da concepção é que o perispírito se une magneticamente à célula-ovo. Começa assim a formação do feto, com todo o processo de divisão celular, responsável pela formação do corpo material, sendo o perispírito o modelo organizador dessa matéria, que vai, aos poucos, ser impregnada de fluido vital — explicou Ineque.

— Então, quando nosso corpo passa pelo processo de envelhecimento, tão natural na evolução de nossa espécie, vamos perdendo fluido vital? — perguntei.

— Não só no processo de envelhecimento, pois há muitos seres que desencarnam ainda jovens. O certo seria dizermos que o fluido vital vai se esgotando à medida que nos aproximamos do término de nosso compromisso — esclareceu Aurélio.

— Bem lembrado. Por isso, quando temos o merecimento de prolongar uma encarnação por bons trabalhos realizados, é deliberada, por equipes especializadas, a reposição do fluido vital com o objetivo de prolongar a encarnação — completou Ineque.

— Podemos citar aqui a Parábola do Semeador, encontrada no *Evangelho Segundo o Espiritismo*, Capítulo XVII, Item 5. Jesus, sentado perto do mar, reúne-se a uma grande multidão, e lhes fala sobre o bom semeador, aquele que acolhe em seu coração as boas palavras de Nosso Mestre, as entende e as aplica em seus pensamentos e atitudes. São sementes que germinam em terra fértil e trazem bons resultados a toda a humanidade, pois um filho convertido ao amor e ao perdão é um profeta de Deus a levar ao mundo a Boa-Nova — falei.

— Mas — prosseguiu Ineque — desculpe a minha ignorância, e voltando ao início da conversa, essa mudança de atitude de toda a família, beneficiada pelas novas atitudes de Virginia, não deveria criar um campo energético em torno de todos, que os colocaria a salvo desse tipo de assédio?

— A mudança de Virginia não é sentida pelos familiares com firmeza; eles estão esperançosos, mas não acreditam que isso possa durar muito tempo. Com isso, criam um vínculo com os espíritos mais ignorantes, que desfrutam com eles o ambiente energético da família; e não podemos deixar de entender que, realmente, o que conta para o mundo dos espíritos é a nossa característica vibratória, a qual é diretamente proporcional a nossa evolução moral — complementou Aurélio.

— Podemos entender que essa reação, pelo que o amigo tem nos contado, advém das experiências que viveram até o momento, que não foram muito agradáveis, por isso vêem com desconfiança toda essa transformação, não é? — perguntou Ineque.

— Sim. Até mesmo a própria Virginia luta constantemente com todas as sensações que visitam sua mente, e muitas vezes está quase a sucumbir às tentações, principalmente aos relacionamentos desequilibrados originados nas salas de bate-papo da Internet; porém, Junior, sempre atento, está conseguindo mantê-la longe dessas tentações por enquanto, gerando, assim, padrão mais saudável de pensamentos e atitudes — completou Aurélio.

— Você falou sobre a qualidade de relacionamento a que ela se vincula na Internet. Por favor, explique-nos mais sobre o assunto — pedi.

— Há pouco falamos sobre o processo de evolução moral e material. Esse conceito vem explicar de maneira bastante clara o que está acontecendo no planeta com a introdução da rede de comunicação internacional, ou seja, a Internet. É um veículo rápido e simples de comunicação entre o mundo todo, porém alguns a utilizam para fins não tão saudáveis, fazendo de salas de bate-papo, onde encontramos a ociosidade e os maus costumes, locais em que se incita o fortalecimento das más tendências, liberando os bloqueios morais que funcionam nos relacionamentos "cara a cara". Portanto, os valores morais se perdem nesse tipo de comunicação, na qual o palavrório é de baixa qualidade e a mente viaja sem limitações, alimentando relacionamentos doentios. Virginia, inclusive, se vincula a irmãos desencarnados que a bajulam e alimentam seus pensamentos negativos, desenvolvendo relacionamentos doentios com outros parceiros — explicou Aurélio.

— Quanto a sua saúde mental, nos acompanhamentos médicos anteriores, qual foi o diagnóstico? — perguntei.

— Transtorno bipolar grave — respondeu Aurélio.

— Durante o período em que foi medicada, houve melhora comportamental? — inquiriu Ineque.

— Bastante. Virginia ficava sob controle, porém nunca se aventou a hipótese de acompanhamento espiritual. Ela possui compromissos mediúnicos, que apresentam instrumentos de trabalho como vidência, audiência e uma extrema sensibilidade para captar todas as sensações que lhe chegam do mundo invisível, e que a tornam insegura e medrosa. Durante o período em que foi medicada, essas mesmas sensações se tornaram mais sutis, mas, à medida que seu organismo físico se adaptava às drogas, os efeitos mediúnicos voltavam a se intensificar, então ela parava com os medicamentos controladores do humor, acreditando que não estavam fazendo o efeito esperado. Devemos nos lembrar que Virginia possui um grau evolutivo moral ainda deficiente, e, mesmo com o problema de humor doentio e as sensações mediúnicas, ninguém a obriga às tristes escolhas que faz — explicou Aurélio.

— Se ela recebesse acompanhamento espiritual e esclarecimentos sobre mediunidade, entenderia o que tem acontecido nesses anos todos e que tem trazido sofrimentos a toda a família e a ela mesma. Dessa maneira conseguiria alguma estabilidade emocional para modificar sua vida — disse aos amigos.

— Aurélio, vocês tentaram intuí-la, ou a um dos membros da família, a ir a uma casa espírita? — perguntou Ineque.

— Sim. Mas ela é muito resistente. A presença de Leonora perto dos filhos quando pequenos tinha justamente a intenção de que todos fossem encaminhados ao conhecimento da Doutrina Espírita, mas os acontecimentos traumáticos que se originaram do ciúme doentio de Virginia atrapalharam o desenrolar dessa história. Samuel se afeiçoou à Doutrina Espírita, e tem estudado e lido bastante. Está conseguindo despertar a curiosidade de seus filhos a respeito do assunto, mas Virginia não o deixa sequer tocar no assunto com ela — falou Aurélio.

— Pelo que estou entendendo, nossos amigos Samuel, Leonora e Virginia já vivenciaram experiências traumáticas em relacionamentos afetivos. Será esse o fato que desencadeou a crise de Virginia, culminando com essa agressão física? — perguntou Ineque.

— Quando Leonora foi contratada por Virginia, sua sensação foi de alívio por se livrar das responsabilidades com os filhos e os cuidados com a casa. Mas, à medida que Leonora assumia o controle de tudo, isso foi incomodando a ponto de levá-la a uma crise paranóica, com certeza despertada por reminiscências do passado — completou Aurélio.

— Então, toda a sua movimentação social, com compromissos constantes, na verdade era uma fuga da própria realidade — complementei.

— Quando Virginia se casou com Samuel, acreditou estar livre de qualquer responsabilidade, pois associou liberdade com facilidades econômicas. Após o casamento, e com a vinda dos filhos, a chamada para os deveres e a posterior chegada de Leonora à casa para auxiliá-la em suas responsabilidades despertou em Virginia grave conflito de interesses, uma vez que, ao mesmo tempo que a outra a livrou de seus encargos, que considerava estafantes e entediantes, também se sentia ameaçada com sua presença, e por fim esse estado emocional desencadeou as crises bipolares graves — explicou Aurélio.

— Devemos fazer uma pausa em nossa conversa, pois a hora do Evangelho em nosso Posto de Socorro se aproxima — avisei.

Eu e meus dois amigos nos dirigimos à Praça do Perdão e, emocionados pela harmonia que ali reinava, colocamo-nos em sintonia com o Plano Mais Alto, solicitando paz a essa humanidade que tanto sofre com as conseqüências de seus próprios atos.

CAPÍTULO VI

A ilusão da "morte"

653. A adoração necessita de manifestações exteriores?

A verdadeira adoração é a do coração. Em todas as vossas ações, pensai sempre que um Senhor vos observa.
653-a. A adoração exterior é útil?
Sim, se não for um vão simulacro. É sempre útil dar um bom exemplo; mas os que o fazem só por afetação e amor-próprio, e cuja conduta desmente a sua aparente piedade, dão um exemplo antes mau do que bom e fazem mais mal do que supõem.

(Livro dos Espíritos – Livro III – As Leis Morais – Capítulo II – Lei de Adoração – Item II – Adoração Exterior)

Após a prece matutina proferida por magno espírito, venturoso em suas palavras e em seus sentimentos, nós voltamos, vagarosamente, em direção ao Posto de Socorro.

— Retornando ao assunto anterior... Gostaria de perguntar a você, Aurélio, se Virginia tem alguma crença religiosa — disse Ineque.

— Infelizmente, nenhum comprometimento sério. Sua família de origem segue a religião católica. São pessoas de boa índole, que consideram com seriedade seu compromisso com a igreja que freqüentam. Porém, apesar dos esforços empreendidos na educação dos filhos, não conseguiram fazê-los sair da superficialidade. Durante o período de abastança em seu casamento, Virginia fez parte de grupos de senhoras da comunidade religiosa que freqüentava, mas nada com a verdadeira intenção da caridade, e sim como meio de sobressair socialmente.

— A senhora Heloísa também pertence à Igreja Católica? — perguntou Ineque.

— Ela foi educada na religião protestante, mas sempre teve grande curiosidade de conhecer a nossa amorosa Doutrina Espírita. Nos últimos tempos, com Samuel assíduo na literatura espírita, tem procurado o filho e solicitado que a oriente sobre o desencarne — falou Aurélio.

— Podemos entender essa necessidade, visto que a Doutrina Espírita nos descortina um mundo que não termina com a morte do corpo físico, nos ensinando sobre a imortalidade do espírito, sobre as infinitas oportunidades que podemos ter para reparar erros e aprimorar virtudes; nesse momento, para a senhora Heloísa deve se assemelhar a um oásis de esperança e luz — concluiu Ineque.

— Fico aqui matutando sobre a desesperança para aqueles que não crêem na vida eterna — prossegui —, pois lhes falta o conceito de continuidade, além de acreditar, sem questionamentos, que temos apenas essa vida, tão curta e tão injusta perante as disparidades de oportunidades que podemos observar em nossa sociedade tão endividada moralmente.

— Podemos citar aqui o célebre pensamento de Emmanuel, que nos diz ser a encarnação quase o perdão de Deus a nossas faltas, pois é bendita oportunidade de aprendizado por meio de expiações e provações — completou Ineque.

— Quanto ao problema dessa família, a respeito de ser observada e percebida intensa movimentação em torno de todos, com a intenção de dificultar o reequilíbrio de Virginia e, como conseqüência, provocar o enfraquecimento de todos, a situação culminaria na decadência espiritual de Virginia, que ficaria indefesa e à mercê desses irmãos ignorantes, cujo objetivo maior é não deixá-la aproveitar essa bendita oportunidade de refazimento.

— Ontem à noite, diante da construção material da residência, observamos a formação de um acampamento de espíritos que emanavam densa energia; até mesmo alguns espíritos desse acampamento passaram a circundar a casa emitindo padrões energéticos mentais doentios. Também percebemos que os moradores encarnados ficaram inquietos e intolerantes uns com os outros. A senhora Heloísa teve muitas dores e chegou a ter momentos de inconsciência, sendo necessário encaminhá-la ao hospital — explicou Aurélio.

— E qual o estado de saúde de dona Heloísa no momento? — inquiri.

— Bastante crítico. O médico que cuida de nossa irmã deverá conversar com a família hoje mesmo para esclarecer quais as possibilidades de atendimento médico, com as conseqüências decorrentes, e a decisão da família sobre a melhor forma de conduzir o tratamento — disse Aurélio.

— As condições físicas de dona Heloísa são muito graves? — quis saber meu outro amigo.

— Gravíssimas. Nada mais há a ser feito. Apenas tratamento para amenizar as dores. Porém, a medicina tradicional dispõe de alguns meios questionáveis para prolongar o tempo dos doentes ainda encarnados.

— Poderia nos esclarecer melhor a esse respeito, Aurélio? — pedi.

— Vamos até o hospital onde se encontra internada dona Heloísa. Então poderemos conversar a respeito.

Rapidamente, nos dirigimos ao hospital. O ambiente era sereno. Equipes de médicos e enfermeiros dos dois planos se movimentavam rapidamente, com o salutar propósito de atender aqueles que sofrem. Equipes de socorristas iam e vinham, oferecendo consolo e auxílio a espíritos perdidos em um mundo não imaginado.

Eu observava, curioso, o atendimento de um senhor de aparência frágil e de muita idade:

— Bom dia, meu amigo, precisa de alguma coisa?

— Sinto-me muito só. Por mais que tente ser cordial e agradável com as pessoas que aqui trabalham, ninguém quer conversar comigo. Será que tenho alguma doença contagiosa? Todos me ignoram.

— Aqui estou eu para conversar com o amigo. Responda-me: por que se encontra internado nesta casa de saúde?

— Ah! É a idade, já estou muito velho, passo dos noventa anos, embora minha mente seja lúcida. Lembro-me de fatos ocorridos na infância. Mas o corpo não mais obedece às minhas aspirações de atividade. Lembro-me de estar sentado à mesa do café-da-manhã quando um mal-estar súbito deixou-me entontecido. Nesse momento, olhei para o rosto de minha filha, e nada mais pude dizer. Tudo ficou muito escuro.

Acordei acamado e sem saber o que havia me acontecido. Os dias foram passando, as horas se tornaram vagarosas, sempre na ansiedade do horário de visitas. Todos os dias ao entardecer minha filha e meus netos vinham me visitar. Teve um dia em que amanheci perrengue, sem vontade de abrir os olhos para a vida. Recordo-me de o médico gritar chamando por ajuda. Fortes dores no peito e a sensação de estar despencando em profundo abismo me assustaram sobremaneira. Levantei-me, rapidamente, do leito de doente e corri para fora. Andei durante horas por esses corredores. Depois disso, não encontrei mais nenhuma cama desocupada onde pudesse me deitar e descansar. Os médicos e enfermeiros fingem não me ver nem me escutar.

— Poderia me dizer o seu nome?

— José Antônio. Poderia, também por gentileza, dizer-me o seu?

— Chamo-me Marcio. Sou trabalhador desta bendita casa de socorro.

— Poderia me dizer por que seus colegas me ignoram?

— Senhor José Antônio, no dia em que saiu correndo da sala da UTI, o senhor lembra o que estava acontecendo?

— Vagamente. Como já disse, senti muita dor no peito e aquela incômoda sensação de estar despencando em profundo abismo.

— Lembra-se de que os médicos que gritavam por ajuda o estavam atendendo?

— É verdade, sinto ainda no peito a sensação de mãos me pressionando com força, os choques contínuos em minhas veias. Mas o que ocorreu? Por que, depois de tanto trabalho para salvar minha vida, me abandonaram sem atendimento?

— A vida é eterna, é presente abençoado de Nosso Pai. O que morre é nosso corpo material, pelo desgaste natural do tempo, quando vamos, aos poucos, perdendo a vitalidade. É como o aviso para que nos preparemos para a passagem para o plano de vida dos espíritos desencarnados.

— O que me diz, meu jovem? Tenta me fazer entender que já morri?

— Como disse antes, nosso espírito é eterno, e continua vivendo no mundo dos espíritos.

— E aqui, o que é? O céu não pode ser! Não vejo Deus me recolhendo em seus braços. Nem o inferno, pois as labaredas destinadas aos pecadores, onde estão? Não as vejo. Será então o purgatório, onde deverei penar e pagar os meus pecados?

— Apenas o lugar necessário ao seu refazimento. Terá a oportunidade de entender que nada acaba, mas que temos a oportunidade de viver em um mundo destinado ao aprendizado cristão. Após o desenlace, continuamos a ser os mesmos espíritos, com as mesmas limitações e as mesmas virtudes, mas abençoados com a eternidade, para lutarmos bravamente em busca da perfeição. Nem céu, nem inferno, nem purgatório, mas a casa de Nosso Pai, que tem muitas moradas. Em uma delas é nosso lugar.

— Meu Deus! Esforcei-me tanto para ser merecedor do céu, e agora vejo que nada consegui. Estou perdido em lugar nenhum!

— Olhe a sua volta e sinta a vibração de amor e alegria dos trabalhadores do Senhor. Não terá o descanso eterno que lhe prometeram, mas a bendita oportunidade de ser um trabalhador do bem na casa do Senhor.

— Não entendo o que me fala. O que posso fazer para melhorar?

— Neste momento, apenas entregue seu espírito nas mãos de Nosso Pai. Esta é uma ocasião maravilhosa, em que terá a magnífica oportunidade de recomeçar a viver conscientemente como espírito em evolução.

— Só sei que o cansaço abate minha mente e meu corpo, preciso de ajuda!

Marcio e uma irmã enfermeira ampararam o senhor José Antônio e o conduziram a um Posto de Socorro no Plano Espiritual.

— Vinícius, a cena que presenciamos parece ter deixado algumas interrogações em sua mente! — falou Ineque.

— Ainda me questiono sobre a validade desses conceitos religiosos, que grassam ostensivamente sobre o orbe e conduzem tantas mentes, muitas vezes provocando traumas graves — respondi.

— Nada que existe sobre a Terra é por acaso. As religiões são necessárias para conduzir a humanidade e livrá-la das trevas nesse estágio. Nosso amado planeta é escola preparatória aos espíritos ainda ignorantes para o exercício consciente do livre-arbítrio — explicou Ineque.

— Sei bem da seqüência de aprendizado que realizamos nos dois planos, mas sinto-me ansioso em elevar mentes e afoito na expectativa de conduzir raciocínios para mais saudáveis escolhas. A própria história da humanidade nos mostra a seqüência lógica do aprendizado moral, desde as primeiras encarnações compulsórias como espíritos ignorantes das leis morais, adentrando o reino hominal, a vinda dos primeiros profetas missionários nos alertando para a descoberta moral de nossa evolução, os grandes filósofos pensadores que nos trouxeram as primeiras noções filosóficas da vida, a passagem de Moisés, de nosso Mestre Jesus, a codificação da Doutrina Espírita por nosso estimado amigo Allan Kardec, e tantos outros que ainda passarão por aqui nos auxiliando a descobrir novos caminhos — falei. — Percebo que ainda não consigo de imediato entender a seqüência lógica de experiências que cada um de nós precisa viver para fazer suas próprias descobertas.

— Entendo bem o que fala, amigo. Muitas vezes sinto certa irritação ao deparar com situações de intransigência e teimosia, nas quais alguns irmãos insistem em permanecer. Ontem mesmo estava pensando a respeito, e percebo que hoje a minha compreensão das leis divinas trazem a meu espírito uma compreensão, uma visão diferente dos fatos que observamos e vivenciamos. Tudo nos parece mais fácil, menos traumático e mais lógico para enfrentar as dificuldades que porventura cruzem nosso caminho — Aurélio respondeu.

— O mais importante desse aprendizado — continuou Ineque — é saber que ele é peculiar às reflexões e experimentações de nosso próprio espírito. Devemos vigiar nossa mente para que toda essa evolução moral conseguida não seja revestida de prepotência, a qual não nos permitiria a humildade de abaixar nossas cabeças diante do sofrimento alheio, ainda tão necessário à evolução dos espíritos irmãos. Vamos nos encaminhar à sala de consulta do médico que trata de dona Heloísa, pois Samuel já está a caminho.

Naquele momento, percebi como fora inútil meu comentário, feito sem reflexão, apenas no intuito da crítica infrutífera. Olhei para Aurélio e vi seus olhos cheios de lágrimas. Ele devolveu meu olhar e disse amavelmente:

— Alegro-me muito quando amável irmão nos chama à razão, nos auxiliando em descobrir dentro de nossa mente pequena semente de erva daninha. Preciso vigiar meu senso crítico para que ele se volte a um único propósito: a caridade cristã.

CAPÍTULO VII

Coincidências não existem

658. A prece é agradável a Deus?

A prece é sempre agradável a Deus quando ditada pelo coração, porque a intenção é tudo para ele. A prece do coração é preferível à que podes ler, por mais bela que seja, se a leres mais com os lábios do que com o pensamento. A prece é agradável a Deus quando é proferida com fé, com fervor e sinceridade. Não creias, pois, que Deus seja tocado pelo homem vão, orgulhoso e egoísta, a menos que a sua prece represente um ato de sincero arrependimento e de verdadeira humildade.

(Livro dos Espíritos – Livro III – As Leis Morais – Capítulo II – Lei de Adoração – Item IV – Da Prece)

Dirigimo-nos à sala do doutor Saulo. Samuel adentrava o ambiente, mostrando no semblante a preocupação pelo estado de saúde de sua mãe.

— Bom dia, doutor Saulo.

— Bom dia, Samuel. Sente-se e fique à vontade.

— Recebi seu recado e procurei vir o mais rápido possível.

— Precisamos conversar sobre o estado de saúde de sua mãe. Vou explicar o que vem acontecendo, pois chegamos a um ponto em que precisamos decidir qual será a conduta que adotaremos a partir deste momento.

— Peço que também me oriente sobre isso.

— Com certeza o farei, mas vocês precisam entender que essa é uma decisão que a família tem de tomar. Sua mãe desenvolveu neoplasia de fígado, como você sabe. Apesar dos esforços empreendidos para conter a doença, já constatamos a metástase em outros órgãos. Pudemos comprovar a invasão dos rins, da vesícula biliar e agora detectamos novos tumores: no pâncreas e na entrada do duodeno.

— Meu Deus! O senhor nos disse há um tempo que, quando atingisse o pâncreas, não haveria mais nada a fazer.

— Infelizmente, esse é o quadro clínico de dona Heloísa. A entrada do duodeno está obstruída por um grande tumor. Não há mais passagem entre o estômago e o duodeno; seria uma alternativa fazer uma derivação externa, com o objetivo de dar passagem à alimentação, o que prolongaria o tempo de vida de dona Heloísa em algumas semanas, no máximo.

— Que tipo de qualidade de vida ela teria?

— Estamos falando aqui em prolongar o tempo de dona Heloísa entre nós. A doença seguiria seu curso normal. Ela começará a sofrer fortes dores abdominais e também musculares. Hoje mesmo estamos entrando com novo medicamento, à base de morfina, mas haverá um momento em que nada surtirá efeito.

— Então prolongar a vida de minha mãe seria mais por nós, os seus familiares, para que pudéssemos desfrutar de sua presença?

— Exatamente, Samuel. Sinto-me na obrigação, como médico, de lhes oferecer as alternativas que temos a nosso alcance.

— E se não fizermos essa derivação?

— A doença também seguiria seu curso normal. Ela vai se agravar, as dores virão, e haverá falência dos órgãos. Essas são conseqüências normais desse quadro clínico.

— Quanto tempo mais ela estará entre nós?

— Para precisar, exatamente, é impossível. Entretanto, pelo que tenho observado em todos esses anos como médico oncologista, no máximo mais uma semana.

— Ela poderá ir para casa ou ficará internada?

— Aconselho-os a mantê-la internada. As dores vão piorar muito e aqui temos recursos que em casa não estarão ao alcance de dona Heloísa.

— O que o senhor nos aconselha?

— Mantê-la internada. Ao percebermos que os medicamentos à base de morfina não estão mais fazendo efeito, poderemos sedá-la para que não sofra tanto.

— Essa sedação abreviará de alguma maneira seu tempo aqui entre nós?

— De maneira nenhuma. Se assim fosse, seria eutanásia. Não sei qual sua crença religiosa, mas eu sou espírita, e acredito que cada segundo de vida é uma oportunidade para nosso espírito. Aprofundei meus estudos sobre a sedação em doenças terminais para ter a certeza de estar fazendo a coisa certa e não estar invadindo o livre-arbítrio de meus pacientes.

Quanto ao aspecto espiritual, sedaremos o corpo, mas o espírito continuará lúcido e aproveitando cada momento ainda encarnado. Devemos ter a compreensão de que cada um verá esses instantes derradeiros de acordo com sua capacidade de entendimento.

— Graças a Deus. Também gosto muito da Doutrina Espírita. Apesar de não freqüentar, assiduamente, nenhuma casa espírita, procuro ler e estudar essa maravilhosa doutrina.

— Nasci em família espírita. Durante o tempo em que passei estudando medicina fui obrigado, pelas circunstâncias, a ficar afastado, pois o tempo era curto. Apesar de ter o apoio de minha família, precisava trabalhar para comprar meus livros e me sustentar. Somente após o desencarne de um cunhado, muito amado, pude me dedicar exclusivamente ao estudo. Minha irmã, Leonora, direcionou parte de um seguro para minha educação e meu sustento. Hoje trabalhamos juntos. Ela terminou a faculdade de psicologia no ano passado, então reservei uma sala em minha clínica para que fizesse os atendimentos.

— Desculpe, mas você disse Leonora?

— É, Leonora é o nome de minha irmã.

— Poderia me dizer o sobrenome dela?

— Mendes de Oliveira. Mendes é o sobrenome de família de meu pai, e Oliveira é o sobrenome do marido desencarnado de minha irmã.

— Meu Deus! Quanta coincidência!

— Não sei do que você está falando, mas, segundo nossa amorosa doutrina, as coincidências não existem.

— Há alguns anos, logo após a passagem de seu cunhado, Leonora foi trabalhar em minha casa como governanta. Auxiliava nos cuidados com meus filhos. Até hoje eles se lembram dela com saudades e carinho. Infelizmente, minha esposa teve um surto psicótico e por pouco não causou uma grande tragédia.

— Samuel! Meu Deus, como não associei antes o seu nome à circunstância? Minha família o tem em grande estima, e, nesse tempo em que nos conhecemos, apesar de tristes, estou compreendendo o apreço que têm por você. Minha irmã fala de vocês com grande afeto. Ela o admira muito e se diz saudosa da época em que cuidava de todos. Fala muito de uma criança, uma menina chamada Sophia, que possui belíssima voz e vivia cantando músicas clássicas com perfeição.

— Sophia é minha filha. Por causa das dificuldades financeiras que enfrentamos, ela precisou parar os estudos de canto, mas agora voltou a freqüentar o conservatório e está se esforçando para ser convidada a estudar em uma escola de canto na Itália por meio de uma bolsa de estudos. Mas isso vai ser daqui a alguns anos...

— Tem também a Sara, é esse mesmo o nome?

— Exatamente. Sara é um espírito mais prático; ela está cursando direito. Também trabalha e estuda. Tem grandes projetos para a vida. É a mais velha dos três. Mulher admirável, pois, apesar de ser bastante enérgica, também é muito delicada e doce no trato com seus semelhantes.

— E o pequeno? Seu nome também é Samuel, não é?

— Nós o chamamos de Junior. É um grande companheiro, apesar da pouca idade. Devido às circunstâncias em que vivemos nos últimos tempos, não teve facilidades, até mesmo pela ausência de Virginia em sua educação. As irmãs e eu precisamos trabalhar fora, e minha mãe logo adoeceu; mas, voluntariamente, ele assumiu o controle da casa e os cuidados com a mãe e a avó. Apesar de sua pouca idade mostra-se responsável e equilibrado. Na realidade, não saberia o que fazer se ele não estivesse cuidando de todos nós. Graças a sua dedicação eu e as meninas podemos trabalhar com relativo sossego.

— Precisamos voltar a conversar. Preciso dar notícias de vocês para Leonora. Ela ficará muito feliz. Pedirei a ela que visite dona Heloísa; ela a estima muito.

— Minha mãe ficará muito feliz. Ficamos consternados quando Leonora teve de se afastar de nós; mas, naquele momento, era o melhor a ser feito.

— Tudo tem seu tempo, meu amigo. Acalme o coração e a mente, porque tudo tem seu tempo certo. Quanto a dona Heloísa, peço que converse com seus familiares e decidam o que querem fazer a partir deste momento, então voltaremos a conversar.

— E Pablo, como está?

— Muito bem. Ele tem duas lindas crianças, ou melhor, dois adolescentes lindos, Mateus e Talita. São nossos xodós.

— Na ocasião em que Virginia agrediu Leonora, conversamos durante várias horas, e ele me esclareceu vários conceitos espíritas, entre eles o de depressão pós-parto.

— Ele passou por momentos difíceis enfrentando a depressão pós-parto de minha cunhada, mas hoje estão muito bem. Graças ao esforço de ambos, conceberam Talita, a segunda filha. Samuel, preciso atender outro paciente. Estou à disposição de vocês. Aqui está meu cartão. Qualquer dúvida, pode me chamar.

Os dois se despediram com um forte abraço.

Samuel, muito preocupado com os últimos acontecimentos, fragilizado em seus sentimentos, lembrou-se de que no hospital havia um espaço ecumênico destinado àqueles que necessitassem de um momento com Deus a fim de desabafar suas dores, se aconselhar com o Pai e pedir humildemente fortalecimento para enfrentar os problemas vividos. Dirigiu-se para lá e, emocionado, sentou-se em um banco, fechou os olhos e deixou que sua mente se ligasse ao Mais Alto.

— Pai, sei que ultimamente só venho a vossa presença para vos pedir auxílio, mas preciso de serenidade neste momento de minha vida, quando vejo o sofrimento de minha mãe, em seus últimos momentos entre nós. Sou um espírito tão imperfeito e egoísta, e preciso muito de auxílio. Fortaleça-nos para que possamos fazer a escolha certa; me intua por intermédio de seus anjos trabalhadores a tomar a decisão correta, sem interferir nos compromissos assumidos por minha mãe. Que possamos aliviar dores, e não abreviar tempo de resgate e entendimento. Sinto-me confuso e, realmente, não sei que decisão tomar. Minha mente em conflito não consegue avaliar, nesse momento, todos os pontos necessários a uma decisão consciente. Acompanhe-nos nesta trajetória para que possamos tomar o rumo correto em nossas vidas. Abençoe-nos e nos fortaleça para que possamos sair dessa experiência espíritos melhores e mais conscientes das leis de Deus.

Formoso raio de luz se formou ao redor de Samuel, e amável irmã do Plano Espiritual se aproximou e o abraçou amorosamente. De sua mente, imagens de paz se formavam e penetravam no campo vibratório de Samuel, que, emocionado, permitiu que sereno pranto molhasse seu rosto.

Apaziguado em seus sentimentos, nosso amigo se levantou e se dirigiu à saída do hospital.

CAPÍTULO VIII

Uma decisão difícil

674. A necessidade do trabalho é uma lei da Natureza?

O trabalho é uma lei da Natureza, e por isso mesmo é uma necessidade. A civilização obriga o homem a trabalhar mais, porque aumenta as suas necessidades e os seus prazeres.

(Livro dos Espíritos – Livro III – As Leis Morais – Capítulo III – Lei do Trabalho – Item I – Necessidade do Trabalho)

Após sair do hospital, Samuel dirigiu-se a sua residência. A noite se aproximava com rapidez. Era maio, e o frio já se fazia sentir na cidade paulista. Samuel sentia intensa angústia a dominá-lo, e a penumbra que anunciava a noite próxima acentuava seus sentimentos em desequilíbrio. Grossas lágrimas escorriam por seu rosto. Sentiu-se muito só; precisava de uma pessoa que o ouvisse e o confortasse nesse momento, mas também sabia que, ao chegar em casa, precisaria manter-se lúcido e equilibrado, pois não podia de maneira nenhuma contar com o apoio de Virginia.

O rosto tranqüilo e sereno de Leonora veio a sua mente. Sentiu saudades de sua presença confortadora e amiga. Um forte sentimento de desespero tomou conta de sua mente.

A sensação foi tão forte que o obrigou a estacionar o carro no meio-fio. Sentiu pena de si mesmo e pensou, angustiado: "Meu Deus! Como posso enfrentar toda essa situação sem nem ao menos ter a meu lado a pessoa que tanto amo? Como posso conseguir amparar minha família se eu mesmo preciso de amparo? Não consigo ver luz a minha frente. Sinto-me pequeno diante de tudo isso!".

Entidades de densa carga energética o rodeavam, ampliando os sentimentos de autopiedade que o dominavam.

Aproximamo-nos do carro e o envolvemos com boas energias, para que pudesse se fortalecer e reagir ao assédio desses irmãos infelizes em suas escolhas de vida. Suave claridade envolveu a todos nós. Doce entidade se fez presente a nosso lado. O amor resplandecia em seu semblante sereno. Samuel, aos poucos, foi serenando os pensamentos e, decidido, enxugou as lágrimas, pensando: "Agora não tenho tempo para isso. Preciso ser forte para enfrentar esses momentos de provação. Tenho estudado a Doutrina Espírita, e é exatamente em momentos como esse que devemos fazer uso do conhecimento adquirido. Vamos lá, Samuel! É hora de exercitar sua fé e tomar decisões com serenidade e paciência!"

Fortalecido, voltou a ligar o carro e tomou decidido o caminho para sua casa, sempre orando e pedindo a Deus que o fortalecesse e o intuísse para conduzir as situações que iria vivenciar com equilíbrio e paz no coração.

Furiosas, as entidades que tentavam envolver Samuel se dirigiram rapidamente a sua casa.

Virginia, sozinha em casa, estava em frente do computador. Os olhos demonstravam total alienação da realidade. Os dedos velozes corriam pelo teclado, ora respondendo a uma mensagem, ora respondendo a outra. Entidades, infelizes e desequilibradas, a rodeavam conseguindo rapidamente entrar em seu campo vibratório, conduzindo sua atenção para um único correspondente, que a incitava a triste relacionamento amoroso.

A correspondência se desenvolveu de maneira bastante vulgar, proporcionando a ambos falsas sensações físicas de prazer, totalmente envolvidas por sentimentos inferiores. Virginia não percebeu a aproximação de Samuel, que parou atrás dela, abismado, percebendo o teor da conversação.

— Virginia, o que você está fazendo? — perguntou, em tom de surpresa.

— O que faz aqui? Agora deu para me espionar? Saia daqui, eu não quero mais ver a sua cara. Saia daqui! Saia daqui! — ela gritou, em total descontrole.

— Acalme-se, Virginia! Precisamos conversar, por favor, acalme-se! Minha mãe agoniza e precisamos decidir o que fazer.

— O que tenho com isso? Deixe aquela velha morrer de uma vez. Assim ela não dá mais palpite em minha vida. Já falei para sair daqui. Estou ocupada.

Furiosa, levantou-se da cadeira e avançou sobre Samuel com a intenção de agredi-lo fisicamente.

Samuel decidiu que seria melhor sair do quarto a fim de não provocar uma situação de violência que, com certeza, o deixaria em total desequilíbrio. Fortalecido em sua decisão, afastou-a com delicadeza e disse-lhe com firmeza, olhando em seus olhos:

— Tudo bem, Virginia, eu saio, mas acalme-se e venha ter comigo na sala.

As lágrimas voltaram aos olhos de nosso amigo. Desesperado, ele procurou o *Evangelho Segundo o Espiritismo* e o abriu aleatoriamente. As palavras de conforto que leu foram:

"*Se alguém vos bate na face direita,*
apresentai-lhe também a outra.

7. Tendes aprendido que foi dito: olho por olho, dente por dente. Eu vos digo para não resistirdes ao mal que se vos queiram fazer; mas se alguém vos bate na face direita, apresentai-lhe também a esquerda; e se alguém quer demandar convosco para tomar vossa túnica, abandonai-lhe também vossa capa; e se alguém quer vos constranger a fazer mil passos com ele, fazei ainda dois mil. Dai àquele que vos pede e não repilais aquele que quer vos tomar emprestado.

(São Mateus, cap. V, v. de 38 a 42)" (O Evangelho Segundo o Espiritismo – Capítulo XII – Amai os Vossos Inimigos – Item 7)

Emocionado, Samuel leu os comentários feitos por Allan Kardec e percebeu que precisava agir com tolerância e paciência, não devolvendo injúria com injúria ou insulto com insulto; percebeu que seus amáveis companheiros invisíveis estavam lhe pedindo amorosamente para que se acalmasse e entendesse, sobretudo, que apenas um espírito doente e necessitado de amor agiria com tamanho desequilíbrio. Mentalmente, pediu à espiritualidade que socorresse Virginia nesse momento de descontrole. Fechou os olhos e sentiu uma grande emoção envolvê-lo, uma sensação de paz e tranqüilidade que havia muito não sentia. Ouviu intimamente, por meio de suaves sensações, uma doce e melodiosa voz que se originava do mais puro sentimento. Seu corpo relaxou e sua mente aclarada seguia lógico e sereno raciocínio.

Abriu os olhos e viu Virginia a sua frente, ainda com os músculos faciais contraídos em rictos de amargura e raiva. Um forte sentimento de piedade o envolveu e suavemente se levantou, acariciou o rosto da esposa e disse com carinho:

— Não se preocupe, meu bem; sei que o lhe peço está além de suas forças. Não se preocupe! Tomaremos as decisões necessárias sem a sua ajuda.

Virginia pareceu cair em si e rompeu em um pranto sentido.

— Perdoe-me, Samuel, perdoe-me. Não queria fazer o que fiz. Preciso ser boa para vocês, mas não consigo. Ajude-me e diga-me o que veio fazer em nossa casa. — Dizendo isso, Virginia segurou as mãos de Samuel e o conduziu para o sofá da sala. — Diga-me, por favor, o que está acontecendo com sua mãe.

— Seu estado de saúde é muito grave. O médico pediu que tomássemos uma grave decisão, pois restam a ela talvez poucos dias.

— Oh!, Samuel! Sinto tanto! Mas que decisão seria essa?

— Precisamos decidir se vamos sedá-la e quando isso acontecerá.

— Mas realmente será necessário esse procedimento?

— Em suas últimas horas, sentirá muitas dores, que não serão minimizadas sequer por aplicação de morfina. A única maneira seria a sedação.

— Você já conversou com nossos filhos?

— Ainda não. Vim direto para casa. Estou me sentindo frágil e inseguro para resolver tudo sozinho.

— E eu ainda lhe causei problemas; não valho nada mesmo.

— Por favor, Virginia, não faça isso com você mesma. Tenho certeza de que não age assim por maldade. Sei que nos ama e, a sua maneira, nos respeita; apenas peço a você que me ajude nesse momento difícil ficando a meu lado como uma amiga muito querida.

— Farei o possível, Samuel. Vou procurar me controlar.

— Você está tomando os medicamentos?

— Não, mas voltarei a tomar, está bem?

— Vou buscá-los.

Samuel se levantou do sofá e foi à cozinha em busca dos remédios de Virginia. Nesse momento Junior chegou da escola e estranhou a presença de seu pai em casa.

— Pai, aconteceu alguma coisa? Minha mãe está dando trabalho? — perguntou o filho, deixando transparecer em sua voz uma grande preocupação.

— Você vê, Samuel? Não sirvo mesmo para nada. Qualquer situação diferente e todos já me vêem como culpada — falou Virginia, denotando novamente grande descontrole emocional.

— Por favor, Virginia. Tenha calma e não se exalte nesse momento. Já temos problemas suficientes — pediu Samuel com seriedade.

— Aqui ninguém precisa de mim mesmo, então vou voltar ao computador — gritou Virginia, com o semblante totalmente alterado.

Samuel, em desespero, deixou-se cair na poltrona e, passando as mãos pelos cabelos, tentou controlar o sentimento de raiva que teimava em aflorar.

— Pai, você sabe que mamãe é assim mesmo. Não dê importância ao que ela faz, e diga-me o que está acontecendo. Minha avó piorou?

— Muito, meu filho. Já pedi a suas irmãs que venham para casa. Precisamos tomar algumas decisões muito importantes.

Mas venha cá. Dê um abraço em seu pai. Estou precisando dos meus filhos ao meu lado.

Junior amorosamente abraçou e beijou seu pai, sentando-se no braço da poltrona. Então falou, carinhoso:

— Lembre-se de que nunca estará só! Você tem a nós, os seus filhos, e tantos outros amigos invisíveis aos nossos olhos, mas que nos amam incondicionalmente.

Samuel permitiu a si mesmo um pranto sentido e de alívio que, aos poucos, o auxiliou a recobrar o equilíbrio de suas emoções.

— Pai, sei que não é o momento de falarmos sobre isso, mas durante a volta da escola estive pensando. Marquei consulta com o psiquiatra e minha mãe não foi, e não admite que falemos mais nesse assunto. Portanto, pensei que se minha mãe arranjasse um trabalho, ocupando assim parte do tempo que fica ociosa, não seria bom?

— O trabalho certamente é algo que nos mantém com a mente e o corpo ocupados, nos propiciando gratos momentos de realização, além de nos beneficiar no desenvolvimento das habilidades profissionais e fornecer meios materiais de termos o que nos é necessário como encarnados. No *Livro dos Espíritos* há um capítulo que fala sobre a Lei do Trabalho, e é muito interessante.

— Fale um pouco sobre isso, por favor! — pediu Junior, com a visível intenção de distrair seu pai, permitindo-lhe um curto espaço de tempo para relaxar.

— Há uma pergunta no *Livro dos Espíritos* que questiona por que o trabalho é imposto ao homem, e a resposta é que é uma expiação, e também uma forma de aprimorar nossa inteligência, que as nossas necessidades como alimentação, moradia, segurança etc. são um incentivo para nós, espíritos encarnados, pois assim ocupamos nosso tempo no planejamento de objetivos para progredir e, dessa maneira, ter mais conforto e aprimorar nossa educação.

— Pai, e para aqueles que já nascem muito ricos, como funciona essa lei?

— É obrigação moral dos mais abastados dividir sua riqueza, não distribuindo indiscriminadamente seus bens, mas direcionando esforços para o bem-estar de sua comunidade e proporcionando oportunidades de bons empregos, na assistência social, na área da educação, da saúde; enfim, há muitas maneiras de agirmos dentro de nossa comunidade, não apenas com esmolas, mas proporcionando modos de nossos irmãos se responsabilizarem por seu próprio sustento.

— É o que a avó fala sobre ensinar a pescar, e não dar o peixe?

— Exatamente. Podemos ler esse capítulo do *Livro dos Espíritos*. Você gostaria?

— Gostaria de estudar todo o livro com você. Tentei ler sozinho, mas para mim é difícil.

— Vamos combinar o dia certo e nos empenhar nessa tarefa, está bem?

— Combinado, pai! Acho que as minhas irmãs estão chegando.

Nesse momento, Sara e Sophia adentraram a sala. Os rostos demonstravam preocupação com o estado de saúde de sua avó.

CAPÍTULO IX

~·⁝·~

Ligações hipnóticas e desdobramento

686. A reprodução dos seres vivos é uma lei natural?

Isso é evidente; sem a reprodução o mundo corpóreo pereceria.

687. Se a população seguir sempre a progressão constante que vemos, chegará um momento em que ela se tornará excessiva na Terra?

Não. Deus a isso provê, mantendo sempre o equilíbrio. Ele nada faz de inútil. O homem, que só vê um ângulo do quadro da Natureza, não pode julgar a harmonia do conjunto.

(Livro dos Espíritos – Livro III – As Leis Morais – Capítulo IV – Lei da Reprodução – Item I – População do Globo)

— Pai! Viemos o mais rápido possível! Estamos muito preocupadas — foi dizendo Sara logo ao entrar em casa.

— Sentem-se aqui a meu lado. Estava apenas aguardando que chegassem, pois precisamos tomar uma decisão bastante difícil — iniciou Samuel.

— Onde está mamãe? Ela também precisa estar presente? — perguntou Sophia.

— Melhor não. A mamãe não está muito calma. Deixe-a lá no computador sossegada — respondeu Junior.

— Não concordo; ela também faz parte desta família e por isso deve participar das decisões importantes. Se você permitir, pai, irei chamá-la — pediu Sara com firmeza.

— Faça isso, Sara. Devemos dar-lhe oportunidade de escolha — respondeu Samuel.

Sara dirigiu-se ao quarto onde estava sua mãe. Seus sentimentos eram de revolta e mágoa, pois percebeu que mais uma vez não teriam o apoio de Virginia. Ao se aproximar da porta do quarto, um grande mal-estar a envolveu. Precisou reunir suas forças para reagir e, com voz débil, conseguiu chamar pelo pai.

Samuel mais sentiu do que ouviu o seu chamado. Rapidamente levantou-se do sofá e correu em auxílio de Sara, chegando a tempo de ampará-la para que não caísse. Ergueu-a nos braços e voltou à sala, deitando-a gentilmente no sofá.

O rosto de Sara apresentava intensa palidez. Um suor frio banhava todo seu corpo. Seus olhos arregalados em uma expressão de horror demonstravam o pavor pelo qual fora tomada.

Passamos a agir prontamente, aplicando energia restauradora, e a envolvemos com muito amor, desfazendo ligação hipnótica iniciada por infeliz criatura do convívio de Virginia; enquanto isso, Aurélio e Ineque se dirigiram para o aposento onde se encontrava Virginia.

O ambiente estava impregnado de miasmas que eram expelidos por Virginia e seus companheiros. Mais uma vez, com a atenção presa ao computador, nossa irmã se mostrava alheia ao que se passava em sua casa. A mente febril procurava respostas para as provocações de que era alvo. Seu companheiro de correspondência a incitava a encontrá-lo pessoalmente, para que dessem continuidade a esse triste relacionamento.

A conversa somente fazia referência a relacionamento baseado no sexo promíscuo. O palavreado chulo ajudava a provocar sensações de prazer físico que mais e mais escravizavam estes infelizes espíritos.

Ineque sugeriu a Aurélio que procurasse despertar a atenção de Virginia, a fim de que voltasse à realidade, dessa maneira quebrando o laço hipnótico alimentado por seus companheiros espirituais, todos viciados em prazeres momentâneos.

Eles se aproximaram de Virginia, porém sua mente entorpecida pelas sensações sensuais não conseguia perceber nossa presença.

Aurélio se aproximou e procurou auscultar seus pensamentos.

— Que droga! Daqui a pouco virão me interromper. Logo agora que Álvaro estava tão empolgado com nosso relacionamento. Não permitirei que entrem aqui enquanto estiver sentindo todo este prazer. Será que tranquei a porta?

Virginia se levantou e, ansiosa, confirmou ter trancado a porta do quarto. Rapidamente voltou ao computador.

— Agora, sim, posso ficar sossegada! Deixa aquela velha morrer. Só tem dado trabalho e fica toda hora me interrompendo. O que digo ao Álvaro? Aceito me encontrar com ele? Meu casamento não existe há muito tempo, agora mesmo o tonto do Samuel falou para ficar a seu lado como amiga. Preciso é de um homem que cuide de mim como eu mereço.

Quem mandou ele perder todo o nosso dinheiro? Agora ficou sem mulher e pobre. Se o Álvaro for rico, me separo dele.

Entristecidos, percebemos que Virginia não conseguiria sair desse padrão mental, pois sua afinidade com o mundo material pobre de moral ainda era muito forte. Afastamo-nos pedindo a Deus por esses irmãos infelizes.

Voltamos à sala. Sara, ainda desfalecida, era cuidada por seus familiares e por amigos espirituais.

Samuel pediu a Junior que pegasse o celular e ligasse para o doutor Saulo, pedindo-lhe que viesse até sua casa. Prontamente Junior fez o que o pai pedira.

— Doutor Saulo, meu nome é Junior. Sou filho de Samuel, o neto de dona Heloísa.

— Tudo bem com vocês, Junior?

— Não está não, doutor. Meu pai pediu que falasse com o senhor, pois minha irmã Sara desmaiou e não está voltando a si. Será que o senhor poderia vir até nossa casa?

— Diga-me o endereço e em instantes estarei com vocês.

Junior informou a Saulo o endereço da casa. Minutos depois, tão logo a campainha tocou, imediatamente Sophia abriu a porta e encaminhou Saulo à sala onde Sara ainda se encontrava inconsciente.

No Plano Espiritual, Sara, ao se aproximar do quarto de sua mãe, com os pensamentos em conflito e com sentimentos negativos, como a revolta da qual estava possuída, permitiu dessa maneira a ação de irmãos hipnotizadores, que lhe aplicaram densa onda energética, de ação entorpecedora, semelhante ao choque anímico tão bem utilizado no tratamento espiritual por bons espíritos, mas que, desviado para o mal, acabou desequilibrando Sara. Portadora de mediunidade ostensiva, com facilidade ao desdobramento, fora afastada de seu corpo material e acuada, sem conseguir retomar o controle da mente.

Saulo aproximou-se do sofá e olhou encantado para Sara.

— Que moça bonita é sua filha! — falou espontaneamente, olhando para Samuel.

— Por favor, Saulo, ela está assim há uns trinta minutos. Não sabemos mais o que fazer — falou Samuel em desespero.

Prontamente Saulo abriu sua maleta e passou a auscultar o coração de Sara. Depois, mediu sua pressão e, cismado, olhou ao redor, sentindo a densa vibração que envolvia o ambiente daquele lar.

— Samuel, você tem *O Evangelho Segundo o Espiritismo*?

— Tenho sim.

— Por favor, traga-o para que possamos auxiliar Sara a voltar para junto de seu corpo.

— Voltar para seu corpo?

— Por favor, com rapidez; depois conversamos.

Samuel entregou o livro nas mãos de Saulo, que fez uma breve prece, solicitando a presença de bons amigos espirituais. Ele abriu *O Evangelho Segundo o Espiritismo* e leu o seguinte trecho:

— "*Os inimigos desencarnados.* 5. Tem o espírita ainda outros motivos de indulgência para com seus inimigos. Sabe ele, primeiro, que a maldade não é o estado permanente dos homens; que ela se deve a uma imperfeição momentânea, e que, do mesmo modo que a criança se corrige de seus defeitos, o homem mau reconhecerá um dia seus erros e se tornará bom.

— "Sabe ainda que a morte não o livra senão da presença material de seu inimigo, mas que este pode persegui-lo com o seu ódio, mesmo depois de ter deixado a Terra; que, assim, a vingança falha no seu objetivo e, ao contrário, tem por efeito produzir uma irritação maior, que pode continuar de uma existência a outra. Cabia ao Espiritismo provar, pela experiência e pela lei que rege as relações do mundo visível e do mundo invisível, que a expressão: *apagar o ódio com o sangue* é radicalmente falsa, e o que é verdadeiro é que o sangue conserva o ódio, mesmo no além-túmulo; de dar, por conseguinte, uma razão de ser efetiva e uma utilidade prática ao perdão, e à sublime máxima de Cristo: *Amai os vossos inimigos*. Não há coração tão perverso que não seja tocado pelos bons procedimentos, mesmo inconscientemente; pelos bons procedimentos tira-se pelo menos todo pretexto de represálias; de um inimigo pode-se fazer um amigo, antes e depois da sua morte. Pelos maus procedimentos, ele se irrita, *e é então que serve de instrumento à justiça de Deus para punir aquele que não perdoou.*

— "6. Pode-se, pois, ter inimigos entre os encarnados e entre os desencarnados; os inimigos do mundo invisível manifestam sua malevolência pelas obsessões e pelas subjugações, das quais tantas pessoas são alvo, e que são uma variedade das provas da vida; essas provas, como as outras, ajudam ao adiantamento e devem ser aceitas com resignação, e como conseqüência da natureza inferior do globo terrestre; se não houvesse homens maus na Terra, não haveria Espíritos maus ao redor dela. Se, pois, deve-se ter indulgência e benevolência para com os inimigos encarnados, devemos tê-la igualmente para com os inimigos desencarnados. [...]" (*O Evangelho Se-*

gundo o Espiritismo – Capítulo XII – Amai os Vossos Inimigos – Itens 5 e 6).

Após a leitura, Saulo passou a aplicar passes em Sara. Esta, aos poucos, foi se refazendo e abriu os olhos lentamente. Estendeu as mãos em direção a Saulo, que lhe sorriu, fascinado. Então ela disse:

— Sua voz foi como uma luz iluminando o caminho para que eu pudesse voltar à vida. — Sorrindo, ela segurou as mãos do moço.

Saulo, com os olhos marejados de lágrimas, continuou a olhar hipnotizado para Sara, que retribuiu seu sorriso.

Samuel os observava e também sorriu, pensando: "Isso me parece um reencontro de amor".

Sophia, preocupada, quebrou o encantamento e perguntou:

— Sara, Sara, você está bem?

— Estou, sim. Não sei o que houve. Tive a impressão de que minha cabeça girava a uma velocidade assombrosa. Senti muito enjôo e, de repente, não conseguia mais falar nem me mexer; parecia estar envolta em denso nevoeiro, do qual não conseguia me livrar. Então ouvi a voz deste senhor, e sabia que estava salva. Senti-me segura e amparada. Não o conheço, mas me parece muito familiar — completou Sara.

— Desculpe a falta de educação. Sou Saulo. Estou cuidando de sua avó, Heloísa. Hoje à tarde conversei muito com seu pai e, quando você passou mal, ele me pediu ajuda — explicou o médico.

— Você é o médico de minha avó? — perguntou Sara.

— Sou um dos médicos que acompanham o tratamento de sua avó, para ser mais específico — esclareceu o moço.

— Saulo, reuni meus filhos para conversarmos a respeito da melhor maneira de cuidar de minha mãe, mas ainda não conseguimos falar a respeito. Confio muito em sua ponderação e também, como médico, gostaria que ficasse e nos auxiliasse a entender melhor sobre o que devemos fazer — sugeriu Samuel.

— Com muito prazer! Estou à disposição de vocês — falou o rapaz.

— Você conseguiu falar com a mamãe? — perguntou Junior.

— Não falei com ela. Antes mesmo de abrir a porta, me senti mal — respondeu Sara.

— Deixe-a em paz! Ela não tem condições de nos ajudar neste momento — concluiu o caçula.

— E quando foi que ela teve condições de nos ajudar... — retrucou Sara, demonstrando revolta em sua voz.

Saulo carinhosamente tomou as mãos de Sara entre as suas e disse com serenidade:

— Quando ela tiver condições, com certeza o fará; mas, por enquanto, ela mais precisa de vocês do que vocês dela. Portanto, Sara, entenda que você está muito melhor do que dona Virginia. Você consegue amar e perdoar. Dessa maneira tem mais condições de entender as coisas do que ela.

— Desculpe, mas às vezes sinto muita falta de ter a meu lado uma mãe forte e firme que segure em minhas mãos e me conduza com amor para que eu possa entender e resolver meus problemas — confessou a moça, enquanto grossas lágrimas escorriam por seu rosto.

— Posso fazer isso por você? — perguntou Saulo com carinho.

— Gostaria muito — respondeu Sara, fitando o jovem médico.

— Então vamos ao assunto que nos reuniu aqui? — disse Sophia com uma pitada de inveja na voz, mas sorrindo fascinada com o que estava acontecendo com sua irmã.

Mais uma vez Saulo explicou o estado de saúde de dona Heloísa, explanando sobre as alternativas de tratamento para que ela tivesse conforto nesses momentos terminais.

Foi decidido por todos que esperariam até o momento final para sedá-la, permitindo assim que seus últimas horas fossem sem muito sofrimento físico, como também decidiram não deixá-la sozinha em nenhuma ocasião. Estariam ali a seu lado, conversando e orando para que partisse em paz e ciente de seu estado natural, ou seja, viva em uma nova morada na casa do Senhor.

Curiosa, Sophia, perguntou a Saulo sobre o comentário a respeito de Sara estar fora de seu corpo. Ao que ele respondeu:

— É um fenômeno mediúnico, denominado "desdobramento", que se dá pela exteriorização do períspirito que, ainda ligado ao corpo, distancia-se e passa a caminhar pelo mundo dos espíritos. Podemos dizer que há um afrouxamento dos laços fluídicos, permitindo assim um afastamento do corpo material. Quando isso ocorre, há uma redução das funções orgânicas, permanecendo apenas o necessário para sua manutenção. E há vários graus de desdobramento. Ele pode ser consciente ou inconsciente, voluntário ou provocado. No caso que aconteceu com Sara, acredito ter sido inconsciente e provocado, porque ela não se lembra do que aconteceu, está confusa e não consegue nos explicar como tudo se passou. Provavelmente, sob a ação magnética de algum espírito ainda irresponsável, ela somente conseguiu voltar a seu corpo por meio de outra ação magnética: o passe que foi aplicado enquanto estava desdobrada, aliado ao socorro espiritual — explanou o médico.

— Saulo! Então isso é perigoso, pois, se você não estivesse aqui, Sara poderia ficar perdida do outro lado e não conseguir voltar ao próprio corpo? — perguntou Sophia.

— Eu estava aqui e a auxiliei a voltar, mas, no caso de não haver pessoa nenhuma que entendesse o que estava ocorrendo com ela, amigos espirituais a auxiliariam a retornar com segurança. Ninguém fica sem o auxílio necessário, e toda influência negativa tem seu limite — respondeu Saulo.

Junior, que até então estivera calado, solicitou ao jovem médico:

— Fale um pouco mais sobre o desdobramento.

— Como eu dizia, o desdobramento pode ser consciente, e sua característica é a lembrança do que aconteceu quando se retorna ao corpo. Muitas vezes aquele que está desdobrado consegue ver a si mesmo, levantando-se ou flutuando próximo ao próprio corpo. O inconsciente, quando retorna, não se lembra de nada, embora as recordações dessas vivências possam retornar à mente como intuições ou idéias espontâneas. Quando a pessoa promove o seu distanciamento, chamamos de desdobramento voluntário. Pode ocorrer por meio de momentos reflexivos ou exercícios de meditação, às vezes com consciência do que se está fazendo, com a intenção de obter informações ou mesmo de realizar um trabalho. E os desdobramentos provocados, por meio de processos de hipnose ou magnetismo, podem ser executados por encarnados ou mesmo desencarnados. Os propósitos variam. No geral, deveriam proporcionar a evolução dos espíritos, ou seja, espíritos superiores fazendo-o para o bem; mas espíritos inferiores podem provocar o desdobramento com más intenções e, dessa maneira, produzir momentos de desequilíbrio e sofrimento de suas "vítimas". Entretanto, não devemos esquecer que somente a nossa afinidade moral é que determinará a qualidade de nossos acompanhantes.

— Então o espírito que promoveu o afastamento de Sara tinha más intenções? — inquiriu Samuel.

— Provavelmente. Porém não devemos temê-lo nem odiá-lo; pelo contrário, precisamos educar nosso espírito a perdoar e amar aqueles que desejam o mal. O amor e o perdão, além de serem a mais saudável defesa, também são a única maneira de auxiliar os que nos perseguem, entendendo que somente fazem isso porque são espíritos ignorantes do bem — esclareceu Saulo.

Sophia ergueu a sobrancelha.

— Espíritos ignorantes do bem? Não entendi com clareza essa idéia.

— Lembre-se que apenas fazem o mal os que ainda não conhecem a Lei de Amor e Caridade, que Nosso Mestre Jesus veio nos ensinar. A partir do momento em que compreendem a magnitude do amor, não mais conseguem agir em desequilíbrio — disse o doutor.

Após a reunião, Sara e Sophia prepararam um lanche. Todos se alimentaram com prazer e a conversação salutar se desenvolveu com cortesia. Decidiram que Sara passaria a noite no hospital com sua avó, permitindo aos outros o descanso noturno. No dia seguinte, Sophia pediria licença em seu trabalho, Samuel distribuiria sua parte do serviço na empresa para seus empregados, Junior comunicaria à escola que poderia precisar faltar às aulas; assim eles se revezariam nos cuidados com dona Heloísa.

Saulo ofereceu carona a Sara, pois precisava voltar ao hospital; era seu dia de plantão. Os dois se despediram da família com carinho. Samuel observou sorrindo o casal que se dirigia ao carro de mãos dadas.

— Pai, será que eles são almas gêmeas? — perguntou Sophia.

— Almas gêmeas... espíritos afins ou familiares. Provavelmente este é um reencontro de espíritos que já se amam e têm, hoje, nesta encarnação, o merecimento de estar juntos.

— Fiquei emocionada com a maneira como os dois se olharam quando Sara acordou. Acredito que eles se casarão e serei tia de uma porção de crianças lindas.

— Renascer... oportunidade bendita que nos oferece Nosso Pai. Emmanuel disse que a encarnação é como o perdão de Deus às nossas ofensas.

— E a morte, pai? Preciso entender melhor a morte, pois vamos viver essa experiência em pouco tempo, e confesso que estou com muita raiva presa em meu coração. Não quero que vovó parta.

— Sente-se aqui a meu lado, filha. Olha que noite linda. As estrelas estão tão brilhantes, a lua cheia ilumina tudo a nossa volta, os espíritos desencarnados partilham conosco este mesmo espetáculo. A morte é somente para a matéria; o espírito se liberta e renasce para a verdadeira vida, a espiritual. Sei que é difícil, pois sentiremos saudade da presença física de sua avó, de poder abraçá-la, ouvir a sua voz, saber que quando voltarmos para casa ela estará aqui nos esperando com aquele sorriso doce. Porém, precisamos entender que todos nós temos o nosso tempo de agir como encarnados nesta Terra Bendita, assim como também precisamos da vivência no Plano dos Espíritos, pois é lá que nos preparamos para todas as oportunidades no plano material. Só precisamos entender que somos todos espíritos e, com certeza, de acordo com nosso merecimento e nossa postura, poderemos continuar partilhando a presença uns dos outros.

— Relacionamos a morte com o sentimento de perda, não é mesmo?

— Exatamente, minha filha, mas já sabemos que não perdemos o amor, e sua avó é amor em nossa vida, portanto, quando ela desencarnar, passará ao Plano Espiritual como ela é, com os mesmos sentimentos. Não perderemos nada; pelo contrário, livre da matéria densa, aí sim ela nos amará com mais liberdade. E não devemos esquecer que todos nós cumprimos um ciclo na Terra, um ciclo de aprendizagem para nosso espírito, e o afastamento, pela morte do corpo material, faz parte dessa maravilhosa escola — explicou Samuel.

— Pai, você me ajuda a entender tudo isso? Se conseguir, poderei ajudar minha avó quando ela se for. Nós estaremos juntos, em família, mas ela partirá sozinha.

— Sua avó Heloísa tem muitos amigos para recepcioná-la quando voltar à Pátria Espiritual.

— É verdade! O vovô vai ficar feliz da vida — concluiu Sophia, sorrindo.

Junior saiu de dentro da casa e se reuniu ao pai e à irmã. A conversa dos três se desenrolou com camaradagem e alegria. Apesar do triste momento que vivenciavam, esta família possuía uma compreensão melhor do valor da vida.

CAPÍTULO X

~~~~~

Leonora chega, Heloísa parte

702. O instinto de conservação é uma lei da Natureza?

Sem dúvida. Todos os seres vivos o possuem, qualquer que seja o seu grau de inteligência; nuns é puramente mecânico e noutros é racional.

703. Com que fim Deus concedeu a todos os seres vivos o instinto de conservação?

Porque todos devem colaborar nos desígnios da Providência. Foi por isso que Deus lhes deu a necessidade de viver. Depois, a vida é necessária ao aperfeiçoamento dos seres; eles o sentem instintivamente, sem disso se aperceberem.

(O Livro dos Espíritos – Livro III – As Leis Morais – Capítulo V – Lei de Conservação – Item I – Instinto de Conservação)

Apesar do grave estado de saúde em que se encontrava dona Heloísa, ela resistia bravamente, acompanhada de perto por sua família. Sempre havia um de seus amores a sua cabeceira contando as novidades do dia, lendo algo que lhe despertasse a esperança no futuro.

Saulo tornou-se visita constante, como seu médico e também como o novo neto, como era chamado por dona Heloísa.

No mesmo dia em que Saulo conhecera Sara, quando os dois haviam voltado ao hospital, ele lhe contara que era o irmão mais novo de Leonora. Sara mostrara grande alegria, pois se lembrava muito da amiga, do carinho que ela dispensava a todos da sua família.

Saulo pediu autorização a dona Heloísa para que sua irmã fosse visitá-la, o que foi prontamente autorizado.

Naquela tarde de quarta-feira, Leonora adentrou o quarto de dona Heloísa, parou à porta e ficou observando a amiga deitada naquele leito alvo. Percebeu a gravidade de seu estado de saúde, e uma suave angústia invadiu seu peito, mas prontamente controlou-se. Virou-se e com calma fechou a porta.

Dona Heloísa virou a cabeça em direção à porta, e seus lábios abriram-se em um sorriso de alegria. Estendeu os braços para a amiga e lhe disse, emocionada:

— Oh, minha filha, que saudades! Venha me abraçar!

Leonora, emocionada, dirigiu-se ao leito da senhora e delicadamente a estreitou em seus braços. As duas se entregaram a um suave pranto. Sophia, sentada em uma cadeira ao lado, levantou-se e se juntou a este abraço fraterno. A ex-governanta beijava o rosto ora de uma, ora de outra. Nesse momento, Saulo entrou no quarto, acompanhado de Sara, que, ao reconhecer Leonora, correu também a seu encontro.

Após os primeiros momentos de emoção, as quatro passaram a trocar informações sobre suas vidas. Entretidas na conversa, não perceberam Samuel e Junior chegarem.

— Ei! Que confusão é esta? — perguntou o caçula.
— Você não se lembra de Leonora? — Sara perguntou.
— Desculpe, mas era muito pequeno. Já ouvi falar muito sobre você. Gostaria de ter as lembranças que minhas irmãs têm de você. Parece ter sido um tempo muito feliz.
Leonora abraçou-o com emoção e lhe disse, carinhosamente.
— Eu me lembro muito bem de você. Sempre foi um menino adorável e senti muitas saudades de trocar suas fraldas.
Encabulado, Junior a abraçou e respondeu, com embargo na voz:
— Eu me lembro de seu perfume!
Samuel observava a cena e pensou, com encantamento: "Como ela está linda. Como sinto sua falta!"
Lágrimas chegaram a seus olhos. Perturbado, procurou disfarçar a emoção que o dominava. Saulo, percebendo a confusão emocional de seu amigo, interferiu alegremente:
— Poxa! Estou me sentindo um intruso rejeitado! Não vai me dar um beijo e um abraço também, minha irmã?
Leonora o abraçou com carinho. Em seguida, dirigiu-se a Samuel:
— Boa tarde, Samuel! Como vai você?
— Bem, obrigado, Leonora. E você?
— Graças ao bom Deus, estou bem.
A tarde transcorreu em agradável harmonia, todos querendo conversar com Leonora.
Dona Heloísa observou sua família reunida e agradeceu a Deus por essa oportunidade. Seus olhos espelhavam a paz que envolvia seu espírito e, com emoção, proferiu:
— Este foi um dia primoroso. Pude desfrutar de uma reunião de harmonia e paz com meus familiares e agradeço a

Deus por isso. Sei que um dia, que não está distante, isto será corriqueiro, pois é o estado natural daqueles que se amam. Deus os abençoe. Meu filho, tenha paciência com Virginia; é um espírito doente e infeliz, mas, para Nosso Pai, tudo tem jeito. Acredite em sua mãe: tudo ficará bem. Vou partir em paz.

Dizendo isso, dona Heloísa cerrou os olhos para o mundo material e para esta encarnação; amigos espirituais continuavam no trabalho de desligamento de seu perispírito enquanto ela adormecia calmamente.

Após os preparativos para o velório e sepultamento do corpo de dona Heloísa, Samuel comentou com os filhos:

— Estávamos tão preocupados em sedá-la, nas conseqüências desse ato, e minha mãe partiu diante de nossos olhos, nos dizendo sábias palavras de despedida, lúcida e sem sofrimento.

Agradecido, deixou-se envolver por suave pranto. Os filhos o abraçaram e o acompanharam nesse desabafo tão necessário.

— Pai, o senhor já avisou minha mãe sobre o desencarne da vovó? — perguntou Junior.

— Ainda não, meu filho. Vou até a recepção do hospital, pois a bateria do meu telefone celular acabou.

— Aqui está o meu, pode usar à vontade, Samuel — ofereceu Saulo com gentileza.

Samuel discou o número do telefone de sua casa. Ele tocou e tocou, mas ninguém atendeu. Tentou novamente e, por fim, Virginia atendeu, contrariada.

— Virginia, sou eu, Samuel.

— Já sei que é você! O que você quer?

— Minha mãe desencarnou, e nós já estamos providenciando o que é necessário. Daqui a pouco iremos para o velório. Apronte-se que passarei em casa para apanhá-la.

— O quê? De jeito nenhum. Não vou a velórios, além do mais já morreu mesmo. Eu rezo por ela daqui.

— Mas, Virginia...

— Não insista, não vou e pronto. Agora vou desligar; estou ocupada.

Dizendo isso, Virginia desligou o telefone e voltou ao computador.

— Até parece que vou perder a minha tarde e a minha noite em velório. Não gostava daquela velha, e não sou hipócrita. Onde estará o Álvaro? Faz dois dias que ele não fala comigo.

Aurélio e Ineque haviam presenciado o diálogo entre Samuel e Virginia.

— Ineque, estou meio desanimado com o comportamento de Virginia. Por mais que tentemos chegar até ela, nada surte efeito. Está muito envolvida por estes irmãos aqui presentes.

— Aurélio, vamos oferecer ajuda a estes companheiros. Se auxiliarmos o grupo, talvez consigamos nos fazer ouvir por Virginia. Além do mais, meu amigo, somos trabalhadores do Senhor, por isso não podemos perder precioso tempo sem acreditar que o dia de amanhã será melhor.

— Você tem razão, meu amigo; ainda preciso aprender muito.

— Todos precisamos, Aurélio. O importante é a união dos trabalhadores do Senhor, pois estamos nos auxiliando mutuamente. Passemos, portanto, ao trabalho necessário.

Ineque e Aurélio se fizeram visíveis aos companheiros de Virginia.

— O que querem aqui? Estamos onde nos aceitam, então não estamos atrapalhando o trabalho de vocês — disse uma das entidades.

— Neste momento, nossa preocupação maior é com os irmãos. Percebemos que estão sofrendo e fazendo sofrer — falou-lhes Ineque.

— Faço o que é necessário — retrucou a mesma entidade.

Aurélio, então, perguntou-lhe:

— Necessário a quem? Qual é seu nome?

— Necessário a mim mesmo; a quem mais poderia ser? E para que saber meu nome? Nunca mais nos veremos mesmo — retrucou o desolador irmão, com cinismo.

— No que o irmão é beneficiado? — quis saber Ineque.

— Simples troca. Eu faço um favor e recebo outro.

— Favor para se vingar? — Aurélio perguntou-lhe.

— Isso mesmo, e nada aqui é da sua conta. Toma seu rumo e não nos atrapalhe — foi a resposta rancorosa.

Ineque propôs ao irmão:

— Acompanhe-me por alguns instantes.

— Não vou confiar. No mínimo, será para me trancafiar — a entidade desconfiada respondeu.

— Você sabe que não faríamos algo assim. Estou convidando-o a presenciar a prece de uma criança — Ineque professou com sinceridade.

— Criança? Que criança?

— Seu filho da última encarnação — respondeu Ineque.

— Por que fala dele? Ele, assim como minha esposa, minha mãe e minha filha, foram massacrados por aqueles bandidos.

Ineque prosseguiu, sem se constranger:

— Mas seu filho perdoou o que ocorreu e está bem. Venha comigo.

— Está certo. Mas, se for uma armadilha, vou logo avisando que receberá o troco — ameaçou.

Ineque apenas olhou para Aurélio, que passou a conversar com outros irmãos ali presentes.

Ineque e José, pois esse era o nome de nosso companheiro, adentraram alvo quarto no Plano Espiritual, onde um menino de aproximadamente oito anos sentado na beirada de sua cama, com as mãozinhas postas, orava compenetrado:

— Deus, hoje vou pedir de novo pelo meu pai. Quero muito que ele fique bem, como eu, minha mãe, minha avó e minha irmã. Gostaria que minha prece chegasse até ele, e, com ela, um daqueles espíritos socorristas, para lhe oferecer a oportunidade de mudar de vida. Queria muito lhe dizer que não temos raiva, pois minha mãe disse que ele se sente culpado pelo que nos aconteceu. Você sabe, Deus, que ele era bandido, e o grupo que nos matou queria se vingar porque ele invadiu a área do outro. Mas isso não importa. Ele pode mudar e fazer as coisas diferentes. Gostaria muito que soubesse que nós já o perdoamos. Assim, sabendo disso, ele pode perdoar os inimigos dele. Eu o amo muito e sinto muita falta dele. Por isso peço, e vou continuar pedindo, por ele.

Neste momento, graciosa garota de aproximadamente sete anos adentrou o quarto e perguntou:

— Robinson, você está rezando pelo papai?

— Estou sim, Marjorie, e sabe que hoje está diferente? Parece que ele está me ouvindo.

— Se ele o ouve, diga-lhe que quero ficar com ele aqui. Este local é melhor que a outra casa. Aqui a gente não sente dor, eu não tenho mais falta de ar, e sempre tem comida. Diga-lhe, Robinson, diga a ele.

José, emocionado, ajoelhou-se aos pés dos filhos e respondeu emocionadamente, abraçando-os:

— Estou aqui, meus filhos, estou aqui.

Nesse instante, fulgurante luz o envolveu, tornando-o visível aos olhos imortais de seus filhos. As crianças, exultantes de alegria, o abraçaram, gritando alegremente:

— Meu pai chegou! Meu pai chegou!

Ineque percebeu a entrada de um trabalhador no quarto. Ele se aproximou e perguntou:

— Aquele é José, o pai de Robinson e Marjorie?

— É sim. Desculpe a invasão, mas o momento era oportuno à reconciliação dessa família.

— Não se desculpe, meu amigo. Gostaríamos que mais momentos como este acontecessem em nossa casa.

— Preciso partir. Tenho trabalho inacabado.

— Vá com Deus!

Ineque voltou ao quarto de Virginia e percebeu a mudança fluídica do ambiente. Aproximou-se dela e auscultou seus pensamentos: "Vou desligar essa porcaria. O Álvaro desapareceu mesmo. Minha vida é sempre assim, quando penso que algo vai dar certo, tudo some como se nunca tivesse existido. O que sempre sobra é essa vida chata e monótona. Sem ação e sem dinheiro. Sou mesmo uma infeliz. Deveria acabar com tudo, morrer, igual a dona Heloísa. Ela é que está feliz. Não tem mais chateação, não precisa de dinheiro e não tem mais filhos e marido chatos. Só não acabo com minha vida agora porque, com a sorte que tenho, é bem capaz de encontrar com ela do outro lado. Vou dar um tempo até ela desaparecer".

Virginia deitou em sua cama. Aurélio e Ineque passaram a dispersar a energia densa que envolvia seu campo vibratório e, ao mesmo tempo, impregnar seu períspírito de energia benéfica. Aos poucos, Virginia foi relaxando e adormeceu.

No hospital, quando Virginia dissera a Samuel que não iria ao velório, sua fisionomia havia demonstrado seus sentimentos de mágoa. Os filhos o tinham abraçado amorosamente. Ele levantara os olhos e encontrara os de Leonora, que o observava com amor. Bastou esse olhar para que ele sentisse todo o conforto de que precisava. Fitou-a e disse apenas:

— Obrigado.

O velório de dona Heloísa transcorreu em clima de paz e harmonia. A família se manteve em oração e com a mente voltada ao bem-estar da querida senhora. Amigos entravam em silêncio, abraçando a todos com respeito. Os comentários eram de admiração pela vida de dona Heloísa.

Próximo ao horário do sepultamento, a senhora foi trazida por espíritos amigos a fim de ouvir a prece que padre Olavo faria para encerrar esse período de sua encarnação.

— Devemos nos alegrar porque tivemos o privilégio de compartilhar incríveis momentos da vida com essa amiga especial. Conheço dona Heloísa desde seu casamento, cerimônia que tive o prazer de celebrar. Durante todos esses anos, sempre a vi sorrindo e falando de esperanças; muitas vezes a vi tornar essas esperanças em realidade. Presenciei-a em um dia frio, característico da cidade de São Paulo, ao sair da igreja, após uma tarde de trabalhos manuais em benefício dos mais carentes, aproximar-se de uma senhora de idade, mal agasalhada, dizer algo em tom inaudível, tirar o próprio casaco e ajudar a senhora a vesti-lo, depois correr pelas ruas tiritando de frio. Esta mesma dona Heloísa foi esposa amorosa e fiel aos princípios morais cristãos, foi mãe que educou seu filho por meio do próprio exemplo de dignidade e caridade, e, quando foi necessário, assumiu para si a educação dos netos, aqui presentes e que são provas vivas de sua dedicação. Dona Heloísa, na época de abastança, dividiu o que tinha, não só com esmola fácil, mas fundou cursos que ensinam, até hoje, aos necessitados como ganhar o próprio pão. Quando privada das facilidades materiais, doou seu tempo e seu coração, que com certeza continuará dando frutos por muito e muito tempo. Em nome dessa nossa amável e amorosa comunidade, nós a reverenciamos e a entregamos nas mãos de Deus, pela amável prece.

Todos oraram o Pai-Nosso. Dona Heloísa, amparada por amigos da espiritualidade, permitiu que sereno pranto banhasse sua face, enquanto doce torpor a envolvia. Adormeceu nos braços de seus amigos e foi encaminhada a sua próxima morada.

A família, emocionada pelo carinho dos amigos, despediu-se.

Virginia continuava deitada em sua cama. Seus olhos espelhavam o desequilíbrio de sua mente. Ineque e Aurélio continuavam cuidando para que irmãos infelizes não conseguissem novamente hipnotizá-la, visto que seu estado mental e emocional demonstravam extrema fragilidade, e idéias de suicídio se tornavam constantes.

CAPÍTULO XI

~◦◦~

Esclarecimentos do passado

728. A destruição é uma lei da Natureza?

É necessário que tudo se destrua para renascer e se regenerar, porque isso a que chamais destruição não é mais que a transformação, cujo objetivo é a renovação e o melhoramento dos seres vivos.

[...]

729. Se a destruição é necessária para a regeneração dos seres, por que a Natureza os cerca de meios de preservação e conservação?

Para evitar a destruição antes do tempo necessário. Toda destruição antecipada entrava o desenvolvimento do princípio inteligente.

Foi por isso que Deus deu a cada ser a necessidade de viver e de se reproduzir.

(O Livro dos Espíritos – Livro III – As Leis Morais – Capítulo VI – Lei de Destruição – Item I – Destruição Necessária e Destruição Abusiva)

No retorno a casa, Samuel e seus filhos demonstravam grande cansaço físico, além das emoções naturais causadas pelo desencarne de dona Heloísa. Estavam acordados havia muitas horas. Precisavam urgentemente de um banho relaxante e um sono reparador.

Samuel, antes de ir até seu quarto, foi ao quarto de Virginia. Ao entrar, viu-a deitada em posição fetal, os olhos arregalados, o corpo trêmulo e com forte sudorese, sintomas que indicavam que ela não estava bem. O marido se aproximou e tentou fazer Virginia voltar a si, porém ela permaneceu no mesmo estado de alheamento. Por isso, novamente recorreu a Saulo.

— Saulo, é Samuel. Desculpe incomodá-lo, mas Virginia está febril e eu não consigo fazê-la voltar a si.

— Descreva o estado dela, por favor.

— Está deitada em posição fetal, seus olhos estão abertos, mas parecem não enxergar nada; seu corpo está trêmulo e parece ter febre.

— Continue a conversar com ela; não esqueça de orar. Já estou a caminho.

Sara ouviu a voz de seu pai e percebeu que algo estava errado. Bateu à porta do quarto e entrou.

— O que houve com mamãe?

— Não sei, minha filha. Quando entrei no quarto ela já estava nesse estado de alheamento. Saulo está vindo para cá.

Sophia e Junior também perceberam que algo não estava bem e se dirigiram ao quarto de Virginia. No caminho, Junior lembrou de pegar *O Evangelho Segundo o Espiritismo*.

Enquanto Samuel continuava falando com Virginia, tentando trazê-la à realidade; Sara, Sophia e Junior passaram à leitura de um trecho de *O Evangelho Segundo o Espiritismo*, o mesmo que havia sido lido quando Sara se sentira mal.

Saulo chegou à casa de Samuel e foi conduzido à presença de Virginia. Passou a examiná-la.

— Precisamos remover Virginia para o hospital. Ela se encontra em estado de choque.

— Estado de choque? Mas por quê?

— Terei certeza no hospital, mas parece que ela está desenvolvendo uma infecção grave, e está em choque séptico. Ligue para o hospital e peça que mandem um veículo de regaste, enquanto procedo aos primeiros socorros.

Virginia foi levada ao hospital e internada imediatamente na Unidade de Terapia Intensiva. O diagnóstico feito por Saulo foi confirmado. Virginia apresentava grave infecção renal. Seu organismo fisicamente debilitado não conseguira combater bactérias que tinham entrado em sua corrente sanguínea, liberando grande quantidade de toxinas.

— Saulo, como isso foi acontecer? Virginia não reclamou de dor e sequer apresentou qualquer sintoma visível — disse Samuel.

— Ela fará vários exames para identificar a causa dessa infecção, mas temos urgência em que a febre baixe. Também aplicamos antibióticos para que seu organismo possa reagir e passar a combater a infecção.

— Virginia já teve problemas renais devido à ingestão descontrolada de medicamentos.

— Ela teve nefrites?

— Já sim, uma ainda na adolescência, uma após o parto de Sophia e uma há uns cinco anos. Todo ano ela faz um check-up; eu mesmo a levo, e no último estava tudo bem.

— Essa informação é importante para que cheguemos a um diagnóstico preciso. Mas, agora, quero que você e os meninos voltem para casa e descansem. Ela está sendo bem cuidada e no momento não podem lhe fazer companhia, portanto aproveitem para descansar, está bem?

— Você também vai descansar? — perguntou-lhe Samuel.

— Vou sim, pois hoje à noite tenho plantão. Mas não se preocupe, pois o doutor Moisés está no hospital e cuidará de Virginia.

— Confio na equipe médica deste hospital. Minha mãe foi tratada sempre com carinho e atenção.

— Assim que retornar para cumprir meu plantão, visitarei Virginia. Em seguida, farei uma ligação para sua casa, colocando-os cientes de seu estado de saúde. Agora vá e leve seus filhos. Aqui nada poderão fazer.

— Obrigado mais uma vez, meu amigo.

Samuel e seus filhos voltaram para casa. Logo estavam deitados na cama descansando. Passamos a lhes aplicar energias renovadoras, que os auxiliou a adormecer serenamente.

Desligados pelo sono físico, tão necessário à restauração da energia de seus corpos materiais, foram encaminhados ao Plano Espiritual para esclarecimentos necessários, com a intenção de auxiliá-los neste momento difícil, fortalecendo-os para que suas escolhas fossem saudáveis, propiciando assim conseqüências benéficas à evolução moral de seus espíritos. Deixamo-los aos cuidados de boníssimos amigos e nos reunimos para discutir nosso trabalho com essa peculiar família.

— Ineque, já podemos ter uma visão mais clara do que está ocorrendo? — perguntei a meu amigo.

— Tenho informações importantes sobre a família de Virginia, vivida em outras oportunidades na matéria. Situações traumáticas foram vivenciadas por todos, envolvendo traições, vinganças, duelos com armas em defesa da honra, divisão de grandes fortunas, e tantas outras situações que acabaram dando origem ao ódio e ao crime — explicou Ineque.

— O duelo é uma prática antiga entre fidalgos que tinha por finalidade lavar a honra com sangue. Por mais que tente entender isso, não consigo achar justificativa para esse ato bárbaro — comentou Aurélio.

— A humanidade passa por períodos de evolução. Na época em que o duelo com armas existia, ele era uma ferramenta de defesa à própria honra; derivava com certeza do estado de ignorância moral existente. Vamos raciocinar sobre o duelo, que também pode ter origem em nossa mente: desejar o mal a nosso opositor é uma grave forma de duelo, pois a energia que emanamos em forma de pensamento poderá atingir seu destino, provocando danos incomensuráveis — respondi.

Ineque deu seqüência à conversa:

— Em *O Evangelho Segundo o Espiritismo*, Capítulo XII – Amai os Vossos Inimigos, Item 14, último parágrafo, vemos o comentário amoroso de Francisco Xavier: "Quando a caridade for a regra de conduta dos homens, eles conformarão seus atos e suas palavras a esta máxima: 'Não faças aos outros o que não quiserdes que vos façam'; então, sim, desaparecerão todas as causas de dissensões e, com elas, as do duelo e das guerras, que são duelos de povo a povo".

— Ação e reação. Mais uma vez, podemos concluir que, conforme a humanidade evoluir moralmente, menos razões teremos para a discórdia, pois o respeito a nós mesmos é estendido ao nosso próximo, exemplificando a máxima de Jesus: "Amar a Deus sobre todas as coisas, e ao próximo como a ti mesmo" — completei emocionado.

— Mas voltemos à história desta família. Há tempos idos, estavam reunidos em uma mesma comunidade, eram nobres possuidores de muitos títulos e uma imensa fortuna, porém nada era suficiente e viviam espoliando uns aos outros em doentio processo de obsessão. Virginia estava compromissada com Saulo, o nosso médico de hoje, por meio de contrato matrimonial entre as famílias. Ela se revoltou, pois estava perdidamente apaixonada por um artista de circo mambembe, e passou a planejar terrível vingança contra seus pais — falou Ineque.

— E quem seriam seus pais nessa época? — perguntei curioso.

— O pequeno Junior e Sara. Quando Virginia foi informada que deveria se casar com Saulo, ela, desesperada, recorreu à mãe pedindo ajuda. Apesar de não concordar em forçar o casamento, Sara não possuía voz ativa, era submissa, criada em uma sociedade baseada na lei patriarcal. Via-se obrigada a aceitar as ordens do marido, portanto teve de recusar a ajuda que Virginia pedia em desespero. Virginia passou a alimentar um rancor que crescia dia a dia, e olhava para a mãe com ódio. Prometeu a si mesma vingar-se daquela que passou a se responsabilizar pela sua infelicidade. No seu desequilíbrio emocional, não percebia o sofrimento da mãe em não poder auxiliá-la — continuou nosso amigo.

— E o artista pelo qual se apaixonou? — perguntei.

— Era Samuel. Apesar de se sentir atraído por Virginia, era um espírito irreverente e deslumbrado pela liberdade ilusória da qual gozava, sempre em movimento, de uma cidade a outra, cercado de belas mulheres, com as quais mantinha relacionamentos físicos, nunca se permitindo o amor verdadeiro. Vaidoso, conquistava e partia, deixando para trás sofrimento e, muitas vezes filhos, que nasciam bastardos, sem nunca conhecerem o pai. Essas mulheres caíam em desgraça diante da sociedade, muitas chegando ao suicídio ou mesmo a se prostituir. E não foi diferente com Virginia. Ele a enredou em seus anseios masculinos, e quando Virginia o procurou dizendo que estava disposta a largar tudo e viver com ele, pelo resto de sua vida, ele simplesmente partiu sem nada dizer, ou mesmo se despedir. Quando Virginia procurou a mãe, já pressentia estar grávida, e acreditava que Samuel a havia abandonado com medo da retaliação de sua família — explicou Ineque.

Aurélio interveio:

— Então, a partir desse momento, o desequilíbrio emocional de Virginia se manifestou?

— Apenas se intensificou, pois reagiu de maneira violenta quando percebeu que não conseguiria manipular a situação, como sempre fazia — seguiu Ineque. — Até aquele momento, sempre havia agido com impulsividade e prepotência, reagindo negativamente a qualquer limitação que lhe era imposta, mas, devido ao meio em que vivia, essa característica passava quase despercebida, pois era muito mimada e todos os seus desejos eram prontamente atendidos por todos. Tinha sido uma criança, e depois tornara-se uma mulher, de beleza surpreendente, sendo disputada e cortejada pelos melhores partidos da sociedade. Em sua prepotência acreditou que apenas o desejo de ter a seu lado o cigano circense, também bonito e perfeito, faria com que seus pais o transformassem no príncipe que ela almejava.

— Mas... Samuel tinha também essa ambição quando passou a se relacionar com Virginia? — quis saber.

— Não, naquela época Samuel era apenas um espírito que não se sujeitava às leis de responsabilidade moral. Vaidoso de sua beleza física e de seu sucesso com as mulheres, as via apenas como objetos de prazer, sem ter nenhuma ambição de possuir grandes fortunas que o fizessem perder sua liberdade de ir e vir, conforme sua vontade. Virginia chegou a lhe propor que se apresentasse a seu pai e lhe pedisse condições para modificar sua maneira de viver, a fim de tornar-se um nobre — comentou Ineque.

— Mas ele era um cigano, um homem comum, e não um indivíduo nascido na nobreza. Como Virginia pretendia transformá-lo em um nobre? — perguntou Aurélio, a que Ineque respondeu:

— Não podemos esquecer que, em sociedades regidas pela materialidade, quase tudo é negociável. Virginia lembrou-se do caso de uma irmã de seu pai, que havia se casado com um comerciante sem berço nobre, e o avô, homem de muitas influências, conseguira comprar-lhe o título de conde. Pensava que talvez seu pai, vendo seu grande amor pelo cigano, se apiedasse de seu sofrimento e atendesse a esse capricho. Porém, no caso da tia de Virginia, havia um grande motivo para o comportamento do avô: este se encontrava endividado, e o genro plebeu, porém milionário, tornou-se um investimento rentável.

— Entretanto, esse não era o caso de Samuel e Virginia, e, pelo que pude entender, Samuel também não se interessou pelas idéias dela — comentei.

— Exatamente! Com o orgulho ferido e seus sonhos destroçados, Virginia concentrou toda a sua ira em sua mãe, ou seja, Sara. Ela era culpada pelo seu infortúnio. No dia da cerimônia de seu casamento, quando a mãe foi até seu quarto para auxiliá-la com as vestimentas nupciais, ordenou às mucamas que as deixassem a sós, despindo-se de todas as máscaras sociais que se impunham. Então destratou a mãe e ameaçou-a, dizendo que faria de sua vida um inferno e não descansaria até vê-la pendurada em uma forca — seguiu Ineque.

— Deus! Quanta raiva nossa irmã deve ter alimentado em seu coração! — exclamei apiedado.

— Seu descontrole era tanto que concebeu tenebroso plano de vingança. Nessa caminhada foi se aliando a espíritos das sombras e se transformando em figura de horror mental. Era cruel com todos, açoitava os escravos, ordenava mortes. Aliou-se ao capataz de suas terras e ordenou a morte de seu pai em uma emboscada. Saulo, incapaz de enfrentar a fúria de sua esposa, abandonou-a e voltou a morar na cidade, levando consigo dois filhos, dessa maneira livrando-os da presença maligna da mãe demente — prosseguiu nosso amigo.

— E Sara, a mãe, o que lhe aconteceu? — perguntei.

— Sara, no início, procurou lutar contra o mal que dominava sua filha, chegando a pedir ajuda ao padre da comunidade, que foi expulso e ameaçado se voltasse a pisar naquelas terras. Quando Virginia se viu sozinha, no domínio de suas terras e no controle de sua herança, envolveu Sara em grave história de fraude e homicídio; manipulando a situação, levou a mãe a julgamento público, que lhe deu a sentença de morte. Sara, debilitada pelos maus-tratos e pela dor da traição, acabou desencarnando em cela fétida, antes de a sentença ser cumprida. Quando Virginia recebeu a notícia da morte de sua mãe, preparou grande festa em sua propriedade, com a intenção de comemorar sua liberdade. Por aquelas paragens nunca se teve notícias de tantas aberrações. Não satisfeita, planejou a morte de seu marido, espalhando boatos de falso relacionamento entre ele e uma senhora nobre e casada, o que culminou em terrível duelo, que provocou a morte dos dois contendores. A intenção de Virginia era herdar a imensa fortuna de seu marido, porém os pais de Saulo, amedrontados pelo mau caráter de sua nora, haviam se antecipado e registrado como herdeiros os netos de toda sua linhagem. Após a morte de Saulo, os sogros, inconformados pelos atos dementes de Virginia, passaram à retaliação — disse Ineque.

— Ordenaram a morte de Virginia? — exclamei.

— Assim fizeram. Pagaram ao tratador de cavalos para danificar a cela que Virginia sempre usava para cavalgar. Certo dia, correndo pelos campos de sua propriedade, com a mente já a maquinar novos planos hediondos, viu-se atirada longe do dorso de seu cavalo e por horas ali ficou a agonizar, até que foi encontrada por um de seus colonos. Não desencarnou, mas ficou tetraplégica, atirada em uma cama, sob os cuidados daqueles a quem havia maltratado. Seus sofrimentos, físicos e morais, foram atrozes, mas não conseguiu entender o valor daqueles momentos que vivia em um corpo limitado. Sua ira crescia e jurava vingança a todos. Os empregados que restaram na casa a temiam e a odiavam. Assim viveu durante vários anos. Por fim, desencarnou e, pela Lei das Afinidades, estavam a sua espera entidades de baixa energia vibratória, em busca de vingança. Mais um terrível período de sofrimento nos abismos de dor, rastejando no lodo fétido, beirando a insanidade. Finalmente, socorrida pelo amor de irmãos abnegados, aos poucos foi recuperando a lucidez. — Ineque fez uma pausa.

— Esta é a primeira encarnação de Virginia após esse socorro? — inquiri.

— Ela precisou de um tempo para encontrar algum equilíbrio e para que seus companheiros evoluíssem moralmente e tivessem condições de auxiliá-la. Teve a bênção de algumas encarnações compulsórias para refazimento de seu perispírito, e sua família vem adquirindo experiências nos dois planos, sempre com o objetivo de recebê-la entre eles — concluiu Aurélio.

— Agora entendo a paciência e a tolerância de todos eles. A serenidade de Junior ao tratá-la, a firmeza de Sara, a compreensão de Sophia e a paciência de Samuel, bem como de todos os outros que vão se envolvendo com essa família — comentei, feliz por entender os desígnios de nosso Pai.

— Podemos então entender um pouco mais para atender a esses irmãos. Mãos à obra, com as bênçãos de nosso Pai Maior — respondeu Aurélio, demonstrando grande felicidade.

CAPÍTULO XII

~~~

Um doce momento de alívio

754. A crueldade não decorre da falta de senso moral?

Dize que o senso moral não está desenvolvido, mas não que está ausente; porque ele existe, em princípio, em todos os homens; é esse senso moral que os transforma mais tarde em seres bons e humanos. Ele existe no selvagem como o princípio do aroma no botão de uma flor que ainda não se abriu.

(O Livro dos Espíritos – Livro III – As Leis Morais – Capítulo VI – Lei de Destruição – Item V – Crueldade)

Nós nos dirigimos ao hospital onde Virginia estava internada. Ao adentrarmos o espaço reservado aos pacientes isolados, o Centro de Tratamento Intensivo, observamos a atenção com que era cuidado esse ambiente. Médicos e enfermeiros capacitados a atender às necessidades dos doentes iam e vinham em constante movimento. Irmãos desencarnados ali trabalhavam em uma perfeita sintonia vibratória.

Vez ou outra captávamos pensamentos dos encarnados com suas preocupações do dia-a-dia, mas logo percebíamos que voltavam toda a sua atenção aos doentes, priorizando, assim, o trabalho de socorro.

Aproximamo-nos do leito onde se encontrava Virginia, ainda em estado de semi-inconsciência, procuramos auscultar seus pensamentos. Percebemos que, apesar de não poderem adentrar o recinto, irmãos ignorantes das leis divinas teimavam em penetrar ostensivamente em seu campo vibratório, provocando grave estado de agitação. Procurei localizar a origem de tais ondas energéticas, e logo me vi transportado para o lado de um irmão em deprimente estado físico e mental.

Procurei com discrição aproximar-me. Notei seu desconforto e tentei contatá-lo, porém ele não conseguia identificar minha presença devido à fixação mental que alimentava por meio da própria dor.

Mentalizei os irmãos socorristas daquela casa, solicitando-lhes ajuda, e logo estava amparado por uma equipe.

— Boa noite, meus irmãos. Localizei esse amigo que insiste em vinculação fluídica à mente de uma paciente, que apresenta sinais de muita agitação — proferi com a intenção de obter socorro.

— Estamos à sua disposição. Podemos proceder à mentalização de energia contrária, que servirá de contenção à carga energética que envolve o campo vibratório da senhora Virginia — explicou meiga senhora, que logo percebi ser a mestra daquela equipe de jovens aprendizes.

Elevamos nosso pensamento a Deus, pedindo humildemente que nos auxiliasse a socorrer mais um de seus filhos perdidos. Conforme orávamos, luz divina nos envolvia e direcionávamos o bem-estar sentido ao irmão necessitado. Percebendo que algo se modificava a sua volta, reagiu em descontrole. Desesperadamente, urrava semelhante a um animal ferido. Aos poucos e serenamente, nós o envolvemos nessa pura energia de amor, e ele foi adormecendo. Uma maca foi trazida e o fardo de dor encaminhado à morada necessária a seu refazimento.

Agradeci o auxílio recebido e pedi alguns esclarecimentos à simpática senhora.

— Desculpe minha ignorância. Mas para onde foi levado esse irmão?

— Temos uma ala no edifício espiritual destinada a espíritos socorridos em estado de demência, mas somente permanecem conosco se aceitam ajuda, pois o amigo sabe da importância do respeito ao livre-arbítrio.

— Sim, sei. Mas o socorro que foi feito neste momento não teve o consentimento desse irmão? Poderia me explicar a diferença? E, por favor, me diga seu nome. Eu sou Vinícius.

— Meu nome é Alzira. No estado mental em que se encontra o socorrido, não tinha como decidir nada conscientemente, pois sua mente, presa em terrível fixação mental, não consegue enxergar outras realidades. No momento ele vive em função de uma única idéia, e o que podemos fazer por ele é tratá-lo com passes magnéticos para trazê-lo de volta à realidade e esclarecê-lo sobre a oportunidade que está tendo neste momento, com as bênçãos de Deus. Porém, não podemos obrigá-lo a permanecer conosco.

— Diga-me, senhora Alzira, qual é a probabilidade que esses espíritos têm de entender sua verdadeira realidade?

— Depende unicamente de cada um. Não devemos esquecer que cada caso é único. Mas as oportunidades aí estão, e, para aquele que sofria dores inenarráveis, um momento de silêncio e paz para a mente é como um lago em dia de sol, que reflete o céu azul e límpido em suas águas serenas. Muitos aproveitam a oportunidade da ação benéfica e partem em busca de sua evolução; outros insistem no erro e voltam à perseguição a seus adversários, porém já terão noção de como é se sentir bem, o que instalará em sua mente o conflito necessário a novos questionamentos. Observamos, também, que o mesmo descanso mental terá aquele que é perseguido, propiciando assim fortalecimento e clareza para que possa mudar de padrão vibratório. Isso feito, mesmo se o perseguidor procurá-lo novamente, não mais o encontrará, porque não haverá sintonia de padrões energéticos. Oremos por esse irmão, para que possa encontrar a sua própria luz.

Despedi-me da senhora Alzira e agradeci sua boa vontade. Voltei para junto de Aurélio e Ineque com a intenção de continuar nosso labor.

— Como está Virginia neste momento? — perguntei a meus companheiros de trabalho.

— Melhor, mais calma. O socorro ao irmão que a mantinha cativa pela mente auxiliou bastante. Devemos aproveitar a oportunidade e ajudá-la a se libertar do corpo denso por meio do desdobramento pelo sono — explicou Ineque.

— Devemos encaminhá-la ao Plano Espiritual? — quis saber Aurélio.

— Virginia precisa se lembrar de seus compromissos. Amigos inestimáveis a esperam na Sociedade Espírita Caminheiros de Jesus — respondeu Ineque.

Assim foi feito. Auxiliamos Virginia a se desvincular do corpo material, e, devido a sua fragilidade mental, a mantivemos em estado de sonolência, e nos encaminhamos a nosso destino.

Chegando à Sociedade Espírita, fomos recebidos amorosamente pelos trabalhadores dessa casa de socorro. Logo Virginia foi encaminhada a uma sala reservada, semelhante a uma enfermaria do plano material. Todo o recinto estava primorosamente limpo, e um agradável odor de flores nos encantava o sentido, enquanto doce melodia se fazia ouvir e três trabalhadores encarnados mantinham-se em prece.

Virginia, em perispírito, foi acomodada em uma poltrona plasmada pelos trabalhadores espirituais, material que parecia vidro líquido, uma energia contida e sempre em movimento. Aproximei-me de nossa amiga e a chamei pelo nome:

— Virginia! Virginia! Acorde e tranqüilize-se! Está em companhia de amigos que a amam e a respeitam. Acorde, Virginia!

Virginia, lentamente, abriu os olhos, demonstrando ainda grave estado de alheamento. Aproximamo-nos e passamos a dispersar energias densas, que dificultavam nossa comunicação. Seu olhar foi-se firmando e percebemos, aliviados, que ela retomava o controle de sua mente. Assustada, olhava a sua volta, e nos perguntou com a voz fraca pela emoção:

— Que lugar é este?

— É um pronto-socorro no Plano dos Espíritos. Você se sentiu mal em sua casa e foi levada para um hospital. Nesse momento, seu corpo adormecido permanece em uma cama no Centro de Tratamento Intensivo, e seu espírito, desligado da matéria densa, foi trazido ao Plano dos Espíritos para que possamos conversar — falei calmamente.

— Não entendo do que o senhor fala — respondeu-me ela, desviando os olhos, com receio da verdade.

— Sabe sim, minha amiga. Apesar de não professar a Doutrina dos Espíritos, Samuel a tem esclarecido, por diversas ocasiões, sobre as leis que regem nosso Universo — afirmou Ineque.

— Nunca acreditei muito nessas coisas, e prefiro continuar na ignorância. Acredito até que isto seja apenas delírio de minha mente. Estou presa em terrível pesadelo, e não consigo acordar. É isso o que acontece comigo — retrucou, de modo sarcástico.

— Maria Inês, amiga de outras oportunidades, veio até nós para conversar com você. Peço que a ouça com carinho, pois lhe fará muito bem — disse pausadamente.

Maria Inês era o mesmo espírito que havia socorrido Samuel quando em aflição dentro de seu carro. Companheira de outras encarnações, vinha acompanhando a caminhada desses amigos, procurando auxiliá-los a encontrar a serenidade e a paz.

Maria Inês se aproximou amorosamente de Virginia, acariciou seus cabelos e se ajoelhou ao lado da querida amiga.

— Como você está, minha filha?

— Por que me chama de filha? Não a conheço.

— Mas eu me lembro de você, dentro de meu útero, crescendo saudável e feliz. Cada movimento seu me emocionava. O dia em que veio ao mundo, senti-me a mais feliz das criaturas. Cuidava de você com amor e muito carinho. Pensava não precisar de mais nada para ser feliz. Em uma tarde ensolarada, decidi passear com você à beira do lago que circundava nossa pequena e humilde casa, forrei a grama fofa, deitei-a a meu lado. Havia esquecido de trazer seu leite, e você dormia profundamente. Com certo receio, deixei-a por instantes, corri até nossa casa, peguei o leite morno e voltei correndo para perto de você. Mas você tinha desaparecido! Fiquei como louca a sua procura, mas não a encontrei. Desesperada, pedi ajuda às pessoas da comunidade. Saímos todos em sua busca, porém não conseguimos encontrá-la. Pensei em pânico que meu bebê poderia ter rolado e caído no lago. A tristeza tomou conta de meu espírito, adoeci gravemente. Um amigo de seu pai veio nos visitar e disse ter ouvido boatos de uma caravana de ciganos que passara por nosso povoado e levara com eles uma linda menina. Supliquei a meu marido que os perseguisse até trazer de volta minha filha. Ele partiu, mas não resisti à dor e desencarnei, vítima de tuberculose.

— Meu espírito, preso a Terra, não aceitou o socorro oferecido, e parti em busca de minha filha — continuava Maria Inês, emocionada. — Não sei por quanto tempo vaguei. Por fim consegui encontrá-la. Era uma linda moça, porém muito triste e revoltada com todos os fatos da vida. O homem que a tinha levado a presenteara ao chefe daquela tribo. Você foi criada com a intenção de servi-lo, foi abusada e oferecida como prenda aos amigos daquele homem. Seu ventre se avolumava, trazendo uma vida dentro dele. Passei a acompanhá-la, pensando a estar protegendo. Você entrou em trabalho de parto, e um lindo menino veio à vida. Seu sorriso de alegria por ter entre os braços aquela linda criança confortou meu coração dolorido. Mas a criança foi arrancada de seus braços e levada para o centro do acampamento. Violenta cerimônia pagã foi iniciada e seu filho, oferecido em sacrifício. Enlouquecida de dor, você avançou com uma faca sobre aquele homem que a seqüestrara, agora adormecido, arrancando-lhe as entranhas com selvageria. Dominada pelos membros da tribo, foi pendurada em uma árvore pelas ordens da mulher do selvagem. Quando se libertou do corpo destruído, procurei cuidar de você, mas nós duas, em total desequilíbrio, fomos escravizadas por irmãos vingativos. Finalmente socorridas, iniciamos nova oportunidade de regaste. Apesar dos compromissos assumidos, resvalamos muitas vezes no orgulho e no ódio insano.

Virginia chorava copiosamente. Abraçou-se a Maria Inês, que a confortava em terno acalento.

— Você tem oportunidade de se educar como espírito perto de irmãos que se comprometeram com você em busca de aprendizado e crescimento moral. Não permita que essa oportunidade se perca em momentos de prazer desequilibrado, que a afastarão de seu verdadeiro caminho.

— Por que não consigo amar minha família? Sinto intensa irritação na presença de qualquer um deles. Quando me avisaram da morte de dona Heloísa, senti prazer e alívio. Sinto-me culpada e com remorsos por ter esses sentimentos. O que posso fazer para amá-los de verdade?

— Perdoá-los pelos erros passados, mas, principalmente, perdoar a você mesma. Seus sentimentos não são saudáveis, mas eles existem e precisam ser modificados por meio de uma postura firme de seu próprio espírito. Procure enxergar em sua família os amigos de hoje, pois, apesar de serem os mesmos espíritos do pretérito, eles se modificaram diante da vida. Comprometeram-se com você em trabalho de resgate, então faça um esforço maior, e cumpra a sua parte.

— Como vou saber se terei forças para isso? Eu me lembrarei de você, de nossa conversa?

— Como uma idéia distante, mas a intuição virá no momento oportuno, desde que você permita. Hoje você está recebendo o tratamento necessário para que possa pensar com lucidez, sem grandes interferências do mundo espiritual mais denso. Aproveite com sabedoria esta oportunidade.

Dizendo isso, Maria Inês a abraçou com carinho, beijou-a na testa e disse:

— Agora você precisa retornar ao seu corpo material. Lembre-se que o tempo que temos é para ser aproveitado de maneira benéfica. Use-o com sabedoria! Deus a abençoe!

Virginia se agarrou a Maria Inês e, em desespero, pediu que ela ficasse a seu lado.

— Por favor, não me abandone! Fique comigo! Sinto-me forte em sua presença.

— Sempre estarei a seu lado quando precisar. Mas, lembre-se: esta é sua luta pessoal, e quem deve vencê-la é você, para que adquira méritos para viver dias futuros mais felizes.

Acariciou lentamente o rosto de Virginia, que adormeceu de modo sereno. Gratos por presenciar esse momento de amor fraternal, encaminhamos Virginia a seu leito hospitalar.

CAPÍTULO XIII

~·~

Doença e declínio espiritual

768. *O homem, ao buscar a sociedade, obedece apenas a um sentimento pessoal ou há também nesse sentimento uma finalidade providencial, de ordem geral?*

O homem deve progredir, mas sozinho não o pode fazer porque não possui todas as faculdades; precisa do contato dos outros homens. No isolamento ele se embrutece e se estiola.

(O Livro dos Espíritos – Livro III – As Leis Morais – Capítulo VII – Lei de Sociedade – Item I – Necessidade da Vida Social)

Alguns dias se passaram. O estado de saúde de Virginia foi melhorando aos poucos.

Samuel se dirigia ao hospital para visitá-la. Com o transcorrer daqueles dias atribulados, procurou se concentrar nas necessidades do momento. Com os pensamentos mais equilibrados, voltava-se à lembrança de sua mãe: "Agora entendo o que é saudade. Apesar de saber que apenas o corpo físico morre, e que minha mãe continua viva, sendo cuidada com carinho, e que podemos nos encontrar novamente, a falta de sua presença física é grande. Preciso cuidar para que esta saudade seja sempre saudável para nós dois. Ainda bem que Virginia está se recuperando. Apesar de ainda apresentar bastante irritação, parece mais tranqüila. Peço a Deus que a fortaleça, que ela continue assim, mais calma e equilibrada".

Chegando ao hospital, Samuel se dirigiu ao quarto onde estava Virginia. No caminho encontrou Saulo, que vinha em sua direção. Amigavelmente, se abraçaram como velhos amigos.

— E aí, sogrão, como está? — perguntou o rapaz com bom humor.

— Graças a Deus, muito bem. Sabe que até hoje me emociono quando me lembro daquele dia em que Sara passou mal? Dava para ver que vocês estavam se reencontrando naquele momento. Foi uma das experiências mais bonitas que presenciei — confessou Samuel, com os olhos marejados de lágrimas.

— Para mim também. Fico pensando na alegria de ter Sara em minha vida. Sabe, Samuel, apesar de ter uma vida corrida, pelos estudos, por precisar trabalhar para me manter, o que sempre foi difícil, pois medicina é tempo integral de dedicação, hoje percebo que usava isso como desculpa para não levar adiante nenhum relacionamento amoroso. Nunca tinha me interessado por nenhuma outra mulher na realidade. Quando marcava algum encontro, ou passava a cortejar uma mulher, o sentimento que tinha era de estar traindo alguém muito especial. No fundo esperava por Sara desde o dia em que vim a este mundo.

— Fico muito feliz por vocês dois, mas principalmente por Sara. A vida de meus filhos não tem sido muito fácil, e sei que são extremamente carentes de amor. São pessoas incríveis, amorosas e fiéis; merecem paz e felicidade, e isso nós só conseguimos amando.

— Samuel, não subestime o que você e dona Heloísa fizeram por essas crianças. Apesar do comportamento ausente de Virginia, eles entendem os problemas da mãe e a amam muito.

— Sei disso, mas não consigo evitar o sentimento de compaixão pelos momentos de aflição e, muitas vezes, traumatizantes que viveram. Acredito que um dos piores se deu na ocasião em que Virginia esfaqueou Leonora.

— Posso lhe fazer uma pergunta indiscreta?

— Pergunta indiscreta? Pode sim.

— Se não quiser responder, não responda, está bem?

— Está certo; pode perguntar. Mas acredito que sei o que será.

— Você ama minha irmã?

Samuel passou a mão pelos cabelos e desviou o rosto, constrangido.

— Se não quiser, não responda. Não quero embaraçá-lo.

— Esse é um assunto que tento evitar há muitos anos. Procuro não pensar a respeito, pois o desespero de não ver solução me enfraquece e deprime. Eu amo Leonora! Ela é uma mulher bonita, inteligente, meiga, dedicada, cheia de compaixão e de uma ponderação admirável. Se pudesse escolher hoje, sem prejuízo para ninguém, minha vida seria dedicada a ela.

Saulo abaixou a cabeça, tentando disfarçar as lágrimas que teimavam em sair de seus olhos. Respondeu, embargado:

— Um amor assim sempre tem uma finalidade benéfica. Não sei como as coisas irão se encaminhar, mas a felicidade muitas vezes vem de maneira peculiar. Minha irmã também o ama e não consegue disfarçar esse sentimento. Ele se espelha em seus olhos. Sei exatamente quando ela pensa em você.

— Sei que Leonora também me ama, mas muitas vezes gostaria que assim não fosse. Dessa maneira, ela poderia ter uma vida plena, encontrar um bom companheiro, com o qual tivesse os próprios filhos. Sei o quanto ama qualquer criança.

— A vida plena não é preenchida por coisas nem pessoas que não nos completam, mas sim pelos verdadeiros sentimentos. Não esqueça disso, meu amigo. Não conheço ninguém mais feliz do que Leonora. E, não se preocupe, nunca comentarei sobre o que falamos.

— Confio em você. Nunca desabafei com ninguém sobre este assunto, mas sei que você é especial, um irmão que veio nos encontrar no meio do caminho.

— Bem, vamos ver Virginia. Depois gostaria de conversar com você sobre o estado de saúde dela.

Samuel e Saulo adentraram o quarto de Virginia. Esta se encontrava recostada em travesseiros embalados em fronhas muito brancas, o que acentuava a palidez de seu rosto.

Samuel se aproximou da cama e a beijou fraternalmente na face. Depois abraçou Junior, que se encontrava sentado em uma poltrona lendo um livro.

— Boa tarde, meu filho! A que horas você chegou da escola?

— Eram mais ou menos meio-dia e meia. Vim direto, e vou aproveitar sua chegada para comer alguma coisa na lanchonete.

— Você explicou para o senhor Celso o motivo pelo qual tem faltado ao trabalho? — perguntou Samuel.

— Expliquei, sim. Ele disse para não me preocupar; assim que as coisas melhorarem, posso voltar. Além do mais, se ele precisar muito, posso trabalhar à noite em casa, pois o que faço posso fazer em qualquer lugar ou horário — falou Junior.

— O que você faz? — quis saber Saulo.

— Trabalho na criação de páginas para a Internet. Crio e faço atualizações para a empresa em que trabalho. Assim, se for mesmo necessário, caso aperte o ritmo do pessoal, já combinei com o senhor Celso de trabalhar à noite em minha casa — explicou o rapaz. — Bem, vou à lanchonete então, pai.

— Espera um pouco que vou com você porque também não almocei — falou o médico. Dizendo isso, aproximou-se de Virginia e a examinou rapidamente, depois passou a ler a ficha médica. — Está tudo bem. Hoje você não apresentou febre e não se queixou de dores. Vamos manter a mesma medicação por mais dois dias, pois o exame de sangue ainda acusa infecção.

— Quando poderei ir para casa, doutor? — perguntou Virginia.

— Se tudo continuar bem, acredito que no máximo mais três dias, está bem?

— Não tenho alternativa, tenho?

— Não, por enquanto não. Mas pense que, quando sair daqui, estará em melhores condições de ter uma vida saudável.

— Para você é fácil falar, não está preso a essa cama — comentou Virginia de mau humor.

— Virginia, acalme-se. Não adianta ficar irritada. Isso somente fará mal a você — aconselhou Samuel com paciência.

— Ah!, Samuel! Deixe-me em paz. Senta nessa cadeira e fica quieto — falou a enferma com grosseria.

Saulo olhou para Samuel e fez um discreto sinal para que não levasse em consideração o azedume de Virginia. Passou os braços pelos ombros de Junior e o convidou a sair do quarto.

Assim que os dois saíram, Virginia fechou os olhos e fingiu adormecer. Samuel orou em silêncio por ela, pedindo a Deus que o fortalecesse, pois um sentimento de revolta ameaçara tomar conta de sua mente. Dirigiu-se à janela e viu Leonora entrando no hospital. Um pranto silencioso aliviou a dor no peito, enquanto pensava: "Deus, me ajude. Não posso fraquejar agora, não posso permitir a invasão de minha mente. Sei que irmãos infelizes nos espreitam, aguardando apenas que fraquejemos em nossa fé. Preciso de auxílio, meu Deus, pois me sinto fraco e carente. Não permita que eu envolva Leonora nessa energia; ela é minha força e eu preciso respeitá-la acima de tudo".

Junior voltou ao quarto de sua mãe, que dormia tranqüilamente.

— Junior, preciso trabalhar, mas estarei de volta à tarde. Depois Sophia virá dormir com sua mãe, está bem?

— Vá sossegado, pai. Agora que mamãe dormiu, vou estudar porque amanhã tenho prova. Vá com Deus!

— Que Ele fique com vocês! — abençoou Samuel, abraçando seu filho.

Samuel saiu do quarto e foi procurar Saulo, pois lembrara que o médico havia dito que precisava conversar a respeito da saúde de Virginia.

— Oi, Samuel. Pensei que havia esquecido de me procurar.

— Você tem os resultados do último exame?

— Tenho sim. A tomografia que fizemos na semana passada havia denunciado uma tumoração no rim direito, então fizemos a biópsia, você lembra?

— Lembro, sim. Qual foi o resultado?
— Infelizmente, descobrimos neoplasias malignas no rim direito. Pedi a outro oncologista que viesse examinar Virginia.
— Câncer?
— Infelizmente, sim.
— Meu Deus! Estou tão cansado, Saulo, o que farei?
— O melhor, como sempre. Vamos cuidar de Virginia. Esperaremos o diagnóstico do médico oncologista, depois veremos o que é preciso fazer.
— Você chamou o doutor Moisés?
— Ele mesmo. É um excelente profissional e muito caridoso. Confio muito nele.
— O tumor está somente no rim direito?
— Há uma pequena formação no rim esquerdo, mas não podemos dizer se é realmente um tumor, e, se for, se é maligno ou benigno. Dependendo da conclusão do doutor Moisés, faremos a biópsia do rim esquerdo também.
— Então Virginia não poderá voltar para casa em três dias?
— Moisés deverá examiná-la e ver os exames ainda hoje. Caso precisemos de biópsia do rim esquerdo, será feita amanhã. Na sexta-feira, portanto, se ela estiver bem, poderá voltar para casa.
— Agradeço sua ajuda. Quando tiver novidades, por favor, me ligue.

Samuel se despediu de Saulo e se dirigiu ao estacionamento do hospital. Passando pela portaria, encontrou Leonora, que se dirigia, com uma senhora de idade avançada em uma cadeira de rodas, ao jardim do hospital.
— Leonora, boa tarde!

— Boa tarde, Samuel! Como está Virginia?

— Acabei de conversar com Saulo sobre isso. Infelizmente, não muito bem.

— Se vocês precisarem de ajuda, podem me procurar. Sei dos obstáculos, mas estou à disposição com muito carinho.

— Sabemos de seu altruísmo mais do que qualquer um. Apenas ore por nós. Precisamos de força e paciência para superar este momento. Agora preciso ir trabalhar. Até logo.

— Deus o acompanhe.

Enquanto Samuel se afastava, Leonora o observava com carinho.

— Bonito moço. Vocês ficam muito bem juntos. Formam um belo par.

— Dona Matilde, esse moço bonito é casado, e não é comigo — brincou Leonora.

— Mas devia ser — teimou a amável senhora.

Leonora acariciou seus cabelos brancos e a levou ao jardim para um passeio.

Virginia finalmente voltou para casa. A família, preocupada em deixá-la só, tinha contratado uma senhora para fazer os serviços domésticos e companhia a ela, visto que dona Maria, a antiga senhora que cuidava dos afazeres, pedira para ser desligada do trabalho, alegando que, após a morte de dona Heloísa, não mais ficaria porque sentia muito medo do comportamento de Virginia.

Virginia, tão logo ficou sozinha, após a saída de todos para o trabalho, avisou a dona Silvia que não admitia ser incomodada quando estivesse em seu quarto, e correu para o computador. Novamente voltou a se envolver com as tristes comunidades ociosas, que preenchiam o tempo disponível em suas vidas com envolvimentos irreais, sempre relacionados aos prazeres imediatos, às sensações físicas que os escravizavam a relacionamentos desequilibrados e irresponsáveis.

Aurélio nos pediu novamente auxílio, pois a mente de Virginia voltara a se ocupar com pensamentos torpes, abrindo dessa maneira espaço à obsessão ativa.

— Obrigado por terem vindo rapidamente.

— O que está acontecendo? — perguntei a Aurélio.

— Infelizmente, tão logo ficou sozinha em casa, Virginia correu ao computador e novamente está envolvida com ligações nefastas. Percebo uma organização bastante aplicada da parte desses irmãos ignorantes para envolvê-la e não permitir que ela receba boas energias — comentou Aurélio.

— Vamos nos informar sobre isso e voltaremos assim que possível — disse Ineque.

Reunimo-nos no Plano Espiritual. Havia pedido a um amigo de nossa equipe de trabalho que fizesse pesquisa sobre o grupo que se dedicava ao assédio à Virginia. Intuía que tinha algo mais nesse caso que ainda não havíamos descoberto.

Maurício chegou acompanhado de Antônio, que, alegremente, nos abraçou e falou sobre o seu contentamento em ser chamado para nos auxiliar nessa empreitada.

— Vinícius, conseguimos identificar o grupo que assedia Virginia. Eles são contratados pela Comunidade das Sombras, hoje, instalados em cavernas próximas ao litoral paulista. Conseguimos descer ao abismo mais superficial e identificamos várias celas que servem de prisão a muitos irmãos dementados. É triste o panorama energético nessa região abissal.

— Conseguiram descobrir por que estão tão empenhados em atormentar essa família?

— Há um comandante desse agrupamento que dá ordens a seus asseclas. Ele os instruiu até mesmo na maneira como os hipnotizadores devem proceder à ação magnética para dominar Virginia. Acreditamos que são antigos conhecidos, porque sabem identificar os pontos viciosos de seu caráter com muita facilidade. Sua mente arguta conseguiu identificar nossa presença e bloqueou totalmente qualquer comunicação. Mas vamos ao encontro dos socorristas que trabalham naquelas paragens em busca de informações. E, mais uma vez, agradecemos a oportunidade de trabalho que nos oferece.

CAPÍTULO XIV

―⋅⋅⋅―

O início do tratamento

776. O estado natural e a lei natural são a mesma coisa?

Não. O estado natural é o estado primitivo. A civilização é incompatível com o estado natural, enquanto a lei natural contribui para o progresso da Humanidade.
O estado natural é a infância da Humanidade e o ponto de partida do seu desenvolvimento intelectual e moral. O homem, sendo perfectível e trazendo em si o germe de seu melhoramento, não foi destinado a viver perpetuamente na infância. O estado natural é transitório e o homem o deixa pelo progresso e a civilização. A lei natural, pelo contrário, rege toda a condição humana e o homem se melhora na medida em que melhor compreende e melhor pratica essa lei.

(O Livro dos Espíritos – Livro III – As Leis Morais – Capítulo VIII – Lei do Progresso – Item I – Estado Natural)

Leonora, preocupada com o rumo que as coisas estavam tomando na vida daquela família tão querida, pediu a Saulo que fosse encontrá-la no Centro Espírita Caminheiros de Jesus, comunidade que freqüentava havia algum tempo.

— Boa noite, Saulo!

— Boa noite, Leonora! Trouxe Sara comigo. Espero que não se importe.

— Importar-me? Meu Deus, que alegria! — respondeu ela abraçando carinhosamente Sara.

— Também sinto muita alegria em encontrá-la! — Sara retribuiu o abraço amorosamente.

— Quando Saulo me contou que estavam namorando, e a maneira como tudo aconteceu, fiquei muito contente. Sempre me preocupei com a solidão em que este menino vivia, apenas preocupado com os estudos e o trabalho, e, quando falávamos sobre encontrar alguém para partilhar essa existência, seus olhos pareciam procurar, a sua volta, alguém muito familiar. Ele respondia que "ela" estava por aí e um dia viria a seu encontro. Pensava comigo mesma: "Esse meu irmão é um sonhador, ou está nos enrolando" — comentou Leonora sorrindo.

— Agora você sabe que era verdade o que eu dizia! Já sabia que esta mulher maravilhosa estava por aí, apenas esperando a minha chegada — brincou Saulo, abraçando a namorada.

— Para mim sempre ocorreu de maneira semelhante. Tanto que ele é meu primeiro namorado, e eu já tenho vinte e três anos. Minhas amigas brincavam dizendo que ficaria para titia, mas sabia que era apenas questão de tempo, e não uma ilusão de uma garota sonhadora. Era uma certeza lúcida e serena, e ninguém, nunca, conseguiu enfraquecer essa certeza. Meu pai sempre me incentivou a nunca desacreditar desse sentimento, pois ele era muito bonito para ser irreal — falou Sara, retribuindo o abraço de Saulo.

— Leonora, por que nos pediu que viéssemos ao centro? — perguntou Saulo.

— Hoje, sexta-feira, você sabe que temos um trabalho destinado ao Atendimento Fraterno. Acredito ser importante pedir auxílio para toda a família de Samuel. Ultimamente, tenho sonhado bastante com todos — respondeu Leonora.

— E você se lembra dos sonhos, Leonora? — indagou Sara.

— Alguns sim, outros de maneira mais confusa. Porém, o tema de todos eles tem como figura central Virginia, em avançado estado de demência, sendo perseguida por uma entidade que me é familiar, também em avançado estado de deformação física e mental. Quando acordo, sinto urgência em fazer algo, e, pelo que tenho aprendido com a Doutrina Espírita, o caminho é por meio da oração e da ajuda espiritual, a fim de resgatar essas almas em aflição — respondeu Leonora.

— Até pouco tempo atrás, não prestava atenção nessas peculiaridades relacionadas à mediunidade. Depois do dia em que passei mal, e comecei a conversar com Saulo sobre este assunto, ele começou a me esclarecer sobre algumas coisas que sempre ocorreram comigo. Descobri que posso "ver" o mundo dos espíritos e, conforme você foi me falando de seus sonhos, veio à minha mente uma entidade que sempre vi em casa, desde a infância. É um espírito que aparenta grande altura e volume, todo vestido de preto, como se fosse uma malha justa. As mãos e os pés parecem garras de animais anfíbios. O rosto se afunila no queixo, e se projeta para a frente, lembrando um abutre. Seus olhos, de um amarelo forte, parecem estar sempre espreitando ao redor. Quando o percebia a minha volta, sentia muito medo — confessou Sara.

— Você acabou de descrever o mesmo irmão que vejo em meus sonhos — respondeu Leonora.

— Então, vamos pedir a nosso amigo Leandro que nos inclua no Atendimento Fraterno — sugeriu Saulo.

Após as providências tomadas, foram sentar-se no salão principal da casa, esperando ser chamados. Enquanto isso, dedicada irmã da casa palestrava sobre trecho d'*O Evangelho Segundo o Espiritismo* (Capítulo XV– Item 10 – Instruções dos Espíritos), presente de Paulo (Paris, 1860) à humanidade, que iremos transcrever a seguir, acreditando na importância de sua leitura, e no entendimento dessa máxima do Evangelho de Jesus:

Fora da caridade não há salvação

10. Meus filhos, na máxima: Fora da caridade não há salvação, estão contidos os destinos dos homens sobre a Terra e no céu; na Terra, porque, à sombra desse estandarte, eles viverão em paz; no céu, porque aqueles que a tiverem praticado, encontrarão graça diante do Senhor. Esta divisa é a luz celeste, a coluna luminosa que guia o homem no deserto da vida para conduzi-lo à Terra Prometida, e brilha no Céu como aureóla santa na fronte dos eleitos, e na Terra está gravada no coração daqueles a quem Jesus dirá: "Passai à direita, benditos de meu Pai". Vós os reconhecereis pelo perfume de caridade que espargem ao seu redor. Nada exprime melhor o pensamento de Jesus, nada melhor resume os deveres do homem, do que esta máxima de ordem divina. O Espiritismo não podia provar melhor a sua origem, do que oferecendo-a por regra, porque ela é o reflexo do mais puro Cristianis-

mo. Com essa orientação, o homem jamais se transviará. Aplicai-vos, portanto, meus amigos, a compreender-lhe o sentido profundo e as conseqüências de sua aplicação, e a procurar por vós mesmos todas as maneiras de aplicá-la. Submetei todas as vossa ações ao controle da caridade, e a vossa consciência vos responderá: não somente ela evitará que façais o mal, mas ainda vos levará a fazer o bem. Porque não basta uma virtude negativa, é necessária uma virtude ativa; para fazer o bem é preciso sempre a ação da vontade; para não fazer o mal, bastam freqüentemente a inércia e a negligência.

Meus amigos, agradecei a Deus, que vos permitiu gozar a luz do Espiritismo. Não porque somente os que a possuem podem se salvar, mas porque, ajudando-vos a melhor compreender os ensinamentos do Cristo, ela vos torna melhores cristãos. Fazei, pois, que em vos vendo, se possa dizer que o verdadeiro espírita e o verdadeiro cristão são uma e a mesma coisa, porque todos os que praticam a caridade são discípulos de Jesus, qualquer que seja o culto a que pertençam.

Leandro, o trabalhador da Casa, que coordenava a chamada dos atendidos, avisou Saulo que seriam os próximos a entrar na sala de atendimento. Eles foram encaminhados a uma pequena sala, onde uma senhora muito sorridente os aguardava a porta.

— Boa noite. Meu nome é Sandra. Sejam bem-vindos — disse ela com carinho.

— Obrigado! Eu e Leonora você já conhece. Esta é Sara, minha namorada — apresentou Saulo.

— Prazer em conhecê-la! Por favor, entrem e sentem-se para que possamos conversar. O que podemos fazer por vocês? — indagou Sandra.

— Lembra-se de que comentei sobre uns sonhos que estava tendo? — disse Leonora.

— Lembro-me sim.

— Acredito que são lembranças que consigo manter de situações que presencio na emancipação de meu espírito durante o sono. Estão acontecendo algumas situações que posso relacionar a essas informações, e a sensação de fazer algo, com urgência, se intensificou bastante, por isso pedi a Saulo que viesse me encontrar em nossa casa de orações para solicitarmos auxílio à família envolvida — continuou Leonora.

— Quando aqui chegamos, Leonora nos colocou a par do assunto, que a fez nos convidar para este atendimento. Identifiquei, então, a entidade que vejo em minha casa desde a infância, e, ao descrevê-la, Leonora disse ser o mesmo irmão que ela vê em seus sonhos. — Sara fez curta pausa, depois retornou a falar. — Minha mãe é uma pessoa de difícil trato, sempre causando problemas para a família e principalmente para ela mesma. Sofre de distúrbios comportamentais, que são tratados à base de medicamentos, mas ela não os toma com regularidade, por isso nunca está completamente sob controle.

— Primeiro vamos acalmar a mente, procurar elevar nossos pensamentos a Deus, a esta equipe espiritual maravilhosa que nos acompanha com muito amor e carinho. Vou pedir a você, Sara, que mentalize seus familiares, sua casa e, com muito carinho, sua mãe. Por meio de suas mentalizações, poderemos identificar energias a ser recicladas, está bem? — perguntou Sandra.

Um senhor que se encontrava sentado, em silêncio, em um canto da sala, fez uma prece comovente solicitando auxílio a esses irmãos em estado de necessidades morais.

— Senhor, Pai de amor e de bondade; irmão de benevolência, nosso Mestre, Jesus; irmãos da espiritualidade, que nos assistem nesse momento, para que possamos, com nossa humilde vontade, auxiliar os que sofrem, as dores da alma, da alma doente, que insana busca dentro de mentes desorientadas o ódio, a raiva, a cobiça, a inveja, o orgulho para alimentar desejos de vingança. Oh!, espírito sofredor, sinta, nesse momento, a alegria de encontrar um momento de paz e lucidez, para que possa voltar a caminhar na casa de nosso Pai. Oferecemos a vocês, nesse momento, de oportunidade cristã, a prece que nosso Mestre Jesus nos ensinou.

A oração do Pai-Nosso foi feita com emoção e carinho por todos os presentes na sala de atendimento.

No Plano Espiritual, assim que senhor Luiz iniciou a prece, nós passamos a cuidar dos espíritos que foram trazidos a nossa casa de socorro pelas mentalizações de Sara, apoiada pelo carinho de Saulo e Leonora.

Irmão em avançado estado de deformação se debatia, apresentando sintomas semelhantes aos de uma crise de epilepsia; amigos se acercaram dele, passando à dispersão de densa energia que o envolvia como a um casulo; sua mente em desvario resistia à ação benéfica de amor. Furioso, levantou-se, trêmulo, e gritou em descontrole:

— Vocês não me prenderão em suas teias santas. Sou filho das trevas e é assim que quero viver, até esgotar o meu ódio.

— Acalme-se, meu amigo. Você está descontrolado. Dessa maneira, não conseguirá entender o que temos a lhe dizer — falei, com paciência.

— Quem disse que quero ter esta conversa com vocês? Sua prepotência muito me espanta, pois se diz filho do Cordeiro, e age como abutre da traição — respondeu-me com sarcasmo.

— A traição é algo que muito nos magoa, pois sempre é um ato ligado ao desamor, ao contrário das intenções de nosso Cordeiro da Paz, que nos ama incondicionalmente e veio ao nosso planeta exemplificar o amor e o perdão, sempre nos auxiliando a enxergar dentro de nossos corações abençoadas oportunidades de refazimento — completou Ineque com carinho.

Ao mesmo tempo, procurávamos dispersar energia cristalizada à volta de nosso irmão, que o mantinha aprisionado em suas idéias fixas.

— Podem exercitar a sua eloqüência, e assim alimentar a sua vaidade. Farei-me de bom senhor e apenas escutarei esse palavrório que a mim nada significa. Falem, exercitem a sua fé; fingirei ser bom ouvinte, mas minha mente saberá do que preciso para fugir de suas grades — respondeu com firmeza.

— Sabemos que pode entender claramente sobre o que falamos, e que apenas nos rechaça por acreditar na maneira como vive. Porém, temos paciência, pois estamos aprendendo a enxergar além das aparências. Apenas fique junto a nós, por um momento, calando a mente, e apenas sentindo. Se o irmão tem tanta certeza do que quer e do que sabe, não temerá que apenas um instante de silêncio o possa tirar de seu caminho — ressaltei com convicção.

— Está bem, mostrarei a vocês o tamanho de minha certeza, pois está assentada no ódio e na dor da traição — respondeu ele com amargura.

— Apenas um minuto de silêncio e o irmão poderá voltar a suas lides — disse meu amigo Ineque.

Logo nos vimos cercados por amável equipe de trabalhadores, os pensamentos voltados ao Pai somente na súplica amorosa ao nosso irmão. Maravilhosa energia vinda do Plano Mais Alto nos banhou a mente e, com muito amor, a projetamos em nosso irmão, que aos poucos foi abaixando a cabeça, em sinal de humilde reconhecimento do bem que recebia.

Transcorrido o minuto pedido, ele se ergueu da cadeira onde tinha sido acomodado e nos olhou com curiosidade, e se foi em silêncio. Agradecemos esse momento ao Pai e voltamos nossa atenção ao atendimento que estava sendo feito à família de Samuel.

Sara emocionou-se sobremaneira. Um pranto silencioso sacudia seu peito. Saulo a abraçou e Leonora segurou suas mãos com carinho. Sandra acariciou seu rosto delicadamente, dizendo:

— Agradeçamos a Deus este momento de auxílio, e, a partir de hoje, que seus pensamentos sejam de amor, perdão e otimismo. Vou instruí-los para que o que foi feito hoje possa ter continuidade durante a próxima semana.

Sandra instruiu-os à prática do Evangelho no lar, a oração constante, a não ceder à ira, a adquirir o hábito de fluidificar a água consumida e à constância no otimismo para que a energia característica a cada um dos envolvidos pudesse manter uma boa qualidade vibratória.

— E quanto a minha mãe? Como faremos para fazê-la entender sua responsabilidade moral no processo evolutivo de seu espírito? — inquiriu Sara.

— Pela boa vontade de vocês, da família e dos amigos, a qualidade de energia de seu lar irá melhorar, possibilitando assim aos bons espíritos chance de aproximação; dessa maneira, Virginia receberá a oportunidade de aclarar os pensamentos e fazer boas escolhas, mas dependerá muito dela mesma. Não esqueça, Sara: muitas vezes, não vemos resultados imediatos de nosso trabalho, mas, em algum momento da vida desses nossos irmãos, esses novos e tão antigos conceitos morais e cristãos farão sentido. Precisamos ter humildade para respeitar o momento de entendimento de cada um, pois a urgência em modificar aqueles que ainda não têm condições de entender o que estamos falando também pode se tornar prejudicial.

— É provável que minha mãe não consiga entender a necessidade de se transformar ainda nesta encarnação?

— Sara, pelo que pude entender, sua mãe sofre um transtorno comportamental, que me pareceu bipolaridade, é isso? — perguntou a irmã que os auxiliava.

— Isso mesmo, Sandra. Ela foi diagnosticada como Bipolar Grave, com tendências a esquizofrenia — respondeu-lhe a moça.

— Sabemos também que somos, hoje, conseqüência de nossos atos, que foram moldando nossa personalidade; podemos concluir que Virginia possui algumas características comportamentais que são decorrentes de seus próprios pensamentos e atos, que precisam ser modificados, mas isso acontecerá à medida que for entendendo a necessidade de ser feliz, e isso só será alcançado com a modificação de seus conceitos de prazer. Modificar comportamentos viciosos não é fácil porque exige de nossa mente um exercício muito dolorido, que é o do autoconhecimento — falou Sandra.

— E para tanto precisamos, pelo menos, começar a treinar a humildade, não é isso? — indagou Saulo.

— Exatamente — respondeu Sandra. — Além de treinar nossa humildade, que é conseqüência de nossa sinceridade, precisamos, em um primeiro momento, entender que o remorso e a culpa não deverão ter lugar em nossas vidas. Quando começamos o sincero exercício do autoconhecimento, deparamos com muitos aspectos ruins de nossa personalidade, e o primeiro passo é entender a beleza dessa descoberta, para ela realmente ser benéfica, pois assim nos posicionamos e retomamos o controle de nosso crescimento pessoal, lutando para modificar tal estado vicioso; caso contrário, poderemos cair em doentio padrão de culpa e remorso, que, com certeza, irá abrir largas portas a obsessões graves.

— Por isso o alerta de que toda obsessão começa em um processo íntimo de auto-obsessão? — questionou Leonora.

— Isso mesmo, Leonora. Agora, no caso de Virginia, vocês podem modificar a maneira de tratá-la, conversando com firmeza e sinceridade, fazendo-a responsável pelos seus atos, não apenas deixando passar momentos desequilibrados, desculpando-a por suas limitações, sempre sem conseqüências para ela — explicou Sandra.

— Como assim? — perguntou a filha, que não sabia como lidar com Virginia quando em seus acessos nervosos.

— Você disse que ela não toma regularmente seus remédios, com isso não se sente bem, fica em desequilíbrio, e seus atos são agressivos e irrefletidos, não é assim?

— É, sim — respondeu a moça.

— Então, quando ela estiver apresentando esse tipo de comportamento, faça-a refletir, questionando se isso lhe traz prazer, se ela realmente está se sentindo confortável dentro dessa situação. Leve-a a pensar e comparar os dois estados: com e sem remédios. Talvez, em um primeiro momento, suas respostas sejam negativas, pois o orgulho ainda limitará sua maneira de se manifestar aos outros, mas intimamente a fará parar para pensar e refletir — aconselhou a trabalhadora do centro.

— Mas o psiquiatra disse que o bipolar não vê nada de errado em seu comportamento, principalmente quando está em crises de mania — disse Sara.

— Quando o profissional da psiquiatria faz seu diagnóstico pensando apenas no corpo material, há uma falha, pois não somos apenas matéria; assim, se pensarmos e considerarmos de maneira abrangente o homem integral, ou seja, mente, corpo e espírito, saberemos que esse espírito preso à matéria é limitado pelo corpo denso; quando liberto desse véu grosseiro pelo desdobramento efetuado pelo sono, ou mesmo em pequenos momentos de reflexão pessoal, terá uma visão mais ampla de tudo que viveu e vive, lembrando das sensações que o marcaram, e passará a ter a oportunidade de entender mais claramente o que está lhe acontecendo. Pensando dessa maneira, voltamos ao que já conversamos. Não devemos ser imediatistas, pois o espírito que passou séculos insistindo em atitudes viciosas não se libertará disso como em um passe de mágica, ou por um milagre, mas demandará muito trabalho, força de vontade e perseverança, e a maneira mais saudável de auxiliarmos esses irmãos é por meio da oração e de nossa postura firme e exigente, mas sempre com carinho, e não com falsas atitudes atenuadoras ou mesmo nos omitindo de enfrentar a verdade. Peço a vocês que retornem na próxima semana para que possamos continuar o atendimento hoje iniciado — recomendou Sandra.

Os três amigos, Leonora, Saulo e Sara, despediram-se de Sandra assumindo o compromisso de retornar.

CAPÍTULO XV

~~~~~

O Senhor das Sombras

785. *Qual o maior obstáculo ao progresso?*

São o orgulho e o egoísmo. Quero referir-me ao progresso moral, porque o intelectual avança sempre. Este parece, aliás, à primeira vista, duplicar a intensidade daqueles vícios desenvolvendo a ambição e o amor das riquezas, que por sua vez incitam o homem às pesquisas que lhe esclarecem o Espírito. É assim que tudo se relaciona no mundo moral como no físico e que do próprio mal pode sair o bem. Mas esse estado de coisas durará apenas algum tempo; modificar-se-á à medida que o homem compreender melhor que além do gozo dos bens terrenos existe uma felicidade infinitamente maior e infinitamente mais durável.

(O Livro dos Espíritos – Livro III – As Leis Morais – Capítulo VIII – Lei do Progresso – Item II – Marcha do Progresso)

Saímos da Casa Espírita Caminheiros de Jesus andando vagarosamente pela cidade, observando o movimento reduzido dos espíritos encarnados que ainda transitavam nas ruas.

Já era madrugada. Passamos a observar o frenesi dos espíritos desencarnados acompanhando aqueles que aproveitavam os prazeres materiais desequilibrados, e que erroneamente acreditavam que somente dessa maneira conseguiriam horas de descanso e lazer.

A noite nas cidades materiais é exemplo vivo das Leis de Afinidade Moral. Irmãos desavisados das Leis da Sintonia Vibratória se aliam a outros, formando grupos de afinidade que, não raras vezes, se transformam em relacionamentos obsessivos que conduzem a grandes débitos.

Olhamos a nossa frente e identificamos situação semelhante observada há pouco tempo, em um outro trabalho que havíamos realizado, a qual foi relatada em trabalho anterior de psicografia, o livro *Obsessão e Perdão*. Tratava-se de um grupo de jovens encarnados, com seus carros e motos estacionados em frente a um bar. Percebemos que a clientela entrava e saía do local; logo, chegava mais um grupo que procedia da mesma maneira; curiosos, adentramos o recinto e percebemos que todos pediam uma caixa de chicletes. Em troca pagavam com uma nota de dez reais. Percebemos prontamente ser aquele um ponto de distribuição de drogas.

Localizamos uma equipe de socorristas que tentava, com o auxílio dos mentores dessas crianças, afastá-los desse famigerado vício, porém o trabalho parecia improfícuo; os jovens era totalmente indiferentes aos bons aconselhamentos. Aproximamo-nos desses irmãos trabalhadores com a intenção de esclarecimentos.

— Boa noite, se possível gostaríamos de conversar um instante com vocês — pedi a um rapaz que parecia ser o dirigente da equipe.

— Fique à vontade, por favor! — respondeu um rapaz que se identificou como Carlos.

— Observamos que este estabelecimento é um ponto de distribuição de drogas, e nos parece que não temem os representantes da lei local; e os pais dessas crianças? Saberão de seu destino? — indagou Ineque.

— Infelizmente, constatamos cada vez mais o envolvimento de autoridades no tráfico de drogas; afinal, é dinheiro fácil, e eles não se sentem valorizados como profissionais. Em alguns casos, são até mesmo pessoas envolvidas com grupos marginais, instruídas a entrar nas academias que preparam esses profissionais da lei, com o único objetivo de proteger o tráfico. Quanto aos pais, muitos estão acordados em suas casas, preocupados com seus filhos já adultos, que não mais os respeitam e obedecem; outros, cansados e já indiferentes, acreditam que nada acontecerá, principalmente porque se esforçam por não pensar no assunto; temos aqui, ainda, jovens de boa formação moral e intelectual, que chegam ao local por mera curiosidade, ou mesmo para não se sentirem excluídos. Estes nós conseguimos, muitas vezes, afastar deste ambiente pernicioso. Porém, meu amigo, estamos aqui para ampará-los na hora da necessidade, e nos aproximamos quando nos permitem, respeitando a escolha de cada um — explicou Carlos.

— Isso não o desanima, meu amigo? Pelo que nos disse agora, parece que não há muito retorno desse ponto crítico — comentei entristecido.

— Também já fui um desses jovens. Meus pais passavam noites em claro, esperando minha volta. Mas, para não ser rejeitado, acabei sendo um usuário e depois um traficante de drogas, tudo para manter meu vício. Até que um dia uma overdose me levou ao desencarne, desequilibrado e viciado. Dei muito trabalho até entender que não era vítima de ninguém, a não ser de mim mesmo. Socorrido, esforcei-me para superar o desejo insano das sensações alucinantes provocadas pelas drogas, com muito esforço e sofrimento, e aqui estou, auxiliando no socorro desses irmãos. Eu os compreendo, pois já vivi situações semelhantes. É imperioso que tenhamos paciência, pois são espíritos fracos que não resistem a um desafio doentio — completou Carlos.

— Agradecemos sua atenção e os esclarecimentos. Um bom trabalho e que Deus os ilumine! — agradeci.

Voltamos ao posto de trabalho, no Plano Espiritual, pois Maurício já deveria ter alguma resposta ao nosso questionamento.

Quando chegamos, o dia amanhecia, esplendoroso. O cheiro característico do alvorecer, a brisa suave, a luz difusa e o orvalho se formando suavemente sobre as folhagens alimentaram nossa esperança em dias melhores.

O alvorecer no Plano Espiritual é indescritível. Faltam-nos palavras e imagens semelhantes para descrevê-lo; apenas posso dizer que somente os olhos de nosso espírito podem compreender tamanha beleza.

Sentamo-nos na grama úmida, com os olhos fechados, apenas sentindo as vibrações da Natureza bendita. Nossas mentes agradeceram o amor de nosso Pai ao nos ofertar essa morada perfeita.

Quando abrimos nossos olhos, percebemos que Maurício e sua equipe partilhavam conosco esse momento de paz.

— Bom dia a todos — disse Maurício.

— Bom dia a vocês também — respondemos.

— Retornamos há poucos instantes. Estávamos trabalhando na área das cavernas, colhendo informações. Artur, o encarregado pela organização dos trabalhos socorristas daquela área, nos auxiliou com alguns esclarecimentos — disse Maurício.

— Realmente, um dos comandantes daquele agrupamento tem vínculos familiares com Virginia e sua família. Foram experiências vividas há muitos séculos — Antônio explicou.

— É chamado de Senhor das Sombras. Todos o temem. Mostra-se cruel e apóia-se nas leis mosaicas para justificar tal crueldade. Distorce a Lei de Ação e Reação, chamada também de Causa e Efeito, para justificar os desatinos que comete em nome de Deus. Seu nome de batismo é Constantino, originário de família nobre. Primogênito, foi educado por seus pais para ser um membro da Igreja Católica. A intenção não foi criar um cristão a serviço de Deus, mas um alto membro do clero, que pudesse, por meio de seu poder, beneficiá-los — continuou Maurício.

— Na realidade, essa família desenvolveu a tradição de que o primeiro filho varão deveria ser destinado à Igreja, independentemente de sua aptidão — disse-nos Antônio, a que ouvíamos cada vez mais interessados.

— Constantino, desde a mais tenra idade, foi condicionado a esse destino, porém na adolescência conheceu uma prima distante, que foi levada a sua família, para também receber educação religiosa. Visto que a família dela morava no campo, tinham posses e títulos nobres; porém, quando perceberam, os dois jovens estavam envolvidos emocionalmente, e a menina de apenas treze anos estava grávida. Gerava em seu ventre um filho de Constantino. Seu pai, homem de bons sentimentos, queria permitir aos dois jovens a união idílica, porém sua mãe, mulher ambiciosa e de mente calculista, não permitiu o final feliz e conseguiu, por meio de chantagens e ameaças, que os dois fossem separados violentamente. Constantino foi mandado para Roma e internado em monastério para receber educação religiosa; enquanto a menina, de nome Bianca, sofreu terrível suplício nas mãos de uma parteira, que lhe arrancou a criança do ventre. Enfraquecida, com grave infecção, que se generalizou, desencarnou em pouco tempo. Quando a notícia chegou até Constantino, por um amigo, também destinado à Igreja, sua ira descontrolada levou-o ao assassinato de seus pais, ato que conseguiu encobrir com ajuda de mercenários — disse-nos Maurício.

Curioso, perguntei:

— E depois desse episódio lamentável, ele continuou na sua formação religiosa?

— Continuou, sim. Depois da morte de Bianca, a vida lhe pareceu não ter mais sentido. As únicas coisas que o mantinham lúcido eram a luta pelo poder e o desejo de vingança, que não se esgotaram, nem mesmo com o assassinato dos pais. Apesar de sua formação cristã, procurou estudar as artes das trevas com o único objetivo de escravizar espíritos que o favorecessem nos seus planos de vingança — declarou nosso amigo Maurício.

— Essa mãe cruel era Virginia? — perguntou Ineque.

— Ela mesma.

— Então esse irmão passou a servir dois senhores. Isso me lembra a lição d'*O Evangelho Segundo o Espiritismo*, Capítulo XVI, Não Se Pode Servir a Deus e a Mamon, Item 1: "Nenhum servo pode servir a dois senhores, porque ou há de aborrecer um e amar ao outro, ou há de entregar-se a um e não fazer caso do outro; vós não podeis servir a Deus e a Mamon (Lucas, XVI: 13)" — lembrou Ineque.

Maurício, então, continuou sua narrativa.

— Durante essa encarnação, ele adquiriu muitos conhecimentos religiosos e místicos; justificava seus atos pelo olho por olho, dente por dente. Desencarnou, lúcido e destemido, logo assumindo comando de grande cidade umbralina, cujos membros já o cultuavam e apenas aguardavam, ansiosamente, o seu desencarne.

— Após seu desencarne, não descansou um minuto sequer. Está sempre em busca de novos métodos de tortura para que Virginia não tenha sossego nem oportunidade de resistir a seu assédio — prosseguiu Antônio, e foi seguido por Maurício:

— Bianca, espírito de maior compreensão, não demorou a entender que somente os ignorantes do bem são capazes, ainda, de fazer sofrer o seu semelhante. Perdoou e continuou sua caminhada em direção à evolução de seu espírito.

— A menina Bianca daquela encarnação me lembra doce entidade, Maria Inês, que nos auxilia nos momentos mais traumáticos desse socorro. Não seriam a mesma pessoa? — perguntou Ineque.

— São a mesma pessoa. Maria Inês, em encarnação passada, comprometeu-se em demasia, vivendo na prostituição e abortando, tanto do próprio corpo, como praticando o aborto em outras mulheres que queriam se livrar da gravidez, que consideravam um fardo. Precisou perder para valorizar. Lembram-se da filha perdida, Virginia, que, apesar de terminar seu tempo no ventre da mãe, foi roubada por ciganos? — lembrou-nos Maurício.

— Às vezes, essas situações se tornam confusas para mim. Sabemos que ninguém renasce para fazer o mal, mas que a maioria de nós tem um planejamento encarnatório de resgate e aprendizado. Por que, então, espíritos ignorantes rejeitam essa caminhada e praticam tantos atos ignóbeis? — perguntou Márcia, jovem trabalhadora da equipe dirigida por Maurício.

— Nossa ignorância das leis morais. Muitas vezes, isso nos leva a cometer atos enganosos, que mais tarde nos trarão conseqüências de igual valor. A intenção das reencarnações é sempre de evolução, porém todo mal feito será aproveitado por Deus para nos acordar para a vida. Em *O Evangelho Segundo o Espiritismo,* Capítulo VIII, Bem-aventurados Aqueles Que Têm Puro o Coração, Item 16, está dito o seguinte: "Mas ai daquele por quem vem o escândalo: quer dizer que o mal, sendo sempre o mal, aquele que serviu, sem o saber, de instrumento para a justiça divina, sendo utilizados os seus maus instintos, nem por isso deixou de fazer o mal, e deve ser punido. É assim, por exemplo, que um filho ingrato é uma punição ou uma prova para o pai que o suporta, porque esse pai talvez tenha sido um mau filho, que fez sofrer seu pai, e agora sofre a pena de talião. Mas o filho não terá desculpas por isso, e deverá ser castigado por sua vez, através dos seus próprios filho ou de outra maneira" — completou Ineque.

— E no item seguinte, o de número 17, o *Evangelho* nos auxilia a compreender a melhor maneira de expiarmos nossos erros e passarmos pela provação da verdade, superando nossas dores morais. Aconselha-nos a "[...] destruir em nós todas as causas de escândalo, ou seja, do mal. É necessário arrancar do coração todo sentimento impuro e toda tendência viciosa [...]" — completei, mais uma vez maravilhado com a mensagem de Jesus.

— Desculpem minha ignorância. Ainda preciso aprender a perdoar, pois me pego julgando e muitas vezes condenando esses irmãos que tanto sofrem, e me esqueço de meu passado, ainda tão próximo e tão delituoso — concluiu Márcia com humildade.

— Não se preocupe, Márcia, todos temos ainda um longo caminho a trilhar. Somos espíritos imperfeitos, mas com condições de atingir a perfeição. Voltemos ao assunto inicial de nossa reunião. Proponho que planejemos as nossas próximas ações com cuidado para não perdermos a perspectiva do mais necessitado — comentei, introspectivamente, pois pensava muito no sofrimento desse irmão querido.

— Só para esclarecer uma dúvida, por favor. Constantino teve uma outra encarnação como religioso? Pois, nessa encarnação descrita há pouco, ele desencarnou e não conseguiu realizar suas aspirações: chegar ao papado. E tenho informação de que ele foi um eminente dirigente da Igreja Católica — comentou Ineque.

— Teremos esse esclarecimento em futuro próximo. Aguardemos! — respondi amavelmente.

Propus a todos algumas horas de descanso, e depois voltaríamos à casa de Samuel.

CAPÍTULO XVI

~~~

A Internet e seus perigos

774. Há pessoas que deduzem, do abandono das crias pelos animais, que os laços de família entre os homens não são mais que o resultado de costumes sociais, e não uma lei natural.

Que devemos pensar disso?
O homem tem outro destino que não o dos animais; por que, pois, querer sempre identificá-los? Para ele, há outra coisa além das necessidades físicas; há a necessidade do progresso. Os liames sociais são necessários ao progresso e os laços de família resumem os liames sociais: eis por que eles constituem uma lei natural. Deus quis que os homens, assim, aprendessem a amar-se como irmãos.
O Livro dos Espíritos – Livro III – As Leis Morais – Capítulo VII
– Lei de Sociedade – Item III – Laços de Família)

Dirigimo-nos à casa de Samuel após merecidas horas de descanso. Aurélio havia entrado em contato conosco. Estava muito preocupado com o comportamento de Virginia, que passava a maior parte do tempo conversando nas salas de bate-papo, mais e mais se envolvendo em mundo ilusório e doentio.

— Virginia espera ansiosamente a saída de todos da família e se tranca no quarto, sem permitir que dona Silvia faça sequer a limpeza do local — falou Aurélio.

— E quanto à qualidade da comunicação com seus amigos virtuais? — perguntei a Aurélio.

— Infelizmente, ela só consegue se comunicar com pessoas que estão em busca de prazeres físicos, de relacionamentos irresponsáveis; irmãos e irmãs que entram na rede virtual escondidos de suas famílias — esclareceu Aurélio.

— Ela está traindo a confiança de sua família — disse Ineque.

Aurélio contemporizou:

— Pelo raciocínio que ela desenvolve, não está traindo ninguém, pois seu casamento com Samuel já não existe mais, fato com o qual ela justifica seu comportamento, dizendo serem apenas bons amigos. Não percebe que a lealdade somente existe quando vem da sinceridade, sem subterfúgios.

— A Internet é um instrumento de trabalho que, bem direcionado, traz múltiplos benefícios à humanidade. O problema não está no objeto, mas na utilidade que lhe damos — comentei.

— Podemos observar algumas situações vividas pela humanidade, por exemplo, a descoberta científica da energia nuclear, que muito auxilia na área médica, mas que também foi usada para destruir e matar nossos semelhantes. Podemos observar que o progresso material vem à frente do progresso moral, e que somente após o uso desequilibrado, que traz sofrimento e dor à humanidade, é que recorremos à ética, que normatiza seu uso, trazendo assim a verdadeira evolução, ou seja, o progresso material aliado ao progresso moral — completou Ineque.

— Com a comunicação via Internet não está sendo diferente. Um dia iremos ver esse instrumento ser direcionado somente para a evolução do planeta, pois os espíritos que aqui habitam também terão evoluído, e farão escolhas mais saudáveis — complementei, com a mente repleta de esperanças.

Chegamos à casa de Samuel e nos dirigimos ao quarto de Virginia. Consternados, vimos que estava sentada à frente do computador, conversando com o mesmo Álvaro de antes, um indivíduo de índole inferior, que provocava Virginia com palavreado de baixo calão, e insistia para que ela entrasse em uma página destinada a pedófilos.

Aurélio se aproximou de Virginia e procurou entrar em contato fluídico com sua mente. No mesmo momento, eu e Ineque passamos a trabalhar com os espíritos que ali se encontravam em perfeita sintonia com a mente de Virginia, partilhando as sensações de prazer sensual.

Visível foi o desconforto que nossa aproximação causou nesses irmãos, também compartilhado por Virginia.

— Será que está chegando alguém? Vou dizer ao Álvaro que sairei da sala por alguns minutos. Se me pegam aqui, no computador, vai ser só sermão. E não estou a fim de ficar escutando esse povo falar.

Virginia saiu da sala de bate-papo, destrancou a porta do quarto e perguntou a dona Silvia se tinha chegado alguém. Esta lhe respondeu que não. Aliviada, Virginia voltou ao quarto e novamente sentou-se à frente do computador. Antes que ela voltasse à sala de bate-papo da Internet, entretanto,

Aurélio se aproximou e passou a dispersar a energia densa que a envolvia. Uma sonolência pareceu envolvê-la. Ela se levantou, foi até a cama e deitou, pensando em descansar alguns minutos.

Virginia adormeceu profundamente. Sua mente cansada e em conflito debilitava suas funções vitais, já tão enfraquecidas pela doença que se desenvolvia em seu organismo. Maria Inês adentrou o aposento e nos auxiliou a desligar o espírito de Virginia por meio do desdobramento pelo sono. Adormecida, novamente, foi conduzida ao Plano dos Espíritos para tratamento e esclarecimento.

Alguns espíritos ali presentes logo foram esclarecidos; percebemos que nem ao menos tinham a noção de seu estado. Viciados nesse tipo de comunicação, com as mentes presas a uma tela e a um teclado, apenas acompanhavam Virginia com a intenção de atender suas próprias necessidades.

Notamos densa nuvem energética localizada a um canto do quarto. Elevamos nosso pensamento a Deus, orando o Pai-Nosso em intenção desse irmão, que procurava se manter longe de nossa percepção.

Era Constantino que, com olhos avermelhados e expressão de desafio, se aproximou.

— Então vocês não irão desistir de me perseguir? — retrucou com expressão de escárnio.

— Não o perseguimos, apenas atendemos solicitação de amigos que intercedem por essa família — respondi com serenidade.

— Não se faça de desentendido. Sei muito bem de sua inteligência. Estão atrapalhando meus planos. Estou perto de conseguir minhas intenções. Não permitirei a sua interferência; se insistirem, serei obrigado a estender a minha ação — ameaçou com olhar belicoso.

— Não tememos a sua fúria. Sabemos que Deus cuida de cada um de seus filhos, e Ele nos permitiu a bênção do livre-arbítrio. Somos conscientes de que chega a nós apenas a energia de nossa familiaridade. Sabemos, também, que nada é em vão, mas tudo que nos acontece é necessário a nossa evolução como espíritos do Senhor — elucidei pacientemente.

— Mesmo que não temam, vão se sujeitar a minha ira. Fui clemente com vocês; avisei-os das conseqüências. Os inocentes pagarão pelos pecadores, essa é a lei — respondeu Constantino com voz alterada.

— Não existem vítimas na Seara do Senhor. Apenas filhos ainda ignorantes das leis divinas. Um dia, próximo, o irmão entenderá essas leis, então será feliz, pois se libertará de seu próprio jugo — respondeu Ineque com a voz amável.

— Disse antes, e volto a dizer: sua eloqüência é vazia perante o conhecimento que tenho do reino dos céus. Sou um representante de Deus sobre esta terra maldita. O demônio está presente em suas mentes, e não permite que vejam a verdade. Todo aquele que peca deve ser punido, e eu sou um instrumento de punição — respondeu com a voz alterada, que refletia seu estado mental.

Abaixamos nossa cabeça em sinal de humildade, elevamos nosso pensamento ao Pai, enquanto Constantino, irado, saía enlouquecido, urrando e gritando ameaças, nos excomungando em nome da Santa Igreja Católica.

Permanecemos em oração, mentalizando escudo energético de proteção. Maria Inês voltou trazendo Virginia a seu corpo material, que continuava em abençoado sono reparador.

Percebemos que um irmão de aparência frágil e triste continuava no ambiente.

— Boa tarde, amigo, podemos fazer algo para auxiliá-lo? — perguntei com amabilidade.

— Vocês são trabalhadores de socorro?

— Somos sim, e, com isso, aprendizes da vida — respondi sorrindo.

— Vocês teriam um minuto para me ouvir? Preciso muito desabafar — pediu ele, cabisbaixo.

— Vamos até o jardim dessa residência, está uma linda tarde de outono. Lá poderemos conversar melhor — disse ao rapaz, cujo nome era Olavo.

Este, emocionado, nos falou:

— Não sei o que ainda faço aqui, mas me sinto atraído pela inconseqüência de companheiros nesse terrível vício. Quando me dou conta, estou grudado em alguém tão desequilibrado como eu próprio. Posso lhes contar minha história? — pediu com olhar triste.

— Estamos a sua disposição, meu irmão — prontamente Ineque respondeu.

— Estava sempre sentado diante do computador. O meu maior prazer era ver aquelas frases curtas correr ligeiras na tela, e cada uma dessas frases era antecedida de um apelido, que nos tornava anônimos, o que os internautas denominam *nick name*. Ali passava horas, no meu entendimento, fazendo amizades. Tinha uma lista enorme de novos amigos, simpáticos e descompromissados com a realidade do dia-a-dia. Não tinham nada com minha vida real, não sabiam quem eu era, dos meus problemas, das minhas limitações e, principalmente, de minhas frustrações; ali naquela tela, em branco, descrevia generosamente o sujeito que queria ser e não conseguia.

— A primeira vez que sentei diante da telinha — continuou Olavo —, e acionei a sala virtual e mundial de bate-papo, estava muito insatisfeito com o rumo que tomava minha vida. Meu sonho era ser médico, meu ideal era ser amado e respeitado como o profissional dedicado a salvar vidas, queria ser visto como um herói; mas precisei desistir dessa aspiração, e o que me restou foi ser contador, como meu pai, assim aproveitando o escritório e a clientela; não quero com isso desmerecer a profissão, mas, diante de meus sonhos, tudo se tornou sem graça, sem brilho. Era obrigado a levantar de minha cama pela manhã e seguir em frente, viver mais um dia, para mim totalmente sem atrativos. Uma casa sem graça, a esposa insatisfeita e sempre irritada com os filhos, com o orçamento apertado e, principalmente, por me ver ali, inerte e ausente, sem objetivos e esperanças de melhorar. Até que um dia um amigo me apresentou as salas virtuais de bate-papo na Internet. Deslumbrado, descobri um mundo novo, que podia moldar de acordo com meus sonhos, minhas ilusões; então me aliei a outros tão perdidos e insatisfeitos consigo e tão incapazes de transformar a própria realidade como eu mesmo.

Olavo fez uma pequena pausa, depois prosseguiu:

— Virei médico! Minha especialidade? Médico de emergências. Minha vida era repleta de surpresas. Inventava histórias incríveis para contar aos novos amigos. Um dia havia salvado muitas vidas, estava eufórico, teclava e passava para a tela as experiências fantásticas que tinha vivido, correndo de um lado a outro do P.S. mais movimentado da cidade.

No outro dia, fazia o tipo depressivo e triste, em tremenda crise existencial. Tinha perdido alguns pacientes, vitimados por trágicas circunstâncias; dessa maneira, despertava a simpatia de meus amigos e era consolado. Quando não podia entrar nas salas e me ausentava, me desculpava com os novos amigos dizendo ter sido importante palestrante em simpósios médicos. Tornei-me um indivíduo interessante, tinha histórias a contar e gostava do novo sujeito que havia me tornado. Para narrar algo que fosse, no mínimo, verossímil, passava horas pesquisando casos médicos pela Internet. Ficava irritado, me sentia invadido e desrespeitado quando minha esposa ou meus filhos, timidamente, apontavam a cabeça na porta e cobravam, carinhosamente, minha presença.

— Muitas e muitas vezes, reagia com violenta grosseria; não conseguia perceber o sofrimento deles, a sensação de abandono e descaso que os invadia diante de minha indiferença e ausência de suas vidas. Continuava vivendo em um mundo só meu, e não aceitava a invasão de ninguém, afinal era só isso o que me fazia feliz. O tempo foi passando, e eu me isolando cada vez mais da realidade de nossas vidas. A esposa e os filhos se foram, para tentar viver em paz, para manter a sanidade e continuar a ser uma família. Fiquei feliz! Estava livre! Podia viver meus sonhos, sem cobranças e sem escárnio. Continuei teclando, mentindo para mim mesmo, me isolando do mundo, me viciando! A dor no peito foi forte e definitiva. A cabeça tombou no teclado, o corpo não me obedecia. Desesperado, gritei por socorro, mas não havia ninguém para me ouvir. Tentei teclar um pedido de socorro; ninguém me respondeu. Entendi que estava só!

Olavo sacudiu a cabeça, em sinal de desgosto. Tornou a nos contar:

— Os dias foram passando. Via o sol nascer através das frestas da janela que havia muito não abria. Pensei agoniado: "Hoje é segunda-feira; darão por minha falta no trabalho. Virão me socorrer!". Esperançoso, sentei-me no chão, no canto do quarto escuro, atento aos movimentos da rua, e não entendia por que não conseguia sair da casa. Mais um dia se foi. Na terça-feira ouvi alguém mexendo na porta. Feliz, aguardei. Apavorado, ouvia comentarem sobre o odor fétido notado pela vizinhança, então percebi meu corpo em decomposição caído sobre o teclado. Hoje estou melhor. Apesar de ignorar aqueles que me amavam verdadeiramente, fui socorrido por suas preces e seu amor de perdão. Agora tenho tentado entender por que me isolei do mundo verdadeiro daquela maneira. Estou sendo assistido e auxiliado a entender e vencer esse vício, que eu permiti que destruísse bendita oportunidade. Só sei que existiam outras maneiras mais saudáveis de trabalhar minhas dores e minhas frustrações, mas escolhi a mais fácil, a menos responsável. Gostaria muito que aqueles que estão se perdendo de si próprios pudessem pensar sobre a história que lhes contei. Se estiverem indo por esse caminho de ilusão, fugindo de seus deveres e responsabilidades, que parem e reflitam, dessa maneira renascendo para a verdadeira vida, a que nos faz crescer por meio do enfrentamento consciente de nossas próprias limitações. Essa é a única maneira de conseguirmos um pouco de liberdade, e assim viver essa encarnação plenamente! — Olavo fez outra pausa e, emocionado, chorou mansamente.

— Amigo, se tem tanta certeza do que é certo, por que ainda sucumbe ao vício? — perguntei-lhe.

— Quando fujo daqueles que me assistem nessa tarefa, sinto-me um traidor, mas a ânsia de sentir o contato das teclas em meus dedos, o barulho constante e ininterrupto, a claridade do monitor em meus olhos e a sensação de ansiedade que me fazia estremecer a cada nova frase, novamente tudo se torna mais e mais atraente. Quando me dou conta de onde estou, volto, envergonhado — confessou Olavo.

— E não seria este o momento de assumir o novo caminho com mais seriedade e força de vontade? — indaguei-lhe.

Sorrindo suavemente, Olavo nos olhou e disse em um murmúrio:

— Hoje serei mais forte que ontem, e amanhã será sempre o melhor dia de minha vida. Vocês me fizeram muito bem apenas por me ouvir. Muito obrigado. — Dizendo isso, nosso irmão se foi em busca de sua redenção.

CAPÍTULO XVII

Constantino e sua influência

❧

> *775. Qual seria para a sociedade o resultado do relaxamento dos laços de família?*
>
> *Uma recrudescência do egoísmo.*

(O Livro dos Espíritos – Livro III – As Leis Morais – Capítulo VII – Lei de Sociedade – Item III – Laços de Família)

Virginia acordou e olhou o relógio, que marcava dezenove horas. Estupefata, percebeu ter dormido várias horas. Sentia fome e sede. Destrancou a porta do quarto no mesmo instante em que Sophia e Sara chegavam.

— Boa noite, mãe! — Falaram ao mesmo tempo.

— Boa noite! Estou indo à cozinha. Dona Silvia deve ter deixado o jantar pronto, e estou faminta. O Junior já chegou? — perguntou Virginia.

— Ele deve estar no quarto estudando. Hoje ele demorou a voltar para casa porque foi trabalhar, e depois precisou ir à biblioteca fazer uma pesquisa para a escola. Você não se lembra que ontem à noite ele avisou? — indagou Sophia.

— Ando meio esquecida. Acho que são os remédios que estou tomando. Canso de falar para vocês: esses medicamentos que me obrigam a tomar me deixam muito mal — reclamou ela, enquanto se dirigia à cozinha.

— Mãe, você não pode deixar de tomar seus remédios, lembre-se de que são eles que deixam seu humor sob controle — falou Sara com firmeza.

— Sob controle? Até parece que sou louca. Eles me deixam chapada, isso sim! E para vocês é bom, porque eu fico desanimada e à mercê dessa família egoísta — acusou, olhando acintosamente para o rosto de Sara.

Sara, pronta a responder para Virginia, foi contida por Sophia, que segurou com força em seu braço, e disse:

— Sara, vá chamar o Junior para jantar. Está bem? — E olhou com firmeza para o rosto de Sara, que atendeu o seu mudo pedido.

— Está bem, Sophia. Também vou ligar para o papai. Ele me pediu para informá-lo como a mamãe está.

— Isso mesmo — desdenhou Virginia, com raiva na voz —, vá falar com seu pai e me deixe em paz!

Sophia sussurrou no ouvido da irmã:

— Ore; apenas ore, de boca fechada, minha irmã.

Sara sorriu e atendeu o pedido.

— Junior! Posso entrar? — perguntou Sara, batendo à porta do quarto de Junior.

— Pode sim — respondeu o rapaz.

Sara adentrou o aposento. Junior estava sentado no chão em meio a lápis e tintas, desenhando em uma cartolina o seu projeto para a feira de ciências da escola.

— O que você está fazendo? — perguntou Sara.

— O esboço de meu projeto para a feira de ciências. Se o professor aprovar, nós o construiremos. É um projeto de aproveitamento das águas utilizadas nas casas particulares, não a das fossas, mas a do banho, da lavagem nas pias etc. A intenção é a economia da água potável, pois a situação está ficando crítica e, infelizmente, muitos de nós não levam a sério o problema. Com projetos assim, pretendemos divulgar à população soluções para auxiliar a resolver esse grande problema que já estamos enfrentando — explicou animadamente.

— O papai tem umas idéias interessantes a esse respeito.

— A idéia inicial foi dele, então levei a meus colegas de grupo e todos aprovaram. Agora precisamos fazer um esboço do projeto e levar para o professor. Acredito que ele irá gostar e nos ajudará a desenvolvê-lo. Nosso professor de ciências é engajado em vários movimentos de alerta à poluição do planeta.

— Mas... agora é hora de alimentar o corpo. Sophia já está esquentando o jantar.

— Não vamos esperar o papai?

— Ele me ligou durante a tarde e avisou que vai se atrasar um pouco, mas disse para você não esquecer que o pegará na escola amanhã para levá-lo ao médico.

— Papai insiste nessa consulta, mas estou bem. Estou emagrecendo porque como menos e, além do mais, cresci uns centímetros.

— Mas você perdeu peso, e isso não é bom. Papai tem razão; é melhor consultar um médico e saber o que está ocorrendo com certeza — aconselhou Sara.

— Então vamos jantar. A mamãe já acordou?

— Já sim, e não está de bom humor. Quando você chegou, ela estava dormindo?

— Estava. Dona Silvia disse que ela adormeceu logo depois das três da tarde, mais ou menos. Ela deduziu porque não escutou mais o barulho do teclado. Então, preferi não acordá-la quando cheguei.

— Você fez bem. Mas, agora, vamos comer que estou faminta.

Os dois irmãos se dirigiram à cozinha. Sophia estava terminando de colocar os pratos na mesa. Virginia a observava e dizia:

— Não quero comer nesses pratos de vidro. Pegue os de porcelana.

— Mãe, o conjunto de porcelana está embalado e guardado no maleiro, vai dar muito trabalho — respondeu Sophia.

Virginia, furiosa, se levantou da cadeira e passou a quebrar toda a louça a seu alcance, gritando freneticamente:

— Mandei trocar os pratos; se não me obedecer, destruirei esta casa miserável. Não nasci para viver na miséria. Gosto de ser obedecida, sua miserável; não me afronte e não me ignore.

Os jovens, apavorados, tentaram conter a fúria de Virginia, que em descontrole avançou sobre Sophia com uma panela de ferro nas mãos, e começou a espancá-la.

Junior e Sara tentaram imobilizá-la, mas Virginia demonstrava uma força insana, por isso os jovens não obtiveram êxito. Aproximamo-nos e intuímos Junior a orar em voz alta. Suas irmãs passaram a acompanhá-lo.

Nesse instante, Samuel acabara de chegar em casa e adentrou rapidamente a cozinha. Imediatamente dominou Virginia, que desfaleceu em seus braços.

Passamos a trabalhar a energia do local e avistamos Constantino em pé na porta a nos observar com cinismo. Disse-nos:

— Eu os avisei! — retrucou com raiva, e desapareceu em uma densa e escura nuvem energética.

Samuel pediu a Sara que chamasse Saulo. Virginia foi levada para seu quarto e colocada na cama. Samuel, então, correu a fim de socorrer Sophia, que estava com um ferimento na cabeça e sangrava muito.

Sara, aflita, tentava cuidar de Sophia, pressionando um pano limpo sobre o corte. Sophia, em estado de choque, chorava convulsivamente e parecia não ver nada a sua frente. Samuel a abraçou amorosamente e passou a falar baixinho junto a seu ouvido, confortando-a e acalmando-a.

Saulo chegou com a Unidade de Resgate do hospital e Virginia foi levada imediatamente, enquanto Saulo atendia Sophia.

— Foi apenas um corte. É um local que sangra muito. Não se assuste, Sophia.

Com carinho, passou a cuidar da menina que, trêmula, procurava se controlar.

— Samuel, precisamos levar Sophia ao hospital. Ela precisa de alguns pontos. Quero uma radiografia para ter certeza de que não houve nada mais grave. Sophia, vou imobilizar seu pescoço por precaução, não se assuste — disse-lhe Saulo.

— Meu carro está lá fora. Graças a Deus, escutei minha intuição, senti uma urgência em voltar, como se algo de ruim estivesse para ocorrer. Assim que estacionei o carro na frente de casa, já escutei os gritos de Virginia. Obrigado, meu Deus, obrigado.

— Sara, Junior, vocês estão bem? — indagou-lhes o pai.

Sara e Junior, abraçados, pálidos e com um olhar que demonstrava todo o pavor que acabavam de viver, apenas acenaram com a cabeça em sinal de afirmação.

Samuel os abraçou chorando e, comovido, os encaminhou na direção de Sophia, que, enfraquecida pela violência sofrida, fez um esforço e se levantou, juntando-se a eles em um abraço de amor e carinho.

Saulo enxugou as lágrimas. Entristecido pelos últimos acontecimentos, pediu a Deus que auxiliasse aquela família a encontrar a solução mais justa para resolver tantos problemas.

Enquanto esse triste episódio acontecia, mentalmente solicitamos ajuda a nossos amigos. De imediato, Maria Inês, Maurício e Márcia vieram em nosso socorro. Unimos nossos pensamentos em benefício daquela amada família. Maurício, percebendo a aproximação de Samuel, intuiu-o a se apressar, enquanto procurávamos conter a ira de Virginia. Restou-nos um último recurso: violento choque anímico, que a deixou desacordada.

Após todos se retirarem da casa em direção ao hospital, com a intenção de socorrer tanto Virginia quanto Sophia, passamos a trabalhar a densa energia gerada por tantas mentes em desalinho. Permanecemos em prece. Márcia, com a mente repleta de interrogações, nos questionou sobre o comportamento de Virginia, principalmente quanto à agressão que infligira à Sophia.

— Vinícius, por favor, me esclareça uma coisa: por que Virginia agrediu daquela maneira a jovem Sophia?

— Virginia é um espírito que está beirando a demência. Já não está conseguindo controlar seus impulsos violentos, e não devemos esquecer a presença maligna de Constantino, que não dá tréguas à pobre senhora. Virginia entra em sintonia vibratória com nosso amigo facilmente; a energia dele lhe é familiar. Apesar de não se sentir bem com essa aproximação, é algo que ela reconhece e não teme — esclareci a Márcia.

— Lei da Sintonia Vibratória. Apesar de todas as oportunidades que Virginia vem tendo nessa encarnação, os vícios que alimenta ainda fazem parte de seu "eu", ainda são mais fortes, e ela não consegue resistir e se deixa dominar, é isso? — perguntou Maurício.

— Isso mesmo, meu amigo. A reforma íntima é trabalho árduo, que nos torna responsável por nossos atos — falou Ineque.

— Pensei que o amor maternal superasse qualquer influência maléfica, mas hoje, aqui nessa morada, presenciei a ira insana de uma mãe contra sua filha inocente — comentou Márcia.

— A maternidade e a paternidade são oportunidades de educação. Antes de sermos parentes materiais, somos irmãos fraternais, porém esse amor, em um primeiro momento, se dá pelos laços sanguíneos como treinamento para nosso espírito, para mais tarde alcançar o verdadeiro valor de nossas relações amigáveis e pacíficas. Esse parentesco serve de início à contenção de nossas atitudes em descontrole. A mãe que gera o filho em seu ventre sente-se responsável pela cria colocada sob sua tutela; o pai assume a obrigação da manutenção do lar, exercitando, dessa maneira, a abnegação e o dever de defender sua família. Quanto mais vivenciamos esses relacionamentos familiares, mais entendemos a Lei de Amor, por isso as razões de permanecermos juntos em uma comunidade de afinidade vão se modificando e ganhando aspectos mais saudáveis e espontâneos. Passamos a agir por amor, e não por obrigação. Para espíritos mais ignorantes é muito difícil manter um padrão saudável de comportamento, pois, em determinados momentos, essas relações familiares são sentidas como verdadeiras prisões, e, no momento do descontrole, auxiliados por influências nefastas, as reações são violentas e agressivas — expliquei, meditativo, também tentando entender, e não julgar nossa irmã.

— Segundo lição dos espíritos superiores, a família é uma das conquistas mais importantes da humanidade — completou Maurício.

— É a que se referem as perguntas 695 e 696 do *Livro dos Espíritos* (Livro III – As Leis Morais – Capítulo IV – Lei da Reprodução – Item IV – Casamento e Celibato). Na pergunta 695, Allan Kardec pergunta aos espíritos superiores se a união entre dois seres, por meio do casamento, é contrária à lei da natureza, e eles respondem: "É um progresso na marcha da Humanidade". Depois, na questão 696, ele questiona qual seria o efeito da abolição do casamento para a sociedade humana, e recebe a seguinte resposta: "O retorno à vida dos animais". Após, faz o seguinte comentário: "A união livre e fortuita dos sexos pertence ao estado de natureza. O casamento é um dos primeiros atos de progresso nas sociedades humanas porque estabelece a solidariedade fraterna e se encontra entre todos os povos, embora nas mais diversas condições. A abolição do casamento seria, portanto, o retorno à infância da Humanidade, e colocaria o homem abaixo mesmo de alguns animais que lhe dão o exemplo das uniões constantes".

Após tão saudável colóquio, aconselhei todos a permanecerem em prece enquanto nos dirigíamos ao hospital.

CAPÍTULO XVIII

❧

Mais uma questão delicada a ser resolvida

> *794. A sociedade poderia ser regida somente pelas leis naturais, sem o recurso das leis humanas?*
>
> *Poderia, se os homens as compreendessem bem e quisessem praticá-las; então, seriam suficientes. Mas a sociedade tem as suas exigências e precisa de leis particulares.*
>
> (O Livro dos Espíritos – Livro III – As Leis Morais – Capítulo VIII – Lei do Progresso – Item V – Progresso da Legislação Humana)

Chegando ao hospital, logo procuramos localizar a família de Samuel. Nós os encontramos sentados, cabisbaixos, em uma sala de espera. Saulo veio ao encontro de seus amigos. Suas feições demonstravam grande preocupação. Samuel o viu se aproximar e logo percebeu que algo não ia bem.

— Saulo, o que está acontecendo? Sophia está bem? E Virginia?

— Por favor, vamos nos sentar. Virginia acordou, mas continua psicótica, por isso o doutor Cláudio, psiquiatra de plantão, decidiu sedá-la até conseguir um diagnóstico mais preciso. Quanto a Sophia, pedi uma radiografia da cabeça, que acusou uma pequena fratura em uma vértebra da coluna cervical. Vou pedir outros exames e interná-la — disse Saulo.

— Meu Deus, qual a gravidade disso? Ela corre perigo de vida? Como ela está, Saulo? — Samuel, apavorado, tentava se controlar.

— Não devemos nos desequilibrar nesse momento, meu amigo. Lembre-se da bondade de nosso Pai. Às vezes o que nos parece uma desgraça é o caminho para a resolução de graves problemas. Vamos nos esforçar para manter a calma e aguardar o resultado dos exames. Já imobilizamos o pescoço de Sophia. Ela está lúcida e quer vê-los, mas sem comoção, por favor. Sophia vai precisar de vocês. Está muito magoada e fragilizada emocionalmente — aconselhou Saulo.

— Saulo, minha irmã vai ficar bem, não é? — indagou Sara com os olhos cheios de lágrimas.

— Vai sim, meu bem. Geralmente, nesse tipo de impacto, quando o golpe atinge o topo da cabeça ocorre o que chamamos de desabamento da cervical. Ela deverá usar um colete durante um certo tempo, e ficará bem — consolou Saulo, abraçando amorosamente Sara.

— Pai, também posso entrar, não é? — perguntou Junior.

Samuel olhou para Saulo, e este lhe fez um sinal afirmativo com a cabeça.

— Pode sim, meu filho — respondeu Saulo, abraçando-o.

A família se dirigiu à sala de traumas do hospital, indo ao encontro de Sophia.

A noite se foi e o dia amanheceu.

Samuel, Sara e Junior continuavam aguardando notícias de Virginia. Sophia, agora instalada em um quarto do hospital, adormecida, mostrava grande agitação, observada de perto por sua família, que tanto a amava.

Leonora, ciente dos últimos acontecimentos, dirigiu-se ao hospital, preocupada, principalmente, pelo estado de saúde de Sophia, e também por seu estado emocional.

Lembrou-se de uma menina sempre sorridente e meiga que, carente, procurava seu colo. Gostava de histórias infantis e sonhava um dia ser uma grande cantora. Possuía uma voz de beleza inigualável. Quando cantava lembrava um regato de águas cristalinas, nos transportando a mundos paradisíacos com sua voz angelical. Embora um espírito forte e lutador, era também frágil. Leonora sentiu as lágrimas escorrerem por seu rosto só de imaginar os sentimentos dessa doce criatura após os momentos traumáticos que havia vivido.

Percebeu que brotava dentro de seu coração sentimento negativo em relação a Virginia. Sentia raiva em pensar como ela era afortunada por ter sob sua responsabilidade essa família admirável. Precisou fazer um esforço tremendo para controlar seus sentimentos e voltar a ter compaixão por esse espírito tão infeliz. Elevou o pensamento a Deus e orou, dominando a dor que invadia sua alma.

Chegando à portaria, cumprimentou seus amigos e procurou saber notícias da família. Consternada, soube do estado de saúde de Sophia. Informou-se sobre o número do quarto e para lá se dirigiu.

— Bom dia! Espero não os estar incomodando! — anunciou sorrindo.

— Leonora! — exclamou Sophia estendendo os braços.

Leonora aproximou-se do leito e abraçou delicadamente a menina que, comovida, pediu-lhe que não fosse embora.

— Por favor, não nos deixe mais. Precisamos muito de você. Estou com tanto medo. Parece tudo tão escuro a minha volta; não me deixe mais, por favor.

Leonora a estreitou mais apertadamente próximo a seu coração e passou a falar mansamente:

— Acalme-se, doce Sophia. A sua vida é linda, a luz está sempre presente; estes são pequenos momentos de aflição que só nos fazem crescer perante Deus. Não guarde dentro desse coraçãozinho os momentos tristes, como se fossem adagas a penetrar sua mente; lembre-se da força nascida da união de vocês, espíritos amigos, que se encontraram para vencer as adversidades com amor no coração. Não pense em sua mãezinha como o algoz malévolo que a tortura, mas olhe para ela como uma amiga, que ainda sofre terrivelmente, e não descobriu como fazer para amar e perdoar.

Enquanto falava, Leonora a prendia amorosamente em seus braços e a embalava como a uma criança. Sophia foi se acalmando e adormeceu em seus braços. Delicadamente, colocou-a apoiada nos travesseiros e permaneceu segurando suas mãos.

Samuel, Sara e Junior, que silenciosos haviam presenciado a cena comovente, aproximaram-se de Leonora e a abraçaram, agradecidos. Choraram juntos, com o coração dolorido pelo sofrimento de Sophia.

Saulo adentrou o aposento. Sara foi a seu encontro e o abraçou, amorosa.

— Você tem notícias de minha mãe? — perguntou, forçando-se a um interesse que na realidade refutava. O que a movia era a obrigação.

Saulo, percebendo que Sara sentia-se culpada por estar magoada, olhou-a diretamente nos olhos, dizendo-lhe:

— Temos direito a todos os sentimentos, que são espelhos do que vivemos e sentimos; temos direito até ao ódio momentâneo, e não é isso que importa. O que realmente interessa é o que faremos com toda essa energia: a alimentaremos ou a transformaremos em força de ação construtiva, para lutar a fim de melhorar esses momentos por meio da compreensão cristã das limitações e viciações daqueles que nos agridem com seu desequilíbrio? Se cedermos e nos tornarmos seres vingativos, não existirá diferença entre nosso opositor e nós mesmos; porém, se formos firmes em nossa fé e perdoarmos como Jesus nos ensinou, aí sim seremos espíritos em evolução. Portanto, meu amor, não alimente culpa nem remorso; apenas transforme dor em força e amor. E, primeiro, perdoe a si própria, sem acusações; depois perdoe sua mãe, porque entre todos nós é quem realmente precisa de ajuda.

Sara permitiu que abençoado pranto de alívio brotasse de seu coração.

— Saulo, você tem notícias de Virginia? Podemos visitá-la? — quis saber Samuel.

— Venho de uma reunião com doutor Cláudio e doutor Moisés. Virginia ainda se mostra bastante descontrolada, por isso decidimos mantê-la sedada por mais um dia. O doutor Moisés recebeu os resultados da biópsia do rim esquerdo. Infelizmente, também é um tumor maligno. O rim direito está bem comprometido; precisaremos retirá-lo para depois procedermos a um tratamento com *interferon*. Se seu organismo reagir, ela poderá sobreviver por um tempo, com relativa qualidade de vida; porém, se a tumoração continuar evoluindo, somente um transplante de órgão poderá resolver o problema. Entretanto, devemos considerar ainda a possibilidade de metástase — explicou o médico.

— E como poderemos ter certeza se houve metástase ou não? — perguntou Sara.

— Faremos alguns exames. Porém, nem sempre o resultado é confiável, pois pode já haver metástase, embora em aglomerados celulares tão pequenos que não sejam vistos em nenhum exame. É provável que os testes dêem positivo, mas eles não definem a localização da doença — disse Saulo.

Samuel sentou-se no sofá e, desconsolado, apoiou o rosto nas mãos. Seu semblante demonstrava profundo desânimo. Sophia acordou naquele momento e, olhando para o pai, disse-lhe:

— Pai, não fique assim, tenho certeza de que ficarei bem! E a mamãe também vai sair dessa. Como disse Leonora, é só um momento que estamos vivendo e, se nos mantivermos firmes, seremos espíritos melhores.

Constantino, ao lado de Saulo, passou a prestar atenção no diálogo. Seu semblante foi se modificando à medida que Sophia falava. Para nosso espanto, demonstrou desorientação e saiu do quarto, caminhando devagar e de cabeça baixa.

Eu e Ineque o acompanhamos de perto, respeitando seu silêncio. Chegando ao jardim do hospital, ele se sentou em um banco embaixo de um flamboyant florido. Aproximamo-nos mansamente. Ele levantou o rosto e disse:

— Não consigo entender nada do que está acontecendo!

— A que o irmão se refere? — perguntou Ineque.

— Como podem falar daquela traidora com amor e até perdoá-la pela violência de que foram vitimas?

— O rancor é que nos faz infelizes, e esses amáveis irmãos já conseguem amar e perdoar porque entendem que somente dessa maneira conseguirão ser livres e felizes. Entendem também que aquele que consegue compreender as leis divinas assume compromisso consigo mesmo, tornando-se responsável pelos próprios atos, obedecendo à Lei de Ação e Reação. Podem perdoar aqueles que o ferem pois compreendem a ignorância desse irmão sobre o Bem Maior — expliquei, olhando para aquele rosto marcado pelo sofrimento.

— Não consigo perdoar. As únicas coisas que ainda fazem sentido para mim são o ódio e a vingança. Se perder essas referências tão antigas, temo enlouquecer.

— O irmão tem prestado atenção em si mesmo? Não percebe a confusão mental da qual se acha possuído? Não percebe o quanto sofre por não ter referências de amor e união? — perguntei, sentindo meu coração transbordar de compaixão por tanto sofrimento.

— Vou pedir a vocês que me permitam um momento de solidão. Preciso refazer minhas forças para dar continuidade à minha tarefa de justiça.

— Peço ao irmão que nos permita auxiliá-lo nesse momento — falou Ineque.

— Não estou pronto para essa ajuda! Ainda não aceito! Quem sabe um dia? — respondeu, fitando Ineque.

Percebemos o conflito que esse irmão vivia. Respeitosamente, nos afastamos. Esse seria para ele um momento precioso, pois estaria frente a frente com seus sentimentos. Oramos para que pudesse enxergar além da própria dor, lançar mão de seus tenebrosos propósitos, que o estavam afundando em triste panorama de loucura.

Mais um dia e uma noite se passaram. De volta ao hospital, presenciamos triste cena.

Constantino, ao lado do leito de Virginia, executava intrincados procedimentos energéticos que iam despertando Virginia do profundo sono. Ao mesmo tempo, ligava-a a sua mente e passava a transmitir sensações de pânico e raiva por meio de palavras estudadas que conduziam o raciocínio já tão comprometido de Virginia.

— Virginia, preste atenção. Eles a dominaram. Você está encarcerada em terrível manicômio. Não permitirão que saia daqui. Eles não a querem mais por perto, dizem que é louca. Ficará para sempre presa atrás das grades da loucura. Nunca mais será livre. Enquanto isso, eles riem de seu sofrimento.

Virginia acordou. Seus olhos demonstravam o total descontrole de sua mente. Levantou-se da cama e, atordoada, olhou ao redor, pensando raivosamente: "Infelizes! Trancafiaram-me em um hospício! Pensam que podem me prender, mas vou conseguir escapar".

Nesse momento, uma enfermeira entrou no quarto trazendo medicamentos. Rapidamente, e demonstrando força excepcional, Virginia pulou em cima da senhora desavisada, e passou a espancá-la.

O barulho anormal chamou a atenção de outros enfermeiros, que correram ao socorro de sua colega de trabalho. Dominada e novamente presa ao leito, doutor Cláudio voltou a sedá-la. Aos poucos, o corpo tensionado de Virginia relaxou e ela caiu em profundo estado de sedação.

Constantino nos olhou e saiu do quarto.

Percebemos, esperançosos, que ele não sentira júbilo com o sofrimento alheio. Antes, pareceu-nos triste e deprimido.

Saulo foi chamado pela direção do hospital para uma conversa sobre o acontecido com a família de Samuel.

— Boa tarde! Recebi o recado do senhor. Em que posso ajudá-lo? — perguntou Saulo ao diretor do hospital.

— Boa tarde, doutor Saulo! Estou a par do que aconteceu com a família do senhor Samuel. É nossa obrigação informar as autoridades sobre o ocorrido.

— Doutor Ismael, vou pedir encarecidamente que não proceda dessa maneira. São pessoas que já sofreram muito, e agora a senhora Virginia está sob cuidados médicos. Além do mais, deve saber de seu estado de saúde físico e mental.

— Sei sim, porém precisamos agir de maneira correta. Se ocorrer situação semelhante que termine de maneira mais trágica, o hospital poderá ser responsabilizado por omissão e por ocultar das autoridades competentes um caso muito sério. Sei que está envolvido emocionalmente com essa família, e sei também que dona Virginia já foi responsável por situação parecida há alguns anos. Acredito que, se o colega refletir sobre o assunto, saberá que nossa atitude também visa à segurança dessa família.

Saulo, cabisbaixo, meditou sobre o que seu colega acabara de dizer e humildemente respondeu:

— Concordo com o senhor, sei que essa é a atitude correta. Apenas fico pensando no sofrimento dessa família, já tão traumatizada.

— Conto com sua compreensão, pois nosso departamento jurídico já está preparando a denúncia cabível. Doutor Saulo, o senhor está preparado para continuar cuidando, como médico, dessas pessoas?

— Por favor, permita que eu continue assistindo a senhora Virginia. Quanto a Sophia, sabemos que nada de mais grave aconteceu. Deverá seguir cuidados médicos por seis meses, usando colete e tomando algumas precauções no dia-a-dia, mas o caso de dona Virgínia é bem mais grave, e a família confia em mim.

— Também confio no colega, e peço que, se perceber que é incapaz de continuar agindo como médico e com coerência, me faça saber disso que prontamente tomarei seu lugar no atendimento a essa família com muito prazer.

— Agradeço sua compreensão. Eu o manterei informado sobre qualquer novidade.

Dizendo isso, Saulo se retirou do escritório do doutor Ismael, preocupado em como informaria a família sobre mais esse problema.

No caminho encontrou-se com Leonora e lhe expôs o ocorrido; consternada com mais esse triste assunto, que com certeza debilitaria o ânimo da família, lembrou ao irmão que era sexta-feira, dia do Atendimento Fraterno na Casa Espírita Caminheiros de Jesus.

— Leonora, estou pensando em chamar Samuel para ir conosco. O que você acha?

— Seria muito bom para todos eles irem. Sophia já foi liberada e está a caminho de casa. Graças a Deus, está muito bem. Porém, meu irmão, eu não irei. Prefiro afastar-me novamente. Vou orar por eles de longe, como sempre fiz.

Saulo abraçou a irmã e lhe falou com voz rouca:

— Deus com certeza irá compensá-la por tanto altruísmo.

— Ele já me compensa, permitindo que eu conviva com espíritos tão amorosos como você, meu irmão.

Continuaram a conversar e a trocar idéias.

Nós voltamos à colônia para palestrarmos sobre o direcionamento de nosso trabalho com esses bons amigos.

CAPÍTULO XIX

~~⁕~~

Um momento sublime

804. Por que Deus não deu as mesmas aptidões a todos os homens?

Deus criou todos os Espíritos iguais, mas cada um deles viveu mais ou menos tempo, e, por conseguinte, realizou mais ou menos aquisições; a diferença está no grau de experiência e na vontade, que é o livre-arbítrio: daí decorre que uns se aperfeiçoam mais rapidamente, o que lhes dá aptidões diversas. A mistura de aptidões é necessária a fim de que cada um possa contribuir para os desígnios da Providência, nos limites do desenvolvimento de suas forças físicas e intelectuais; o que um não faz, o outro faz, e é assim que cada um tem a sua função útil. Além disso, todos os mundos sendo solidários entre si, é necessário que os habitantes dos mundos superiores, na sua maioria criados antes do vosso, venham habitar aqui para vos dar exemplo.

(O Livros dos Espíritos – Livro III – As Leis Morais – Capítulo IX – Lei de Igualdade – Item II – Desigualdade de Aptidões)

Voltamos a encontrar Maurício e sua equipe, que nos traziam informações sobre a comunidade dirigida por Constantino.

— Os seguidores de Constantino andam meio desconfiados de sua atitude. Ele se mostra introspectivo e não mais demonstra prazer nas sessões de julgamento e punições. Alguns comandantes, de diferentes agrupamentos dessa comunidade, planejam derrubá-lo de seu posto de comandante-chefe. Deduzimos que haverá lutas cruéis para usurpar o poder de Constantino. Um dos chefes de grupo, que se autodenominou Torturador, está ávido por vingar-se de seu chefe, pois no passado, antes do desencarne de Constantino, ele dirigia essa comunidade, e, desde então, vem alimentando estranho ódio, que o faz cometer terríveis atrocidades contra si mesmo — explicou-nos Maurício.

— Poderia nos esclarecer quais as atitudes de autotortura que esse irmão se impõe? — perguntei.

— Seu corpo é todo tatuado, marcas que ele mesmo faz, plasmando objetos pontiagudos, que passa a utilizar em seu próprio corpo, mentalizando como se ainda tivesse um corpo carnal. Nesses momentos ele urra de dor e seus ferimentos sangram em demasia, até levá-lo à exaustão. As tatuagens são cenas de cruel violência contra Constantino. Esta é uma das maneiras que utiliza para alimentar e fixar em sua mente seu objetivo maior: vingar-se daquele que enxerga como um usurpador. Especializou-se na hipnose a distância, então passa horas e horas recluso em um fétido buraco no abismo da região litorânea mentalizando a invasão da mente de Constantino. Percebeu que nos últimos dias algo está se modificando, e que nosso irmão se encontra fragilizado por abençoado conflito moral; alegrou-se, pois ele entende esses sentimentos como enfraquecimento, e não como o caminho da redenção. Está em ativo movimento, recrutando outros comandantes que possam apoiá-lo nesse motim — continuou nosso amigo.

— Esse irmão, o Torturador, possui grande número de trabalhadores que agem com jovens, induzindo-os ao consumo de drogas. Instruiu alguns deles a se aproximarem de amigos de Junior, aproveitando esse momento de aflição da família, e a induzir nosso amigo ao consumo de entorpecentes — falou Márcia.

— Junior é um espírito com bom entendimento das leis morais. Não acredito que ceda a esse tipo de assédio; porém, fiquemos alertas. Peço a você, Maurício, e a seus companheiros de trabalho que auxiliem o nosso pequeno amigo — disse.

— Estamos a caminho. Acredito que não teremos trabalho com Junior. Percebe-se o entendimento moral e de amor que já conseguiu adquirir em suas experiências, porém, como nada acontece por acaso, percebo um campo de trabalho fértil na comunidade jovem daquela escola, e, com certeza, nosso amigo Junior servirá de instrumento aos caminhos traçados por nosso Pai de oportunidades — respondeu-me Maurício, denotando grande comoção em sua voz.

— Então, mãos à obra, pois há muito a ser feito em benefício de todos nós — instruiu Ineque.

Chegamos à Casa Espírita Caminheiros de Jesus. Bonito trabalho de educação mediúnica se iniciava. Era terça-feira, vinte horas. A casa comportava um número razoável de ouvintes e trabalhadores. Aurélio comentou intrigado:

— Lembro-me de ter visitado esta mesma casa há cerca de um ano, no mesmo dia da semana, terça-feira, e o salão estava repleto. Um senhor, que recepcionava as pessoas que chegavam, demonstrava preocupação com a quantidade de cadeiras, pois temia não haver número suficiente para acomodar todos. E hoje o número de pessoas presentes está reduzido. Chega até a sobrar alguns lugares. O que será que ocasionou essa debandada?

Serenamente, Ineque respondeu à preocupação de Aurélio:

— No início desse estudo, houve muitas inscrições. Vários irmãos, entusiasmados com o descobrimento da Doutrina Espírita em suas vidas, o que é muito saudável e muito comum acontecer entre iniciantes, se propuseram a estudar *O Evangelho Segundo o Espiritismo e O Livro dos Espíritos*. Porém, conforme os estudos iam se aprofundando e exigindo de suas consciências a transformação íntima, propondo novas atitudes, o abandono de vícios e prazeres imediatos, começaram a incomodar; a vontade latente pelos prazeres da matéria ainda está muito vívida em algumas mentes, e a necessidade de satisfação, muito exacerbada. Uns resistem e perseveram, travando dura batalha contra si mesmos, em busca de ser melhores cristãos e, como conseqüência, mais felizes, pois se tornam criaturas mais serenas e livres; outros, ainda enfraquecidos pelas necessidades viciosas, debandam, fugindo da luz lúcida da própria consciência, pois percebem que não terão força de vontade suficiente para perseverar.

— Isso não é sinal de que nada foi mudado. As idéias plantadas como sementes um dia germinarão; esse é apenas um primeiro contato com a própria consciência, que no momento oportuno germinará, dando bons frutos — esclareci.

— Nossa pequena conversa filosófica me lembra admirável passagem d'*O Evangelho Segundo o Espiritismo*, a Parábola do Semeador, que está escrita no Capítulo XVI, Item 5. Refiro-me às palavras de Jesus: "[...] Eis aí que saiu o que semeia a semear. E, quando semeava, uma parte das sementes caiu junto da estrada, e vieram as aves do céu, e comeram-nas. Outra, porém, caiu em pedregulho, onde não tinha muita terra, e logo nasceu, porque não tinha altura de terra. Mas, saindo o sol, se queimou, e, porque não tinha raiz, se secou. Outra igualmente caiu sobre os espinhos, e cresceram os espinhos, e estes a afogaram. Outra, enfim, caiu em terra boa, e dava fruto, havendo grãos que rendiam a cento por um, outros a sessenta, outros a trinta [...]"— comentou Maurício.

— Belíssima parábola, que exemplifica, de maneira clara, as várias etapas que trilhamos em nossa caminhada, e não devemos esquecer que, enquanto uns se aprimoram em determinados aspectos, outros estão exercitando outras situações; essa fantástica diversidade é muito saudável, pois nos faculta a oportunidade de partilhar experiências múltiplas, uns auxiliando os outros, num caminhar constante. Terminando nossa conversa, gostaria de enfatizar que aqueles que permanecem como ouvintes em horários de estudo são espíritos já em busca consciente dessa transformação e em futuro próximo irão engrossar as fileiras dos trabalhadores de boa vontade, e aqueles que ainda não conseguiram permanecer em busca de sua própria redenção, um dia, também em futuro próximo, terão a oportunidade reapresentada em suas vidas — comentei olhando para aqueles irmãos que permaneciam felizes à espera do início do horário de estudo.

Samuel, Sara, Sophia e Junior adentraram o recinto e logo foram recepcionados alegremente por simpático trabalhador da casa, que logo os encaminhou ao Atendimento Fraterno.

Sandra os recebeu com muita alegria e os introduziu na pequena e agradável sala de atendimento.

— Boa noite, Sara! Vejo que trouxe toda sua família — comentou com alegria.

— Boa noite, Sandra! Saulo e Leonora não puderam nos acompanhar. Saulo está de plantão no hospital e Leonora com certeza tem outros afazeres, mas mesmo assim nós viemos. Este é meu pai, Samuel, e meus irmãos, Sophia e Junior — respondeu Sara.

— Fizeram muito bem, sejam bem-vindos. Como foi a semana de vocês? — perguntou Sandra.

— Infelizmente, muito atribulada. Vivemos momentos de muita tensão e violência, mas, graças a Deus, está passando e estamos nos reerguendo, e cada vez mais unidos — respondeu Samuel.

— E Virginia? — perguntou Sandra.

— Minha mãe está em crise grave, internada e sedada. Os médicos já tentaram diminuir os remédios, mas ela volta a ficar agressiva e oferecer perigo a ela mesma e aos outros — disse Sara. Samuel completou:

— Hoje ela foi removida para um hospital psiquiátrico, onde permanecerá por tempo indeterminado. O que nos preocupa muito é que ela também está com nódulos malignos nos dois rins. O oncologista que a acompanha deve tomar alguma providência a esse respeito, ainda na semana que entra.

— Olha o que ela fez comigo! Em um de seus acessos de loucura, espancou-me com uma pesada panela, provocando uma pequena fratura numa vértebra da coluna cervical — confessou Sophia, demonstrando mágoa.

Sandra carinhosamente acariciou seu rosto e disse, amavelmente:

— Deve ter sido um momento muito triste para você, mas tudo ficará bem. Quanto ao dano sofrido, seu organismo ainda jovem se encarregará de curar, e a dor emocional sentida, um dia, não muito distante, será compreendida de maneira serena, em vista do amor e do perdão que brotarão espontâneos de seu coraçãozinho amoroso; para aquele que agride é muito mais difícil, pois deverá responder à própria consciência, que, inicialmente, nos joga em triste panorama de culpa e remorso; esforce-se por perdoar alguém tão doente e tão triste, e lembre-se de que sempre é preferível ser a vítima momentânea do que o algoz ainda inconsciente.

— Estou tentando fazer o que me diz, mas está muito difícil. Cada vez que me lembro do que aconteceu sinto forte dor no peito, e a angústia não me deixa ficar melhor. Não quero ter raiva de minha mãe, mas ainda não consigo lidar com a mágoa — respondeu Sophia.

— Ninguém a condena por tais sentimentos. Eles são saudáveis se mantidos sob controle. Se sua mente consegue refletir sobre eles, nada há com que se preocupar; são apenas momentos superlativos, que um dia estarão em uma proporção que você dê conta de controlar. Não queira cobrar de você mesma aquilo que ainda não consegue realizar. Somos espíritos imperfeitos, aprendendo com tudo que nos acontece. Esta provação será superada, desde que perseverem em manter controlados os sentimentos negativos. E lembrem que, se receberam no seio de sua família esse espírito em tão difícil aprendizado, foi porque se mostraram confiáveis na superação dos conflitos que viriam, e esse é um bem maior, a confiança de nosso Pai em nossas possibilidades de redenção. Se assim não fosse, não seria permitido esse encontro familiar, pois nunca contamos com o fracasso de nossos compromissos, mas sim com o sucesso de todos eles, pela nossa força de vontade, por nossa perseverança e nossa capacidade de amar e perdoar.

Sophia abraçou Sandra, agradecida pelas palavras de conforto e ânimo.

O atendimento continuou serenamente. Ineque, Aurélio e eu partimos em busca de Constantino. Mentalizando tão necessitado amigo, logo nos vimos transportados para o quarto de Virginia. Ao perceber nossa presença, ele disse, amargurado:

— Por que me perseguem? Não percebem a necessidade que tenho de ficar só?

— Preocupamo-nos com o amigo Constantino! Você sofre há tanto tempo, resistindo ao verdadeiro caminho da paz, que é o perdão às ofensas — falei, me aproximando devagar.

— Como posso esquecer as ofensas? Enquanto padeço no inferno de dor, aquela miserável desfruta o cômodo e negligente exercício da vida, escondida de sua crueldade. Como pode ser mãe hoje, se ontem não teve a dignidade de honrar os seus familiares?

— Quem somos nós para julgar? Quantos crimes estão relacionados em nossa extensa lista de débitos? Você, meu irmão, que viveu estudando os feitos de nosso Mestre Jesus, não se recorda de suas palavras à adúltera? — continuei com firmeza.

— "Quem estiver sem pecados que atire a primeira pedra!" — disse-me ele, em voz quase inaudível.

— E depois a aconselhou, dizendo: "Vá e não peques mais!" Se nosso Mestre não se sentiu no direito de julgar e condenar, quem somos nós para fazê-lo? O irmão está livre do corpo denso há muito tempo, possui inteligência perspicaz e conhecimento da Lei de Causa e Efeito. Você tem lembranças de existências múltiplas que se entrelaçam em contínua experimentação dessa fantástica lei divina. Por que não se esforça em modificar esse triste estado doentio, que somente tem trazido sofrimento aos envolvidos? — indaguei, comovido ao ver lágrimas escorrendo pelo rosto de nosso irmão.

— Preciso pensar, é humilhante enfraquecer diante dos irmãos. Por favor, deixem-me só.

— Lembre-se que basta um pensamento de amor e arrependimento para que Deus venha em seu socorro — expressou Ineque.

— Não me sinto merecedor de nada. Deus tem todo o direito de me punir pelos meus atos.

— Deus não pune os seus amados filhos, mas alegra-se com o retorno de cada um de nós a nossa verdadeira pátria, a dos espíritos em busca de sua perfeição. Deus não exige de nós nada que não possamos realizar, mas sempre nos premia os desatinos com novas oportunidades. Levante-se desse chão frio de sentimentos e passe a caminhar com coragem e esperança. Faça-se merecedor do amor que nos oferta sem cobrança e sem punição — continuei a falar, percebendo o conflito de sentimentos que habitavam a alma desse irmão.

Constantino olhou-nos com atenção e disse com serenidade.

— Sei que esse será meu destino, mas ainda não consigo aceitar. Meu orgulho domina minha mente. Perdoem-me por não responder da maneira que esperavam.

Nesse instante, a admirável Maria Inês juntou-se a nós. A claridade de seu espírito nos envolveu em sutil energia de amor, que passou a iluminar os cantos mais escuros de nossas almas. Ajoelhou-se em frente de Constantino e, sorrindo, estendeu as mãos e disse-lhe humildemente:

— Peço-lhe, meu amigo, que me agracie com o bem de sua presença. Acompanhe-me por um instante e conheça a morada que o Pai lhe oferece com todo carinho, amor e perdão. Deixe aí, no chão, os sentimentos menos nobres, que somente o têm feito sofrer. Venha conosco e perceberá o quanto pode realizar apenas com um pensamento.

Constantino estendeu as mãos para Maria Inês e adormeceu serenamente.

Amigos socorristas nos auxiliaram. Constantino foi colocado em uma maca e levado para tratamento. Maria Inês nos olhou e percebemos que nos agradecia. Banhados por maviosa energia de gratidão, sentimo-nos fortes e emocionados, então caímos em pranto libertador.

Oh, Deus, obrigado por permitir a nós, espíritos tão imperfeitos, o contato sublime com entidades de tão louvável altruísmo. Obrigado, meu Pai, obrigado!

CAPÍTULO XX

~·:·~

Colocando os pingos nos "is"

825. Há posições no mundo em que o homem possa gabar-se de gozar de uma liberdade absoluta?

Não, porque vós todos necessitais uns dos outros, os pequenos como os grandes.

(O Livro dos Espíritos – Livro III – As Leis Morais – Capítulo X – Lei de Liberdade – Item I – Liberdade Natural)

Após o atendimento feito a Constantino, o estado de saúde mental de Virginia foi se estabilizando.

Quinze dias se passaram e Samuel foi buscar Virginia no Hospital Psiquiátrico. Durante esse tempo, o médico havia optado por um tratamento quimioterápico com a intenção de controlar o crescimento dos nódulos neoplásicos.

Toda a família continuou a freqüentar assiduamente a casa espírita, se integrando a grupo de estudo para iniciantes da Doutrina Espírita. Cada vez mais encantados com as leis morais que regem a nossa vida, perseveravam esperançosos nesse caminho de esclarecimento e paz.

A família, feliz, pois tudo parecia serenar, já fazia planos para o noivado de Sara e Saulo.

Samuel foi ao encontro de Virginia com contentamento, esperando que pudessem viver com dignidade e paz. Virginia o recebeu, amável e aliviada por sair bem daquela casa de saúde. No caminho conversavam amigavelmente. Samuel contou as novidades dos últimos dias, falou sobre a intenção de Saulo e Sara noivarem e, posteriormente, se casarem.

— Engraçado... Esses dois se encontraram há pouquíssimo tempo, e já resolveram se casar. E a família de Saulo, concorda com isso? — perguntou Virginia.

Samuel emudeceu e de repente lhe ocorreu que Virginia não sabia que Saulo e Leonora eram irmãos. Inseguro, não soube o que responder.

— Sara conhece a família desse rapaz, não é mesmo?

Samuel apenas acenou em sinal afirmativo.

— Será que são gente de posses? Porque você sabe que médico de família pobre não tem futuro, e não quero que minha filha tenha o mesmo destino que eu. Você viu o que a miséria fez comigo. Passei por momentos de estresse grave e até arranjei um câncer por conta do desgosto.

Samuel se calou e, desanimado, percebeu que Virginia não conseguira perceber a gravidade de seus atos. Passou a se preocupar com o destino de toda sua família. Sophia ainda mostrava sinais de fragilidade, estava muito emotiva e insegura, diferente do que sempre havia sido. Sara, embora empolgada pelos últimos acontecimentos de sua vida, e com a possibilidade de casar-se em breve, demonstrava tristeza no olhar, como se vivesse atormentada por iminente perigo; apenas Junior parecia sempre sereno e com a certeza de que tudo ficaria bem.

Para ajudar, na última semana havia chegado a intimação da polícia para que comparecessem à delegacia a fim de responder sobre a violência cometida por Virginia.

Saulo, logo após a conversa com o diretor do hospital, havia colocado Samuel a par do acontecido e de suas conseqüências. Consternado, pediu desculpas ao amigo por não ter conseguido evitar o escândalo. Samuel o acalmou dizendo que um dia isso seria inevitável. Que, até aquele momento, Deus havia dado oportunidades a Virginia para que se tratasse com seriedade e procurasse meios de se tornar uma pessoa melhor, mas que, um dia, acreditava que as conseqüências naturais de seus atos viriam, e que, como encarnados, estaríamos sujeitos às leis que regem a nossa sociedade. Se assim não fosse, seria o caos.

Virginia continuou a falar descontroladamente durante o trajeto. Samuel, calado, apenas orava pedindo a Deus que o amparasse, pois o cansaço de tantos anos de aflição cobrava seu preço. Sua mente fervilhava com as idéias que chegavam a seu consciente. Sentiu forte tontura e foi obrigado a estacionar no meio-fio.

— O que foi, Samuel? Por que parou aqui? Quero ir para casa, preciso tomar um banho e colocar uma roupa decente, e você fica enrolando?

Samuel pediu-lhe que tivesse um momento de paciência. Desceu do carro e entrou em uma padaria. Dirigiu-se ao balcão com a intenção de comprar uma garrafa de água e pães para levar para casa. Sentia vontade de chorar, de ficar em silêncio e sozinho. Naquele momento queria apenas sumir e não precisar mais enfrentar tanta amargura.

Fechou os olhos por segundos e viu o rosto sereno de Leonora a sua frente. Doce calor o banhou; de imediato sentiu tranqüilidade. Abriu os olhos e sorriu. Sabia que de uma maneira ou de outra conseguiria superar mais esses momentos.

No mesmo instante em que o desespero de Samuel atingiu o ponto máximo, Leonora também sentiu forte pressão no peito e uma amargura sem fim. Fechou os olhos e soube que Samuel precisava de sua ajuda. Imediatamente, elevou o pensamento a Deus, e sentida prece brotou de sua mente. A sensação de querer auxiliá-lo e socorrê-lo jorrou em luzes de fé e confiança, e envolveu-o em seu profundo sentimento de amor. Soube de imediato que ele havia recebido o seu carinhoso auxílio. Prorrompeu em sentido pranto. De seu peito jorravam raios de luz, que eram absorvidos por Samuel.

Emocionados por presenciar esse momento de doação, colocamo-nos em prece, agradecendo mais uma vez ao Pai por nos brindar com esses exemplos de altruísmo e amor fraternal.

Samuel voltou com firmeza para o carro, entrou calmamente e fechou a porta. Voltou-se para Virginia e com expressão séria falou:

— Não sei o que você está pensando sobre a nossa vida, mas vou ser sincero e dizer a você o que exigiremos a partir de agora. Primeiro: você irá tomar seus remédios religiosamente, sem questionar e sem se lamentar, não mais toleraremos os seus repentes de orgulho e vaidade, somos uma família que precisa trabalhar por seu sustento e isso não é vergonha para ninguém; todos, em nossa casa, temos obrigações; você não trabalha fora, então deverá dar conta de suas tarefas. Dona Silvia continuará ajudando, mas você não mais ficará ociosa.

Virginia tentou interrompê-lo, porém Samuel disse enfaticamente:

— Por favor, apenas ouça, e calada. Você possui uma doença comportamental que deve ser tratada de acordo, para que todos nós possamos ter paz e sossego para continuar vivendo; se você não se lembra, vou lembrá-la: seu descontrole já a fez cometer três crimes graves: um contra Leonora, um contra sua própria filha e outro contra a enfermeira que cuidava de você. Também vou informá-la de que o hospital foi obrigado a dar queixa às autoridades competentes sobre a agressão que infligiu a Sophia e à enfermeira, e com certeza deveremos responder ao processo. Seus filhos são pessoas admiráveis e amorosas, e estão traumatizados com suas atitudes. Isso não vou mais tolerar. Você está muito doente, possui os dois rins afetados por neoplasias malignas, seu organismo está debilitado e com certeza precisará de cuidados de todos nós. Não nos obrigue a decidir por interná-la em uma Casa de Repouso, porque não mais optarei por torturar meus filhos com sua presença, e o seu câncer foi produto de sua mente doentia e de sua vaidade em não assumir essa limitação e tratá-la, porque, se tivesse feito escolhas melhores, todos nós seríamos mais saudáveis e felizes. Agora, por favor, permaneça em silêncio até chegarmos em casa, e, ao chegarmos, trate seus filhos com carinho, como eles merecem, porque estão agoniados com sua volta, pois não sabem o que esperar. Quanto ao noivado e futuro casamento de Saulo e Sara, não dê palpites. Você não tem nada a ver com a escolha dos dois. E ainda precisa saber de uma coisa: Saulo é irmão de Leonora e eu não quero saber sua opinião, pois ela não interessa aos dois. Por favor, não se meta nesse assunto. — Terminou de falar, ligou o carro e não mais olhou em direção à Virginia, pois sabia estar por um fio o seu controle emocional.

Chegando em casa, com cortesia abriu a porta do carro para Virginia. Ela, de cabeça baixa, passou por ele e se dirigiu à porta.

Sara os viu chegando pela janela da sala e, tensa, foi ao encontro de Virginia.

— Mãe, seja bem-vinda — falou com voz trêmula.

Virginia olhou para ela e passou reto. Sophia e Junior, vendo a atitude da mãe, se afastaram em direção à cozinha. Virginia, em atitude de desafio, foi a seu quarto e trancou a porta. Imediatamente, ligou o computador e voltou às salas de bate-papo.

Samuel, entristecido, chamou os filhos e os colocou a par do que havia falado a ela. Sara, amedrontada, falou:

— Pai, será que ela não vai ficar com raiva e me agredirá também?

— A reação de sua mãe é produto de seu orgulho exacerbado. Fui bem claro com ela. Acredito que nesses primeiros dias irá nos ignorar acintosamente. Mas lembrem que ela está muito doente e precisa de ajuda. Procurem não ficar sozinhos com ela e a perdoem, pois é um espírito atormentado por suas próprias limitações.

Continuaram a conversar amigavelmente. Sophia terminou de arrumar a mesa do jantar. Junior foi ao quarto de sua mãe e a avisou que o jantar estava servido. Virginia disse que não jantaria com eles e pediu ao filho que lhe trouxesse um prato de comida. Assim foi feito, até mesmo com o intuito de não provocar mais discussões.

Por vários dias Virginia permaneceu trancada em seu quarto. Dona Silvia e Junior se desdobravam, tratando-a com carinho, alimentando-a e procurando conversar com ela para que mudasse sua atitude vingativa em relação à família, porém Virginia mostrava-se irredutível em suas idéias.

Samuel voltou para casa no início da tarde, pois Virginia precisava ir ao hospital para mais uma sessão de quimioterapia. Bateu à porta do quarto. Entretanto, Virginia não respondeu. Ele continuou insistindo, e avisou-a de que precisava ir com ele ao hospital. Ela continuou em silêncio. Então ele foi buscar uma chave extra e abriu a porta do aposento; este estava vazio.

— Dona Silvia, a senhora viu se Virginia saiu?

— Ela não saiu do quarto como nos outros dias. Ela não está lá?

— O quarto está vazio. Vou olhar novamente.

Samuel e dona Silvia se dirigiram ao quarto, e procuraram novamente por Virginia.

— Samuel, a janela está aberta. Acho que ela pulou e saiu sem que eu a visse.

Preocupado, Samuel ligou para Saulo.

— Saulo, cheguei em casa para levar Virginia para a sessão de quimioterapia, mas ela saiu sem avisar ninguém. Ela não está aí?

— Vou perguntar ao pessoal da Quimioterapia, mas acredito que ela não apareceu por aqui. Nesse instante, estou levando as instruções para a aplicação de hoje. Se ela tivesse chegado, me avisariam.

— Se ela aparecer, você me liga.

— Ligo sim, e não se preocupe tanto. Ela deve ter ficado cansada de estar presa no quarto por tantos dias e saiu para dar uma volta.

— Você deve ter razão. Mas, se não conseguir encontrá-la, como faremos com a quimioterapia?

— Marcaremos para amanhã. Se for necessário, eu a interno hoje à noite para que amanhã cedo ela esteja aqui.

— Espere, alguém abriu o portão da rua. Deve ser ela. Já ligo para você, está bem?

— Estou aguardando para saber o que devo fazer. Até já!

Samuel se dirigiu à entrada da casa e viu Virginia chegar com Junior.

— Virginia, onde você estava? — indagou, preocupado.

— Cansei de ficar presa no quarto e fui me encontrar com Junior na saída da escola. Ele até ficou contente — respondeu, com ar de deboche.

Junior abaixou a cabeça mas, repentinamente levantou os olhos e encarou o pai com um olhar súplice para que ele não se deixasse envolver no clima de provocação.

— Vocês já almoçaram? — perguntou Samuel.

— Com certeza não. Nunca tenho um centavo na carteira, então como poderia almoçar fora com meu filho? — respondeu ela, seguindo no tom cínico.

— Então vamos almoçar porque precisamos ir ao hospital. Hoje você tem uma sessão de seu tratamento — esclareceu Samuel, se dirigindo para a cozinha.

Os três almoçaram em silêncio. Logo após foram até o hospital. Lá chegando, Saulo veio ao encontro de seus amigos.

— Boa tarde! Chegaram bem na hora. Vamos, Virginia?

— Não quero nada com você. Se sou obrigada a essa tortura, que seja com alguém que não tenha idéias de me matar — retrucou com um sorriso cínico.

— Virginia, o que é isso agora? — perguntou Samuel.

— Não tem importância! Vou respeitar o desejo de Virginia. Passarei a tarefa ao médico de plantão — respondeu Saulo com serenidade.

— E a vagabunda de sua irmã, ainda está viva? — prosseguiu Virginia, com ar de provocação.

— Mãe, se não tem respeito por ninguém, esse é um problema seu, mas não vou admitir que aja com tanta falta de educação com pessoas que têm nos ajudado muito. Vou pedir a você, com muito carinho, que fique quieta se não houver nada de melhor a ser dito. Olhando para Samuel, disse: — Pai, pode ir trabalhar. Quando terminar, eu ligo para o senhor. Saulo, não queremos outro médico, nós confiamos em você. Por favor, desculpe minha mãe. Ela com certeza não tem consciência do que diz — respondeu Junior com firmeza, olhando nos olhos de Virginia.

Com convicção, pegou na mão de sua mãe e a encaminhou à sala de tratamento. Virginia calou-se, mas seu olhar adquiriu um brilho de ódio aterrador.

Durante as horas necessárias à aplicação dos remédios, Junior permaneceu sentado perto da mãe, segurando suas mãos e orando. Sentiu, maravilhado, doce energia envolvê-lo. As lágrimas, derramadas com emoção, o confortaram e fortaleceram. Percebeu que Virginia se acalmou e adormeceu.

No dia seguinte, Virginia voltou a trancar-se no quarto. Mais uma vez, voltou às tristes companhias, tanto do Plano Espiritual quanto no material, por meio das salas de bate-papo.

Álvaro reapareceu com mais agressividade, conseguindo convencer Virginia a associar-se a grupos que praticavam a pedofilia.

Entristecidos, vimos que essa irmã, desvairada por sentimentos menos nobres, afundava cada vez mais em tristes paisagens de comprometimento moral. Virginia, cercada por irmãos dementados, viciados nas sensações do sexo atormentado, compartilhavam desse estranho horror, enquanto Virginia assistia a cenas terríveis de crianças se expondo, incentivadas por adultos doentios.

A mente de Virginia, entorpecida pelas sensações sensuais, criava para si mesma estranho vínculo com criaturas em deformações horrendas. Percebemos que seu aparelho genital expelia densa energia, da qual se alimentavam. Espíritos em estado de ovoidização aderiam a seu ventre como vampiros em busca de alimento.

As sensações físicas a faziam desejar mais e mais alimento visual. Nada parecia ser suficiente para aplacar a sua ânsia de prazer. No máximo das sensações desequilibradas, tombou sobre o teclado, com um grito, que mais se assemelhava a um urro de dor.

Retiramo-nos do aposento, pois, nesse momento, nada mais poderíamos fazer por Virginia. Consternados pelo que havíamos presenciado, continuamos a orar, sabendo que somente com a ajuda de Deus ainda poderíamos ter esperanças de socorrer essa irmã.

Maurício veio a nosso encontro com notícias de Junior.

— Como havíamos previsto, jovens viciados em drogas pesadas, que freqüentam a mesma escola de Junior, o estão perseguindo. Presenciamos ontem uma cena bastante comovente. Observávamos Junior durante o intervalo para o lanche quando um rapazinho se aproximou dele e sentou-se a seu lado. Dessa maneira tudo aconteceu:

— Oi, camarada! Parece chateado, o que foi?

— Apenas alguns problemas em minha casa.

— É, eu sei o que é isso. Lá na minha casa é um inferno. Todo dia meu pai e minha mãe bebem até cair e depois nos espancam. Agora que cresci, eles não se metem comigo, mas com meus irmãos menores... é surra todo dia! Mas estou numa boa. Vou oferecer pra você uma solução. Você vai se amarrar.

Junior olhou para ele e disse com firmeza:

— Se vai falar de drogas, pode esquecer, meu amigo. Tenho uma opinião séria a esse respeito. É mais fácil você mudar de opinião do que eu — comentou Junior.

— Oh, camarada! Você nem me ouviu! Se não quer usar, pode vender, assim faz um pé-de-meia e sai fora dessa família.

— Seu nome é Jorge, não é? Tudo bem, Jorge. Nunca faria nem uma coisa, nem outra, porque sei que tenho capacidade para resolver qualquer situação que aparecer na minha vida, por pior que seja. E os problemas que eu vivo não são nada comparados aos daqueles irresponsáveis que pensam que não haverá consequências na companhia das drogas. Os problemas que tenho são normais; os seus são cavados com as próprias mãos e lhe trarão muita dor e sofrimento. Ninguém é responsável pelas suas escolhas, então pense a respeito e procure soluções mais sadias.

— Oh, mano, calma lá! Quem pensa que é para falar comigo desse jeito? Até parece que não sabe quem eu sou. Posso trazer muitos problemas para você, sabia?

— Jorge, não tenho medo de você, mas tenho compaixão, porque sei que sofre e não sabe como lidar com isso. Se precisar de um amigo para conversar, estou à disposição, mas não venha mais me oferecer algo que eu tenho certeza de que não vou querer.

— Como pode ter certeza? Não entendo isso.

— Simplesmente porque sei que nada vai resolver os meus problemas, a não ser eu mesmo, decidindo e tomando atitudes sensatas. Não preciso usar drogas porque, apesar dos problemas, sou feliz porque sei quem sou, do que gosto e, principalmente, do que preciso e do que não preciso.

— Continuo não entendendo, mas tô te respeitando — falou, tocando a mão de Junior.

Eu e Ineque sorrimos, felizes.

— Junior é jovem na aparência, porém é um espírito que já viveu múltiplas experiências, e vem progredindo a passos largos. Comprometeu-se em seu planejamento encarnatório a auxiliar a humanidade. Ainda o veremos trabalhar na Seara do Senhor e realizar muito em prol do planeta — concluiu Ineque.

— Por isso não nos preocupamos com o assédio que sofreria. Com certeza, conseguirá inverter a situação e auxiliar esse menino sofrido, o Jorge — respondi, maravilhado ao observar os caminhos do Senhor.

CAPÍTULO XXI

Utilização desmedida da energia sexual

833. Há no homem qualquer coisa que escape a todo o constrangimento, e pela qual ele goze de uma liberdade absoluta?

É pelo pensamento que o homem goza de uma liberdade sem limites, porque o pensamento não conhece entraves. Pode impedir-se a sua manifestação, mas não aniquilá-lo.

834. O homem é responsável pelo seu pensamento?

É responsável perante Deus. Só Deus, podendo conhecê-lo, condena-o ou absolve-o, segundo a sua justiça.

(O Livro dos Espíritos – Livro III – As Leis Morais – Capítulo X – Lei de Liberdade – Item III – Liberdade de Pensamento)

Saulo e Sara, preocupados com a reação agressiva de Virginia, decidiram adiar os planos para o noivado, pois temiam que ela se descontrolasse e pudesse tomar uma atitude mais violenta. Levaram também em consideração o estado de saúde física da mãe de Sara, pois os médicos constataram que os nódulos estavam aumentando e, após pesquisa de uma junta médica, chegaram à conclusão de haver metástase para outros órgãos.

Samuel reuniu-se com os médicos a fim de decidir como agiriam diante dessas novas informações.

— Samuel, diante do que descobrimos com os novos exames, as condições de saúde física de Virginia são bastante graves. Você já vivenciou há pouco tempo com dona Heloísa quadro semelhante, e sabe que apenas podemos proporcionar a Virginia conforto. Há neoplasias no fígado, no intestino e nos rins; desconfiamos que o canal da vesícula também esteja obstruído. Qualquer procedimento mais invasivo só trará dor e sofrimento a ela, e não resolverá o problema — esclareceu objetivamente doutor Ismael.

— Ela irá enfraquecer dia a dia; faremos ainda sessões de quimioterapia somente como alívio para as dores — completou Saulo.

— Além da agravante comportamental, pois, diante desse quadro, terei de retirar alguns medicamentos. Seu comportamento irá piorar, se alternando entre crises graves de mania e depressão. Eu o aconselho a procurar uma casa de repouso especializada em doentes terminais quando chegar ao estágio final, pois, apesar do enfraquecimento, Virginia ficará mais e mais agressiva, pois já mostra sinais de esquizofrenia — completou doutor Cláudio.

Samuel, desesperado, levantou-se do sofá e se dirigiu à janela. Em silêncio, procurou acalmar-se para ter clareza de pensamento e decidir o que faria de maneira ponderada e consciente.

Olhou para fora e viu Leonora empurrando a cadeira de rodas da mesma senhora de outro dia. Observando-a, reconheceu, pelo seu jeito, que estava sorrindo alegremente.

Leonora pareceu sentir seu olhar e, intrigada, olhou ao redor. Levantou o rosto e tentou localizar de onde vinha essa sensação. Samuel afastou-se da janela e voltou a se sentar no sofá.

— Peço que me ajudem a tomar a decisão mais acertada. Quanto tempo ainda resta a Virginia? — perguntou Samuel.

— Não podemos dizer com certeza, mas, talvez, de três a seis meses, devido ao adiantado da doença — disse doutor Ismael.

— Não compreendo. Como não vimos isso antes? Virginia nunca se queixou de dores, ou sequer de um ligeiro mal-estar.

— Neoplasias malignas diferem de pessoa a pessoa. Temos pacientes que são internados com fortes dores e em poucos dias chegam ao final, sem nunca terem tido nenhum sintoma; como também temos pacientes que lutam anos e anos contra a doença, e alguns chegam a reverter os exames, conseguindo ainda viver anos produtivos — explicou Saulo.

— Preciso conversar com meus filhos. Coitados, mais um sofrimento! Até quando vai isso?

— Por enquanto, eu o aconselho a nada dizer a Virginia, pois com certeza seu estado emocional e mental irá piorar. Relevem o mau humor, procurem não ficar muito próximo dela, pois uma das coisas de que mais se queixa é da presença constante da família a controlando. Sabemos ser essa uma das características de sua doença, mas, diante dos novos fatos, não há muito a se fazer nesse sentido. Agora preciso ir. Tenho um paciente me esperando — falou doutor Cláudio se despedindo.

Doutor Ismael também se despediu, comprometendo-se a passar novas instruções a Samuel após conversar com o doutor Cláudio.

— Vamos tomar um café? — convidou Saulo.

— Aceito. Estou precisando de algo para estimular meu ânimo — respondeu o outro.

Os dois amigos se dirigiram à lanchonete do hospital, conversando sobre os últimos acontecimentos. Sentaram-se a uma mesa e pediram um café e um lanche.

Leonora entrou na lanchonete e avistou os dois. Saulo levantou a cabeça e viu sua irmã parada à porta.

— Leonora, venha tomar um café conosco! — falou Saulo.

Leonora aproximou-se, evitando olhar de frente para Samuel.

— Tudo bem com vocês? — perguntou com voz trêmula.

— Sente-se conosco, Leonora! — convidou Samuel.

— Você está bem, Samuel? Sinto que está muito triste — comentou Leonora.

— Realmente, acabamos de ter uma reunião com os médicos que cuidam de Virginia, e as notícias não são boas. Saulo, você poderia explicar a Leonora? Não me sinto capaz de fazê-lo neste momento.

Saulo explicou resumidamente o estado de saúde de Virginia. Leonora, entristecida, com os olhos marejados de lágrimas, não conseguiu encontrar palavras para consolar Samuel, apenas pegou sua mão e a apertou em sinal de solidariedade.

Samuel levantou os olhos e a fitou. Comovido, caiu em sentido pranto de dor. Os irmãos o consolaram afirmando que não estava só e que poderia sempre contar com a amizade deles.

Nesse instante, Sara adentrou o recinto e percebeu que algo muito grave estava acontecendo.

— Saulo, Leonora, papai! O que está acontecendo?

— Sente-se, Sara! O que faz aqui? — indagou o namorado.

— Queria fazer uma surpresa e vim tomar o café-da-manhã com você. Mas, papai, o que faz aqui? E por que está chorando? — perguntou aflita.

Samuel olhou para Saulo, que assumiu a responsabilidade de contar a Sara sobre o estado de saúde de sua mãe. A menina, revoltada, reagiu de maneira agressiva, dizendo, ao olhar para a janela com olhar ausente:

— Quem sabe com sua morte conseguiremos ter paz!

Leonora a abraçou e disse com serenidade:

—- Não é isso o que sente! Não faça assim com você mesma; sei que possui um grande coração e está consternada pelo que está acontecendo com sua mãe. Não haja dessa maneira, pois sei, com certeza, que mais tarde irá se arrepender.

Sara agarrou-se a Leonora e um pranto convulsivo brotou de seu peito, denunciando seus verdadeiros sentimentos.

Os dias foram passando, e as coisas foram se assentando. Tudo voltou a uma rotina que, aos poucos, foi trazendo calma a todos. Apesar do enfraquecimento de sua saúde, Virginia não modificou seu comportamento; continuou agressiva com a família e trancada dentro do quarto, vivendo momentos de prazeres doentios.

Cada vez mais dependente de Álvaro, e revoltada pela sensação de fraqueza mais e mais constante, revoltou-se e decidiu não mais querer o tratamento quimioterápico.

— Samuel, estou decidida: não farei mais quimioterapia. Só está servindo para me deixar fraca, e tenho certeza de que não tenho mais nada. Só me sinto mal nos dias desse inferno. Vai ver só fazem isso para que eu morra mais depressa. É, deve ser isso mesmo... Você e seus filhos, em conluio com o irmão daquela vagabunda, estão querendo que eu morra. Não faço mais esse tratamento, e está decidido.

Dizendo isso, trancou-se no quarto e voltou ao computador. Procurou por Álvaro e logo o encontrou. Convenceu-o a se encontrar com ela.

Virginia não conseguiu pregar os olhos durante a noite, pois estava ansiosa. Ela se encontraria com Álvaro no dia seguinte. Passou a planejar uma maneira de se ausentar e não deixar que ninguém percebesse que havia saído de casa. Resolveu que pularia a janela, como da outra vez.

O dia amanheceu e Virginia, extremamente excitada pela aventura que viveria, levantou-se, tomou um demorado banho, vestiu-se e maquiou-se com esmero, tentando ocultar os sinais de sua doença. Em silêncio, aguardou a saída de todos. Ouviu dona Silvia passar pelo seu quarto e gritou:

— Dona Silvia, não quero ser incomodada. Não dormi a noite toda e quero ficar em paz e sossegada.

— Fique tranqüila, dona Virginia, vou procurar não fazer barulho.

Virginia sorriu, satisfeita. Deu mais uma olhada no espelho e, feliz com sua aparência bem cuidada, pulou a janela e ganhou a rua. Então se lembrou que não tinha dinheiro na bolsa. Voltou a sua casa, verificou que dona Silvia estava limpando os quartos. Foi até a edícula da casa, pegou a bolsa da gentil senhora e de lá retirou todo o dinheiro.

— Só vinte reais! Melhor do que nada. Também, como pude imaginar que essa miserável pudesse ter mais dinheiro? Já sei. Vou pegar algumas jóias. No centro da cidade tem sempre alguém que compra.

Pegou as jóias que ainda lhe restavam e saiu de casa empolgada.

Após vendê-las, tomou um táxi e foi até a casa de Álvaro, que morava em um bairro da periferia de São Paulo, famoso pelo tráfico de drogas. O motorista do táxi a advertiu sobre o perigo que corria, mas Virginia não lhe deu atenção.

Em frente da porta da casa, retirou um espelho da bolsa e olhou sua imagem refletida. Pensou que poderia estar melhor se não fosse a insistência de Samuel com aquelas sessões de quimioterapia; mas alegrou-se por ter descoberto que nada daquilo era necessário. Em seu desvario, acreditava cegamente que Samuel e Saulo haviam inventado sua doença.

Bateu à porta e esperou ansiosa. Logo um homem alto e forte apareceu. Apesar de sua beleza física, sua aparência era assustadora. Notava-se em seus olhos e em seu semblante algo maligno.

Álvaro não disse nada. Apenas afastou a porta, esperou Virginia entrar, fechou a porta e a agarrou com selvageria. Virginia, atordoada pelas sensações físicas, despertadas pela aproximação do corpo de Álvaro, entregou-se a selvagem ato de promiscuidade.

Momentos mais tarde, exausta pelas fortes sensações e pela debilidade de seu corpo, adormeceu profundamente.

Ao se libertar do corpo denso, em desdobramento pelo sono, viu-se cercada de entidades malévolas, sequiosas de sensações descontroladas. Agitou-se e gritou em descontrole. Acordou e percebeu, assustada, que vivia situação semelhante, pois Álvaro e mais indivíduos de aparência assustadora a estavam tocando de maneira selvagem.

Virginia reagiu, tentando se defender, mas, novamente, foi traída pelas sensações de prazeres doentios e se entregou à prática irresponsável do sexo.

Saímos daquele ambiente. Uma vez mais, a Lei de Afinidades prevaleceu, com a conivência dos envolvidos. Ineque comentou:

— Pensei que, após o atendimento a Constantino, Virginia fosse mudar suas atitudes; mas, pelo contrário, percebo que está cada vez mais em desequilíbrio moral. Parece não ter mais noção do que é certo ou errado.

— Constantino apenas conseguia entrar em contato mental com Virginia porque havia afinidade moral entre eles pelo passado compartilhado. Porém, Constantino agia de maneira selvagem porque sofria, acreditando ter sido vítima de Virginia. Seu objetivo era a vingança. Quando esclarecido, embora ainda relutante, percebeu que precisava mudar suas atitudes para viver melhor. Apesar de suas intenções não serem as melhores, bloqueava esse lado sensual de Virginia, pois ele a mantinha cativa de seus pensamentos. Liberto desse laço doentio, Virginia também se libertou dele. Mas nossa irmã segue essa conduta porque ainda precisa dessas sensações, porque ainda é assim. Sua mente libertou-se da prisão que a controlava. Agora se sente livre para agir da maneira que ainda traz prazer a sua mente, fato que provoca sensações fortes em seu corpo material — esclareci entristecido.

— Então a presença de Constantino a seu lado tinha um lado positivo? — Aurélio inquiriu.

— Se analisarmos apenas como contenção a ações doentias, sim; porém, não devemos esquecer que apenas nós mesmos podemos aniquilar ou pelo menos conter os nossos vícios. E o sexo, para Virginia, ainda é um problema a ser enfrentado, pois vem se entregando às tentações em muitas outras oportunidades. Ela se encontra debilitada, e mesmo assim entrega-se a esses prazeres doentios, dessa maneira esgotando mais e mais o pouco fluido vital que ainda lhe resta — prossegui na conversa.

— Vinícius, a energia que tem origem no aparelho genésico também pode ser canalizada para outras atividades, não é assim? — perguntou Aurélio.

— Isso mesmo, meu amigo. A energia gerada no aparelho genésico é criadora, e, bem direcionada, produz belíssimas obras. Podemos citar nosso amigo Francisco Cândido Xavier. Quando encarnado, renunciou aos prazeres das relações amorosas e canalizou essa energia para a criação e composição de grandes obras em parceria com seus companheiros espirituais.

— Mas, também, direcionada a relacionamentos terrenos, quando associada ao amor verdadeiro, ao respeito e à responsabilidade de seu uso equilibrado, é energia libertadora, que traz momentos belíssimos de plenitude. Serve ao propósito divino, à procriação de corpos materiais que servirão de veículo denso aos espíritos reencarnantes. Como tudo na vida, tanto material e espiritual, nada é ruim; a qualidade será medida pelo uso que fazemos de nossas oportunidades — completou Ineque.

— Algumas religiões pregam que o sexo somente deverá ser utilizado para a procriação, a exemplo do que ocorre com os animais — disse-nos o amigo Aurélio.

— Diferentemente dos animais, que somente reagem a estímulos, que vivem por instinto, o ser humano, já dotado de inteligência e do livre-arbítrio, reage por instinto e por emoção, e, com relação às sensações sensuais e à satisfação desses prazeres, não é diferente de outras formas. As relações dos espíritos inteligentes estão intimamente ligadas a nossa evolução; quanto menos instintivos, mais próximos estamos da perfeição, e a perfeição é um mundo de sensações equilibradas. Não devemos menosprezar as relações materiais entre aqueles que realmente se amam. Elas passam a complementar e fazer parte de nossa evolução. Quando dominamos esse mundo de sensações, não há nada de vergonhoso nem mau na sua ação. Uma vez mais, volto a dizer que o direcionamento que damos a todas as experiências é o que realmente importa — disse, introspectivo, lembrando que muitas desgraças ocorridas com a humanidade derivam da falta de entendimento a respeito dessa energia criadora.

— Na admirável obra literária de nosso irmão Manoel Philomeno de Miranda, *Sexo e Obsessão*, psicografada por Divaldo Pereira Franco, encontramos na Introdução um comentário que ilustra bem o que estamos falando. É o seguinte: "[...] A correta aplicação das forças genésicas propicia ao Espírito alegria de viver e entusiasmo no desempenho das tarefas que lhe dizem respeito, constituindo emulação para o progresso e a felicidade" — esclareceu Ineque.

— Bem lembrado, meu amigo. E, para esclarecer: a natureza do espírito não está vinculada ao sexo, feminino ou masculino; essas polaridades servem apenas como instrumentos de aprendizagem. No final saberemos conscientemente que somos todos irmãos de Jesus, filhos de um mesmo Pai, a quem é dada a oportunidade de vivenciar experiências que nos engrandecem rumo à perfeição — concluí comovido.

CAPÍTULO XXII

~~~~~

Tristes conseqüências

843. O homem tem livre-arbítrio nos seus atos?

Pois que tem a liberdade de pensar, tem a de agir. Sem o livre-arbítrio o homem seria uma máquina.

(O Livro dos Espíritos – Livro III – As Leis Morais – Capítulo X – Lei de Liberdade – Item V – Livre-Arbítrio)

Dona Silvia, preocupada com o silêncio no quarto de Virginia, bateu à porta com delicadeza. Sem obter resposta, insistiu várias e várias vezes. Desconfiada, tentou abrir a porta, mas estava trancada. Saiu da casa e dirigiu-se à janela do quarto com acesso pelo quintal. Tentou abri-la, então percebeu que estava apenas encostada. Descobriu que o quarto estava vazio.

Dona Silvia, pensativa, não sabia o que fazer. Resolveu pegar o telefone com intenção de ligar para Samuel, mas hesitou e decidiu aguardar, pensando que, se Virginia saíra escondida, com certeza deveria retornar antes da família.

Virginia voltou para casa ao entardecer. Seu aspecto era lamentável, pois acabara bebendo e se drogando junto com Álvaro e seus amigos. Ao passar pelo portão, trôpega e totalmente sem equilíbrio, acabou caindo sobre um grande vaso, que também foi ao chão. Dona Silvia, assustada, correu em seu socorro e a encontrou caída, com um corte na testa e totalmente fora si. Virginia gargalhava sem parar.

Dona Silvia, bastante assustada, gritou por socorro, pois Virginia estava com o rosto ensangüentado e ela não conseguia saber a gravidade do ferimento. O vizinho da casa à direita vinha chegando e imediatamente correu para auxiliá-la.

— Dona Silvia, o que houve?

— Não sei, senhor Alfredo, escutei um barulho e encontrei dona Virginia caída em cima do vaso.

— Precisamos levá-la ao hospital. O corte na testa é profundo. Acho que vai precisar levar uns pontos. O que há com ela? Ela não pára de gargalhar.

— Pelo cheiro, andou bebendo, senhor Alfredo. Vou ligar para o senhor Samuel. Ele vai saber o que fazer. O senhor me ajuda a levá-la para dentro, por favor?

Assim fizeram! Entrando em casa, dona Silvia foi buscar uma toalha limpa e a pressionou contra o ferimento na testa de Virginia. Enquanto isso, o senhor Alfredo, solícito, ligou para Samuel, porém não conseguia falar com ele. Dona Silvia sugeriu que ligassem para Saulo. Assim o fazendo, colocou-o a par do ocorrido. Este avisou que estava mandando uma UTI móvel para buscar Virginia.

Chegando à casa, Saulo ministrou os primeiros socorros à Virginia e a colocou na maca para ser levada ao hospital. De imediato, percebeu que Virginia tinha bebido e se drogado. Consternado, se deu conta do estado de sujeira em que ela se encontrava e deduziu o que acontecera.

Durante o trajeto, olhou com compaixão para Virginia, que, após ser medicada, caiu em profundo estado de torpor.

Saulo pensou que ainda precisava avisar Samuel sobre o acontecido. Entristecido, imaginou como o amigo se sentiria diante dessa situação. Pegou o celular e fez a ligação.

— Samuel, é Saulo. Dona Silvia me chamou porque Virginia caiu e se machucou. Ela não conseguiu falar com você. Estou levando-a para o hospital.

— Ela se machucou muito?

—- Não, mas precisa de alguns pontos na testa, que poderiam ser feitos na Unidade Móvel, mas, devido a seu estado de saúde, decidi deixá-la em observação por um tempo — explicou o médico.

— Agradeço mais uma vez. Estarei com vocês em meia hora — respondeu Samuel.

— Samuel, não avise seus filhos, não há necessidade no momento, está bem?

— Há algo mais? Sinto que você não está me dizendo tudo.

— Agora não posso falar. Assim que você chegar ao hospital nós conversaremos.

Samuel pediu desculpas ao cliente que estava visitando, explicando sobre o estado de saúde de sua esposa, e dirigiu-se ao hospital.

Assim que chegou, foi à procura de Saulo na Unidade de Emergência.

— Samuel, boa tarde! Vamos até o consultório; lá poderemos conversar com mais tranqüilidade.

— Onde está Virginia? Posso vê-la primeiro? — perguntou Samuel, preocupado.

— Ela está sob o cuidado das enfermeiras. Depois você poderá vê-la — esclareceu Saulo com firmeza.

Samuel o acompanhou até o consultório.

— Samuel, pelo que me disse dona Silvia, Virginia saiu de casa logo após a saída de vocês. Ela a enganou dizendo que não queria ser incomodada e fugiu pela janela. Quando dona Silvia desconfiou, já era o período da tarde, então resolveu esperar um pouco e não preocupá-los. Ao entrar em casa, Virginia caiu sobre o vaso da entrada, que tombou e se quebrou. Ela sofreu um corte na testa.

— Será que ela sentiu algum mal-estar, por isso caiu?

Saulo olhou para o amigo com compaixão, pois o que precisava falar era extremamente delicado e ele sabia o mal que faria a Samuel, tão desgastado com tudo que vinha acontecendo em todos aqueles anos na convivência com Virginia. O médico passou as mãos pelos cabelos e olhou-o, dizendo:

— Peço a você, como amigo, que o que nós conversarmos agora ficará entre nós. Sara, Sophia e Júnior não precisam ficar sabendo disso.

— Você está me deixando apavorado. O que fez Virginia desta vez? — perguntou Samuel com ansiedade.

— Deduzo o que houve pois, quando fui a sua casa, constatei que Virginia estava embriagada e drogada.

— O quê? Embriagada e drogada? Você deduz ou é verdade?

— Quanto a seu estado, tenho certeza, mas tem mais...

— Mais, Saulo, mais? — questionou Samuel com lágrimas nos olhos.

— Acalme-se, senão não poderei continuar com nossa conversa — pediu-lhe o médico.

— Desculpe, vou me controlar. Diga-me, o que mais aconteceu?

— Virginia estava muito suja e, depois que foi limpa na emergência, constatamos muitos hematomas. Ela manteve relações sexuais e, pelo jeito, com vários parceiros, pois está muito machucada. Não sabemos se foi consensual ou se ela foi estuprada — disse Saulo, em um só fôlego, e também com lágrimas nos olhos.

Samuel levantou-se da cadeira e passou a caminhar de um lado a outro do pequeno consultório.

— Samuel! — chamou Saulo.

— Não, por favor, não exija nada de mim nesse momento. Apenas me deixe, eu preciso me acalmar.

Saulo calou-se, respeitando o pedido de seu amigo. Apiedado por tantos infortúnios, passou a orar em silêncio.

Os pensamentos de Samuel estavam um caos. Sabia que precisava se acalmar, mas também sentia muita raiva, e até repulsa de Virginia. Tristemente, voltou a se sentar e perguntou:

— O que devo fazer? Por favor, preciso que alguém me diga o que fazer! — pediu em tom carregado de dor.

— Nesse momento, apesar de tudo, é Virginia que precisa de cuidados. Vou interná-la e chamar o doutor Cláudio para uma nova avaliação. Acalme-se e controle-se, porque seus filhos não precisam saber disso, está bem?

— Está bem.

Virginia, novamente, ficaria internada. Samuel não permitiu que seus filhos a vissem daquela maneira e os instruiu a ficar em casa.

Sara, desconfiada que algo mais grave havia acontecido, desobedeceu às ordens do pai e dirigiu-se ao hospital. Antes pediu a Leonora que a encontrasse lá.

— Boa tarde, Leonora! Desculpe incomodá-la, mas receio que algo muito grave aconteceu hoje com minha mãe. Dona Silvia está evasiva e meu pai não quer que a vejamos. Mas sei que ele precisa de ajuda; sozinho não vai conseguir superar tudo isso que vem acontecendo. Ele está muito cansado. Eu o ouço andar pela casa à noite, sem conseguir dormir. Tenho muito receio que aconteça algo a ele.

— Sara, concordo com você a respeito de seu pai estar exausto, mas ele é um homem bom e forte em seus propósitos. Não cederá com facilidade ao desânimo. Confie nele! Você tem certeza de que quer entrar, apesar do pedido que ele lhe fez?

— Tenho sim. Você sabe de alguma coisa? — indagou Sara.

— Não. Saulo não me disse nada — respondeu Leonora.

— Então vamos entrar.

As duas amigas dirigiram-se à portaria do hospital e logo foram informadas de que Virginia ainda se encontrava na ala de emergência. Para lá se dirigiram e encontraram Samuel, que estava sentado, cabisbaixo, em uma poltrona.

— Pai! — chamou Sara.

Samuel levantou-se de um pulo e, assustado, perguntou:

— Sara, o que você está fazendo aqui?

Abismado, olhou para o lado e viu Leonora.

— Sei que algo grave aconteceu, e não vou deixá-lo sozinho. Seja o que for, queremos estar a seu lado.

— Oh, filha! Obrigado, mas eu não gostaria que você ficasse aqui — pediu-lhe Samuel.

— Já sou adulta e essa escolha é minha, está bem? — disse Sara.

— E seus irmãos? Eles não vieram, não é? — indagou Samuel, aflito.

— Não, não permiti. Apenas prometi lhes dar notícias de mamãe. O que aconteceu, pai? — perguntou Sara.

Samuel abaixou a cabeça e inquieto pensou o que diria a sua filha: se daria apenas uma desculpa para o estado de Virginia ou se diria a verdade. Olhou para Leonora, que percebeu um pedido mudo em seu olhar.

— Sara, seu pai precisa tomar algo para reanimá-lo. Depois ele terá melhores condições de responder a nossas indagações. Vá até a lanchonete e compre alguma coisa com açúcar. Enquanto isso, aplicarei um passe nele, está bem? — pediu Leonora.

Sara se dirigiu à lanchonete.

— Obrigado, Leonora. Não sei como explicar a meus filhos o que houve com Virginia.

— É tão grave assim, Samuel?

— Muito, muito grave.

Samuel resumiu o que havia acontecido e as deduções que haviam sido tiradas a respeito de tudo. Leonora, compadecida, o abraçou com carinho. Samuel chorou convulsivamente por vários minutos. Aos poucos foi se acalmando. Afastou-se de Leonora e agradeceu a paciência e a compreensão que sempre demonstrava para com sua família nos momentos mais tristes.

Ela olhou amorosamente para aquele rosto pálido e marcado pelo sofrimento, dizendo com carinho:

— Samuel, nesses momentos, tão angustiantes, parece que não terá fim nosso sofrimento; mas são provas que, se superadas com tolerância, paciência e perdão, nos permitirão um futuro mais feliz. Só peço a você que não se deixe abater, que faça desses momentos os mais importantes de sua vida. Aja da melhor forma possível, não perca sua fé e acredite em dias melhores, porque eles virão.

Samuel pegou suas mãos entre as suas e respeitosamente as beijou. Fitando os olhos de Leonora, agradeceu com humildade o conforto e o companheirismo.

— Deixe que eu falo com Sara. Direi apenas que Virginia ingeriu bebida alcoólica, nada mais, está bem? — perguntou pacientemente.

Samuel apenas acenou com a cabeça. Percebeu que se falasse apenas uma palavra, voltaria a chorar descontroladamente, e ele precisava recobrar seu equilíbrio emocional.

Após conversar com Leonora, Sara permaneceu quieta sentada a um canto, pensativa. Procurava dominar os sentimentos contraditórios que tinha em relação a sua mãe. Ao mesmo tempo que sentia muita pena daquela criatura infeliz, sentia também raiva por ela não conseguir amar a sua família como eles mereciam.

Depois de um tempo, levantou do sofá e se dirigiu à sala de emergência. Pediu autorização para ver sua mãe. Entrou devagar e postou-se ao lado da cama. Penalizada, viu o corpo machucado de Virginia. Pegou em sua mão e falou baixinho, perto de seu ouvido:

— Mãezinha, estou aqui a seu lado. Agora está tudo bem. Não vou sair daqui.

Virginia, que apresentava um sono inquieto, se acalmou. Sara sentiu uma leve pressão em sua mão. Emocionada, continuou a falar baixinho e com carinho.

Os dias foram se escoando, e novamente a calmaria envolveu a amável família de Samuel.

Doutor Cláudio fez uma mudança na medicação de Virginia, que voltou para casa ciente de que, se acontecesse novamente situação semelhante, seria internada em uma casa de repouso.

Dona Silvia deu falta do dinheiro que estava em sua bolsa, mas, caridosa, decidiu não dizer nada a Samuel.

Durante vários dias, Virginia conseguiu se controlar e, para não cair em tentação, não ligava o computador. Acreditava que, se isolando desse mundo doentio, venceria as tentações.

Aurélio nos informou de que estava conseguindo intuí-la e mantê-la afastada das confusões nos últimos dias. Felizes com a boa notícia, resolvemos agir mais rapidamente, aproveitando esses momentos de paz.

Formamos um grupo de amigos socorristas e partimos para a Cidade das Sombras, pois sabíamos que os irmãos destinados a perseguir Virginia eram filiados a esse grupo de espíritos trevosos. Descobrimos que o pior perseguidor de Virginia ainda se encontrava na triste comunidade das sombras, e assumiria o comando daquelas paragens.

CAPÍTULO XXIII

Chegada à Cidade das Sombras

851. Há uma fatalidade nos acontecimentos da vida, segundo o sentido ligado a essa palavra; quer dizer, todos os acontecimentos são predeterminados, e, nesse caso, em que se torna o livre-arbítrio?

A fatalidade só existe no tocante à escolha feita pelo Espírito, ao se encarnar, de sofrer esta ou aquela prova; ao escolhê-la ele traça para si mesmo uma espécie de destino, que é a própria conseqüência da posição em que se encontra. Falo das provas de natureza física, porque, no tocante às provas morais e às tentações, o Espírito, conservando o seu livre-arbítrio sobre o bem e o mal, é sempre senhor de ceder ou resistir. Um bom Espírito, ao vê-lo fraquejar, pode correr em seu auxílio, mas não pode influir sobre ele a ponto de subjugar-lhe a vontade. Um Espírito mau, ou seja, inferior, ao lhe mostrar ou exagerar um perigo físico, pode abalá-lo e assustá-lo, mas a vontade do Espírito encarnado não fica por isso menos livre de qualquer entrave.

(O Livro dos Espíritos – Livro III – As Leis Morais – Capítulo X – Lei de Liberdade – Item VI – Fatalidade)

Dirigimo-nos à Cidade das Sombras. Triste paisagem se descortinou a nossos olhos. Quanto mais nos aproximávamos, mais o terreno se tornava alagadiço, formando fétidos charcos; miasmas densos envolviam a tudo. A paisagem material espelhava o desequilíbrio energético do ambiente espiritual.

Sentamo-nos à margem de pequena estrada de areia grossa e escura, e passamos a observar o ambiente e as pessoas que por ali transitavam.

Um senhor de aparência raquítica se arrastava pelo chão de areia, empurrando carrinho toscamente confeccionado e repleto de materiais a serem reciclados. Sua aparência maltrapilha e o rosto macilento e pálido espelhavam seu desencantamento com a vida. Arrastava-se com muito esforço; os olhos baixos enxergavam apenas o caminho íngreme. Aproximamo-nos e procuramos auscultar seus pensamentos: "Que inferno de vida! Que inferno de vida! Que inferno de vida!". Repetia essa frase ininterruptamente, em uma triste fixação mental.

— Vinícius, que triste panorama mental vive esse irmão. Mesmo preso ao corpo material, podemos perceber que está plasmando deformações em seu perispírito — falou Ineque.

— Se o amigo observar sua postura, perceberá que curva o corpo; aos poucos estará em posição fetal — comentei penalizado.

— Se continuar nesse padrão mental, ao desencarnar, estará a caminho da ovoidização — declarou Maurício.

— Percebo que ele não recebe influência externa — comentou Antônio.

— O irmão que ora observamos obedece a um triste padrão de auto-hipnose. Seu pensamento está preso a esferas mentais de baixa qualidade, e podemos perceber que alimenta a própria dor, a falta de esperança e talvez muitas mágoas que vêm agasalhando em sua mente; além do mais, transita pelo mundo no papel de vítima. Parece-nos que situa toda sua atenção em uma única e negativa idéia, transformando-a em uma fixação mental. Dessa maneira, reduz seu padrão vibratório, que favorecerá o intercâmbio com outros irmãos semelhantes, e assim também torna mais difícil a ação benéfica de espíritos que o possam auxiliar — comentei entristecido.

— Martins Peralva, no livro *Estudando a Mediunidade*, no capítulo XXXVII, define bem esse estado mental da seguinte maneira: "[...] podemos definir o estado de fixação mental de uma criatura, encarnada ou desencarnada, como aquele em que ela nada vê, nada ouve, nada sente além de si mesma. O Espírito isola-se do mundo externo, passando a vibrar unicamente ao redor do próprio desequilíbrio, cristalizando-se no tempo [...]". Sempre procuro lembrar a nossos companheiros sobre essa simples e importante definição — falou Ineque.

— É muito importante a todos nós a compreensão desses processos mentais de auto-aniquilamento, pois ninguém está livre disso, até que tenhamos uma compreensão melhor das leis que regem o Universo, ou seja, da Lei de Ação e Reação — completou Maurício.

— E o esclarecimento, a aquisição de conhecimentos e a aplicação de tudo que é bom em nossa vida é a única maneira de evitarmos o aniquilamento de nossas forças. Devemos repetir incessantemente o aconselhamento de Allan Kardec, a respeito de que o mundo somente se transformará pela educação de nossos espíritos — disse eu.

— Tentemos auxiliar esse irmão — convidou Ineque — por meio do passe de dispersão fluídica e depois pela magnetização de suas energias pessoais.

Assim procedemos. No mesmo instante, nos vimos cercados por bons amigos que por ali passavam e perceberam a nossa amorosa intenção. O senhor que no momento atendíamos parou o seu caminhar e nos pareceu acordar em meio a denso nevoeiro. Um pranto manso brotou de seu peito, e percebemos que olhou ao redor, como indagando a si mesmo o que fazia por aquelas paragens. Falou, então, em voz alta:

— Nosso Senhor Jesus Cristo sofreu na cruz para nos mostrar o caminho e nos livrar de nossos pecados. E eu, que faço aqui só na lamentação? Preciso ir mais à igreja; o pastor fala bonito e nos ajuda a louvar o Senhor.

Ergueu a cabeça, tomou o pesado carrinho em suas mãos e voltou a caminhar, dessa vez entoando melodia religiosa, que o auxiliava a reciclar a densa energia que antes o envolvia.

Comovidos, ficamos a observá-lo se afastando.

— Será que ele conseguirá manter esse padrão vibratório? — perguntou Maurício.

— Oremos para que o consiga. Apesar de todo o sofrimento terreno, ele já conhece a vida de Cristo da maneira como pode entender — comentei.

— Por isso não devemos criticar essa ou aquela religião; todas são necessárias ao nosso planeta, pois a diversidade de evolução espiritual ainda requer também diferença de tratamento religioso. Não adianta falar a esses irmãos de um modo que não consigam entender. Vemos que algumas comunidades ainda estão presas às leis mosaicas, tão necessárias à contenção de nossas atitudes enganosas, ou viciosas, até que consigamos fazer escolhas conscientes — comentou Ineque.

— Mas vamos andando porque temos a nossa frente árduo trabalho, que nos cobrará equilíbrio, amor e perdão às ofensas — falei com a intenção de lembrar a todos os nossos propósitos.

Aproximamo-nos de uma caverna e identificamos a entrada estreita que nos levaria ao interior da construção espiritual que iríamos visitar. Conforme íamos caminhando pela singular construção, mais densa se tornava a energia que a tudo envolvia. Percebemos que no final de um dos estreitos corredores havia uma luz forte, semelhante a chamas de fogo, que iluminava todo o ambiente com aparência fantasmagórica.

Adentramos grande sala, e descobrimos ser um auditório, onde acontecia reunião de grupos de trabalho filiados à Cidade das Sombras. Procuramos manter padrão vibratório superior, controlando nossas emoções e sensações diante do quadro que se descortinava a nossa frente, e permanecemos invisíveis aos irmãos presentes.

Entidade de grande porte e semblante malévolo guardava a entrada do recinto. Quando passamos por ele, percebemos que sentiu algum mal-estar. Vigilante e desconfiado, passou a procurar algo diferente da normalidade. Sem conseguir identificar a razão de seu desconforto, deu como certo que nada estava fora do habitual.

Caminhamos em direção ao centro do recinto. À nossa passagem, observamos pequenos grupos de irmãos extremamente belicosos, que discutiam entre si na tentativa de dominar seus interlocutores. Constatamos que ali não havia união de propósitos, que a lealdade era apenas ilusão daqueles que ainda se aliavam a criaturas ignorantes com o único objetivo de angariar vantagens para a conclusão de suas vaidades e orgulho.

Precisamos nos controlar emocionalmente, pois a densa energia que a tudo envolvia emanava fortíssimo odor, que impregnava o campo energético, descontrolando os menos avisados.

Nesse instante, estranho e bizarro cortejo adentrou o recinto. O ribombar de tambores ensurdeceu a todos. A algazarra era tamanha que nos deixava perturbados, e servia também como veículo hipnótico, deixando os presentes com sentimentos contraditórios e ao mesmo tempo excitantes. A platéia gritava, ensandecida, o nome de uma figura central, que vinha carregado nos ombros de irmão em total deformação física. Este se assemelhava à figura denominada Troll, personagem do folclore escandinavo semelhante a um ogro.

No centro do salão havia estranha mobília. Curiosos, aproximamo-nos e, estupefatos, percebemos que as formas humanóides que víamos umas sobre as outras eram realmente irmãos escravizados, em triste estado de deformação, que tinham sido empilhados como tijolos, que no todo adquiriam a forma de um trono.

Diante de tão triste quadro, emudecemos e passamos a orar fervorosamente para que mantivéssemos nosso próprio equilíbrio, a fim de que terminássemos objetivamente nossa tarefa.

A criatura, que deduzimos ser o atual chefe da Cidade das Sombras, foi depositada no estranho trono e, vaidoso, passou a erguer os braços em sinal de vitória, movimento que era repetido pela assembléia desequilibrada. A algazarra e a gritaria se intensificaram, e o volume aumentou com a excitação geral. As palavras de ordem passaram a ser proferidas com selvageria:

— Morte aos serviçais do cordeiro! Morte aos serviçais do cordeiro!

Por longos e tristes minutos, a turba enraivecida por suas próprias dores gritava em uníssono. Alertei aos companheiros de jornada para que observassem o efeito que essa doentia união produzia no ambiente.

Trabalhadores infernais vinham ligeiros e recolhiam a densa camada energética que se concentrava próximo ao teto da grande sala, acondicionando-a em frascos cilíndricos plasmados também em energia semelhante. Quanto mais a turba se inflamava pelos torpes sentimentos, mais energia liberava no ambiente.

Ao final da demonstração desvairada, observamos estranho veículo, que era conduzido manualmente, ser retirado do recinto carregando grande quantidade desses estranhos recipientes, e percebemos ainda o cuidado que esses irmãos demonstravam em seu transporte.

— Vinícius, percebo estranha similaridade com o procedimento adotado por abnegados amigos no recolhimento e armazenamento de vários tipos de energia, inclusive o ectoplasma. Será que utilizam as mesmas técnicas? — perguntou Aurélio.

— Sabemos que a qualidade do trabalho é diretamente proporcional ao uso que fazemos de nossas forças; técnicas são apenas métodos de aplicação, portanto, podemos utilizar as mesmas práticas tanto para o bem como para o mal.

— Podemos observar que há muitos espíritos encarnados nesta reunião — observou Ineque.

— Lei das Afinidades. Irmãos encarnados libertos pelo sono físico encaminham-se para os ambientes que os atraem, doando assim energia animalizada, que futuramente será utilizada para finalidades afins. Não podemos deixar de observar a responsabilidade de cada um de nós com o direcionamento que damos a nossos esforços — concluí pensativamente.

— A cada um segundo suas obras — tornou Maurício.

— Observemos em silêncio, pois se aproxima a hora em que deveremos enfrentar a fúria desse irmão — alertei, consciente do trabalho a ser realizado.

O atual senhor da Cidade das Trevas ordenou silêncio e passou a fazer um discurso inflamado.

— Finalmente, a justiça é feita. Tomo acertadamente o lugar que sempre foi meu por direito. Usurpado em meus propósitos, pela traição de servos infiéis, volto hoje a ocupar meu trono. Tenho a meus pés, e servindo de assento ao rei eterno desta cidade, os infiéis, os traidores, que serão punidos devidamente. Procederemos às execuções necessárias. Vejam o que acontecerá se novamente traírem a seu senhor. Tragam a fileira das rameiras imprudentes que serviram a outro rei. Convoco as energias das trevas absolutas para que se reúnam na transformação que hoje ordeno.

Um grupo de espíritos, vestidos como sacerdotes, se aproximou e rodeou o senhor da Cidade das Sombras. Ajoelhados a seus pés, cada um com um recipiente nas mãos, semelhante aos recolhidos há pouco, pacientemente esperaram a entrada de mulheres acorrentadas, miseravelmente vestidas e com terríveis deformações no centro genésico.

O senhor da Cidade das Sombras passou a emitir estranho som, no que foi acompanhado por seus sacerdotes, que procederam à abertura dos recipientes, ao mesmo tempo que mentalizavam formas animalescas que moldavam a energia liberta, e cada uma delas era direcionada a uma mulher.

Entristecidos, percebemos que essas mentalizações energéticas, ao entrarem em contato com o campo fluídico dessas irmãs, passavam a servir como moldes a uma nova e triste aparência. As infelizes gritavam e gemiam, incapazes de resistir ao comando mental do qual se achavam escravizadas.

Em poucos minutos, a turba, antes ensandecida, calou-se em pavor pelo espetáculo hediondo. A platéia, em pânico, fez menção de fugir ao triste cenário de dor, porém o novo e terrível senhor os ameaçava com a mesma punição. Estáticos e amedrontados, irmãos em abençoado momento de remorso e dor enxergavam as equipes de trabalhadores socorristas que lhes oferecia socorro. Aqueles que conseguiam entender essa bendita oportunidade eram levados a planos de vida melhor.

O senhor terrível continuou em seu triste reinado, ordenando a entrada de outro grupo acorrentado. Agora eram homens em lamentável estado de tortura, que, introduzidos no ambiente, foram acorrentados às paredes do recinto, e novamente os sacerdotes abriram novos recipientes e a energia plasmada por suas mentes doentias adquiria aparência de massa de concreto, que servia para aderir seus perispíritos às pedras nuas, formando horrível moldura a rostos que espelhavam terror e intensa dor.

O Senhor das Sombras em estado de doentia euforia emitia sons semelhantes a urros animalescos, que mais e mais apavoravam a platéia.

Foi nesse triste momento que nos fizemos visíveis. Ele nos olhou, perplexo, como se questionasse a si mesmo como teríamos conseguido burlar a vigilância de seus asseclas.

— Que a paz de nosso Pai esteja com nosso irmão — respondeu Ineque abaixando a fronte em sinal de humildade.

— Como se atrevem a invadir meu reino? Eu não os autorizo a estar aqui, neste momento, em que tomo o lugar que é meu por direito.

— Pedimos perdão ao irmão por essa invasão a sua casa, mas também pedimos um momento de misericórdia para que nos ouça — rogou novamente Ineque.

— Misericórdia? O que é misericórdia, senão palavra vã aprendida com o Cordeiro covarde, que se deixou crucificar? Não tenho misericórdia, sou o verdadeiro exemplo dessa humanidade indisciplinada. Sou seguidor de Moisés e seguirei sua lei até o fim.

— Moisés, amantíssimo irmão, que trouxe para a humanidade as primeiras noções do certo e do errado, em um momento em que leis e regras eram necessárias; tempo em que a dor, mais uma vez, como amiga inseparável da evolução, nos mostrou o que não devemos fazer ao nosso próximo. O irmão equivoca-se na maneira de aplicar essa lei. Moisés foi um educador de espíritos ainda selvagens.

— E do que chamaria essa turba sem noção de fidelidade? — indagou, irado, apontando a multidão que, silenciosa, prestava atenção no colóquio.

— De irmãos atormentados por suas próprias dores, e que, equivocados, como seu próprio comandante, vêem na tortura e na dor da vingança a solução para aquilo que não conseguem controlar. Há um caminho, um novo e abençoado caminho para todos nós, por meio do perdão, do esquecimento às ofensas, do entendimento das leis divinas, e para isso basta elevar a Deus um pensamento de arrependimento por seus atos equivocados para que o socorro se faça presente ao seu lado — continuou Ineque.

— Equivocado? Vocês é que estão equivocados, acreditando que palavras do Cordeiro aqui têm valor. Por que estão aqui? Deve ser a mando do traidor Constantino. Mais uma vez, ele quer o meu lugar — concluiu o desavisado irmão. E, para a platéia em expectativa, reforçou as ameaças: — Lembrem-se do que lhes acontecerá se me traírem novamente. O inferno os engolirá e ninguém, nem o próprio Cristo, poderá retirá-los das garras de Satanás. — Terminou com voz grave, que ressoou pelo recinto, fazendo vibrar as paredes.

Amedrontados, vários irmãos se arremessaram ao chão, em sinal de submissão. Ineque, apiedado, continuou:

— Viemos trazer ao irmão o conhecimento de uma belíssima oportunidade, a do arrependimento, a do perdão e a da paz consciencial, o verdadeiro e único caminho do poder, por meio do conhecimento de que ser feliz é fazer o bem a si mesmo e a seu próximo.

— O que farei de tal oferta? O que quero é o que conheço; sei bem de onde vocês vêm e por que estão aqui. Não cederei um milímetro em meus propósitos. O infeliz Constantino está fora do caminho. Não pensem que achei ruim o que fizeram a ele. Não consegui aprisioná-lo, como seria justo, mas vi-me livre dele e agora tomarei a meretriz sob minha custódia. Ela pagará o mal que fez a mim, o seu dono. Escrava traidora, será punida como eu quero. Os outros serviram ao propósito de mantê-la desequilibrada. Agora é a minha vez de agir. Permaneci no anonimato porque me era interessante.

— Sabemos de seu envolvimento com Virginia, mas será que compensa tanta dor, meu irmão? — perguntou Ineque.

— Não me denomine de seu irmão. Não reconheço o Pai a quem você se submete. Não me submeto a seu Deus ausente. Se Ele fosse tão bom como dizem, não permitiria tanta traição entre seus filhos ingratos.

— Deus nos dá as oportunidades necessárias ao aprendizado. Ele nos presenteou com o livre-arbítrio, e somente nós mesmos somos responsáveis pelos nossos desatinos. Mas, também, como Pai bondoso que é, não nos julga nem condena pelos erros cometidos, e sim nos permite uma outra oportunidade de acerto. O amigo parece entender da Lei de Ação e Reação. Somente parece acreditar ter o direito de julgar, condenar e punir outros irmãos. Já pensou que também se coloca no lugar exato a ser julgado, condenado e punido por outros? O que sentirá no momento em que for julgado e condenado por um semelhante? — perguntou-lhe Ineque.

— Não me importo com o futuro; quero apenas usufruir desse momento de glória e poder, e aproveitar para finalizar minha vingança. Estou perto de conseguir; falta pouco. Trarei Virginia a meu reino e ela servirá de encosto a meu trono. Veja, o lugar dela está preparado; é só encaixá-la entre os outros traidores infames — respondeu com sarcasmo, apontado um vão no encosto do triste trono.

— Depois disso, quando conseguir perpetuar sua vingança, terá ainda objetivos que o alimentarão? Ou sentirá doentio vazio que roubará sua alma? — indagou Ineque.

— Já disse que não me importo com o futuro; vivo hoje em função de minha revolta, e ela me alimenta. Com certeza também me fortalece para que não perca a minha identidade — respondeu sem nos encarar.

— Se o irmão tem tanta certeza disso, por que não olha em nossos olhos? — inquiriu meu amigo Ineque.

— Não lhes devo satisfação, e agora o seu tempo terminou. Mandarei que meus servos os encarcerem nas mais profundas furnas — ameaçou em alto brado.

Nesse momento, irmãos trabalhadores das terríveis furnas nos rodearam e abençoada corrente energética nos protegeu da ação invasiva desses irmãos infelizes.

— Irmão, não nos ameace, pois nosso Pai Amado e as equipes abençoadas de Jesus nos protegem do mal. Nosso único objetivo é trazer a todos os presentes abençoada oportunidade de um novo caminho. Já estamos indo embora, e reforçamos o pedido humilde ao irmão: repense seus projetos de vida; o momento da limitação está próximo, e deverá, de uma maneira ou de outra, mudar o rumo de sua ação. Avisamos para que possa ainda desfrutar do livre-arbítrio. — E, dirigindo-se à platéia silenciosa, Ineque disse amorosamente: — Àqueles que quiserem de coração nos acompanhar, basta que elevem o pensamento a Deus, pedindo humildemente por uma oportunidade; basta isso, e nada lhes será cobrado. Não temam, pois não há lugar mais seguro que junto ao nosso Pai. Arrependam-se de seus atos falhos e estendam a mão com segurança àqueles que lhes oferecem socorro.

Luz brilhante invadiu mansamente o recinto e grande grupo de trabalhadores se fez visível. Maria Inês se aproximou de nosso triste irmão entoando doce canção de amor.

Apalermado, o Senhor das Sombras pareceu perdido nesse som angelical para, no momento seguinte, sair em disparada em direção à saída das furnas, emitindo terrível som.

CAPÍTULO XXIV

Os amigos de Jorge

855. Qual o fito da Providência ao fazer-nos correr perigos que não devem ter conseqüências?

Quando tua vida se encontra em perigo é essa uma advertência que tu mesmo desejaste, a fim de te desviar do mal e de te tornar melhor. Quando escapas a esse perigo, ainda sob a influência do risco por que passaste, pensas com maior ou menor intensidade, sob a ação mais ou menos forte dos bons Espíritos, em te tornares melhor. O mau Espírito retornando (digo mau, subentendendo o mal que ainda nele existe), pensas que escaparás da mesma maneira a outros perigos e deixas que as tuas paixões se desencadeiem de novo. Pelos perigos que correis, Deus vos recorda a vossa fraqueza e a fragilidade de vossa existência. Se examinarmos a causa e a natureza do perigo veremos que, na maioria das vezes, as conseqüências foram a punição de uma falta cometida ou de um dever negligenciado. Deus vos adverte para refletirdes sobre vós mesmos e vos emendardes.

(O Livro dos Espíritos – Livro III – As Leis Morais –Capítulo X – Lei de Liberdade – Item IV – Fatalidade)

Saímos da Cidade das Sombras! Sentia-me estranho; parecia emergir de denso nevoeiro. O dia amanhecia e aproveitei os primeiros raios de sol para uma prece. Curioso, comentei com meus companheiros sobre as sensações que me acompanharam durante todo o caminho de volta.

— Agora me sinto melhor, porém, até poucos instantes atrás, sentia como se parte de mim estivesse ausente. Esta sensação perdurou até o momento em que fiz uma prece e pareceu-me sair de uma atmosfera pesada.

— A energia característica dessas tristes paragens é densa e parece nos debilitar quando ficamos expostos a ela por um tempo mais longo. Hoje, por nosso próprio esforço e perseverança, conseguimos trabalhar na Seara do Senhor em condições de oferecer esclarecimentos e socorro a irmãos mais ignorantes que nós mesmos. Porém, ainda não atingimos a perfeição; somos imperfeitos e sujeitos ao desgaste normal quando um trabalho nos exige maior aplicação. Precisamos recarregar nossas energias por meio de preces e descanso em um plano melhor — explicou Ineque.

— Bom, meus amigos, obrigado pela oportunidade de trabalho, mas preciso encontrar-me com meu grupo de trabalho. Junior foi convidado por Jorge para seu aniversário. Acreditamos que ele precisará de ajuda, pois alguns companheiros de Jorge pretendem assediar nosso amigo e tememos que algo de ruim possa acontecer — esclareceu Maurício.

— Maurício, se precisar de auxílio, basta nos chamar e estaremos a seu lado — respondi, solícito.

— Agradeço a boa vontade e não recuso de maneira nenhuma a ajuda oferecida. Acredito que precisaremos de toda boa vontade — disse Maurício.

— Você prevê que algo mais grave possa acontecer? — indagou Aurélio, preocupado.

— Presenciamos um diálogo entre três membros desse grupo que andam irritados com as conversas que Junior anda tendo com Jorge. Parece que estão surtindo efeito, pois Jorge tem se recusado a traficar, embora continue sendo um usuário de drogas. Eles pretendem oferecer drogas a Junior; se ele recusar, vão ameaçá-lo; se resistir, já possuem uma seringa preparada com cocaína suficiente para provocar uma overdose — disse-nos Maurício.

— Mas... Junior conhece esse grupo e mesmo assim vai se arriscar? — perguntou Aurélio.

— A festa vai ser na casa de Jorge. Apesar de os pais serem alcoólatras, não são más pessoas; apenas não conseguem resistir ao vício e acabam provocando situações embaraçosas para os filhos, que se vêem expostos a vexames. Junior tem por objetivo observar os pais de Jorge, pois se afeiçoou ao rapaz. Penalizado pelo sofrimento do amigo, pretende ver se pode de alguma maneira interferir no assunto — explicou Maurício.

— Quando presenciamos uma conversa entre Junior e Jorge, este último informou ao amigo que os pais, quando alcoolizados, se tornavam violentos, chegando até a agressão física. Isso seria verdadeiro? Podemos evitar esse confronto? — perguntei, preocupado.

— Os pais de Jorge não são violentos, apenas se tornam inconvenientes quando alcoolizados e acabam envergonhando os filhos; acredito que Jorge acaba falando essas inverdades com a intenção de se vingar pelo comportamento dos pais. Quanto a evitar o confronto, não podemos interferir no livre-arbítrio, mas podemos intuir Junior a se precaver de correr riscos desnecessários — falou Ineque.

— Podemos acompanhá-lo a esse evento? — perguntei a nosso companheiro de lutas.

— Ficaremos muito felizes em reforçar nossa equipe com a presença dos amigos — ele retrucou amavelmente.

Combinamos de nos encontrar na casa de Jorge, pouco antes do horário marcado para o início das festividades. Antes passaríamos na casa de Samuel para visitar a família.

Virginia estava trancada no quarto. Andava de um lado a outro do aposento, olhava aflita para a mesa vazia do computador, e a raiva crescia em sua mente.

— Que ódio! Esse infeliz do Samuel agora quer me privar também do único prazer que tenho. Nossa! Vou infernizar a vida dele até que devolva meu computador.

Pensando assim, saiu do quarto e foi à procura de Samuel. Na cozinha encontrou Sara e Sophia, que preparavam o almoço de domingo.

— Quer alguma coisa, mãe? Você está com fome? — Sophia perguntou gentilmente.

— Não, não quero comer nada. Onde está seu pai? — disse Virginia, mostrando-se irritada.

Sara e Sophia se entreolharam, inseguras.

— Para que você quer meu pai? — perguntou Sara.

— Só me faltava isso! Ter de dar satisfações a vocês! Poupem-me, suas imbecis! — respondeu agressivamente, fazendo com que Sara e Sophia se abraçassem de maneira instintiva em postura de defesa.

Virginia, observando as duas filhas, deu uma gargalhada alta e cínica. Olhou-as e lhes disse:

— Vocês são patéticas!

Saiu da cozinha e foi para o escritório, onde encontrou Samuel usando o computador.

— O que você está fazendo no meu computador? — perguntou agressivamente.

Samuel levantou os olhos da tela e percebeu que Virginia se encontrava extremamente alterada. Com serenidade, respondeu:

— Estou fazendo uma planilha com os gastos da casa para que possamos controlar melhor nossas despesas.

— Quero meu computador de novo no quarto. Ele é meu. Você me deu de presente de aniversário — ameaçou ela, avançando em sua direção.

— Virginia, vou lembrá-la de que somente está vivendo em sua casa, em liberdade, porque nós assumimos a responsabilidade de acompanhá-la e não permitir que faça mais nenhuma loucura. Se ameaçar a segurança de qualquer um de nós, você será internada novamente. Então pense muito bem antes de fazer qualquer bobagem — respondeu Samuel, levantando-se e enfrentando Virginia de frente.

Virginia recuou, e tomou falsa atitude de mansidão, que não convenceu Samuel.

— Apenas quero algo para fazer. Pensei em navegar um pouco pela Internet, só isso.

— Virginia, o computador não voltará para seu quarto, você não sabe como usá-lo adequadamente e sofreu tristes conseqüências pelo mau uso que fez. Até hoje, não sabemos exatamente o que aconteceu, porque você não quis falar no assunto.

— Fui vítima de assalto, só isso — respondeu Virginia com os olhos baixos.

— Olhe para mim, Virginia! E diga isso de novo.

— Se você não quer me deixar usar o computador, então vá para o inferno! — respondeu-lhe a esposa, zangada, e saiu batendo a porta do escritório.

Virginia entrou no quarto de Sara e aflita procurou pela bolsa da filha. Pegou a carteira, retirou todo o dinheiro e saiu enraivecida. Foi até o quarto, trocou o sapato, esperou pacientemente e novamente fugiu pela janela.

Sara foi chamar sua mãe para almoçar e, estranhando o silêncio, saiu para o quintal e constatou que ela havia fugido. Rapidamente, chamou Samuel e colocou-o a par do acontecido.

Sem saberem para onde Virginia tinha ido, o que lhes restava fazer era esperar por sua volta. Sara, desconfiada, foi verificar sua bolsa e descobriu que Virginia pegara todo o dinheiro que havia em sua carteira.

— Pai, a mamãe pegou o dinheiro que eu tinha na bolsa. Havia cem reais.

— E a chave de seu carro, ela pegou? — perguntou, dirigindo ao quarto de Sara.

Sara verificou e constatou que a chave havia sumido. Preocupados, correram para a rua, e viram, alarmados, que o carro também havia desaparecido. Em desespero, Samuel ligou para um amigo delegado e se aconselhou sobre a melhor maneira de proceder. Este o aconselhou a dar queixa, pois o estado mental de Virginia poderia levá-la a cometer desatinos que poderiam trazer conseqüências para Sara, visto que a documentação do carro estava em seu nome. Além do mais, havia muito Virginia não dirigia. Apesar do conselho, resolveram esperar, pois sabiam que qualquer envolvimento de Virginia com a lei traria como resultado sua internação.

As horas foram passando, e nada de Virginia voltar para casa. Preocupados, resolveram seguir o conselho do amigo de Samuel e ir à delegacia dar queixa de seu desaparecimento.

Junior havia saído de casa antes do ocorrido. A festa de aniversário de Jorge começou na hora do almoço; era um churrasco. Desde o momento em que Junior chegou, percebeu que havia algo errado, pois um grupo de amigos de Jorge não o deixava em paz, ora o adulando, ora o expondo a vexames com comentários sarcásticos. Apenas observava, procurando não reagir com intolerância nem mesmo entrar em baixo padrão vibratório.

Sid, que nos pareceu ser o chefe daquele grupo, aproximou-se de Junior e o chamou a um canto.

— Toma! Experimenta esse bagulho, você vai ficar mais *manero*! — comentou, colocando um pequeno pacote nas mãos do rapaz.

— Não quero! — recusou Junior, olhando com firmeza para Sid e devolvendo o pequeno volume.

— Tô dizendo que é pra *usá*, senão... — insistiu Sid com grosseria.

— Se você insistir, vou jogar fora e não terá nada a reclamar — respondeu Junior, devolvendo novamente o pacote para Sid.

Nisso Jorge se aproximou e percebeu o que estava ocorrendo. Foi em socorro do amigo.

— Sid, sai fora! Não vê que o Junior não está nessa? Se continuar a forçar a barra, vou ser obrigado a te colocar pra fora — ameaçou Jorge, enfrentando Sid.

— Oh, cara! *Manera* aí. Só queria que o trouxa aqui ficasse numa boa — respondeu Sid com deboche.

— Mas ele não quer, então não provoca — tornou Jorge. Sid se afastou e fez um sinal de ameaça para Junior.

— Desculpa, cara! Não devia ter chamado esse pessoal. Não estou mais na deles. É esquisito porque não tenho mais vontade de me drogar, mas não consigo evitar — disse Jorge.

— Por que você não pede ajuda? Quando a gente não dá conta de fazer algo sozinho, a gente tem de pedir socorro — explicou Junior com objetividade.

— Pedir pra quem? Você viu meus pais; eles estão bebendo desde o café da manhã. Se pedir ajuda a eles, é capaz de me darem pinga para beber — falou o amigo, demonstrando muita tristeza e revolta.

— Não sei por que você critica tanto seus pais se sabe o que eles fazem de errado e mesmo assim ainda foi se meter com algo pior. Já pensou qual é o direito que você tem de criticá-los? Você nem ao menos tenta fazer melhor... Quem sabe se você se abrir com eles, falar de seus sentimentos em relação ao comportamento deles e pedir ajuda pode acontecer de ter uma surpresa, e acabarem se unindo e se fortalecendo para vencer esse mal?

— Você acha mesmo que isso pode ser possível?

— Você pelo menos já tentou para depois dizer que não deu certo? — retrucou Junior.

— É, você tem razão. Vou tentar.

— Você tem de tentar, e tentar e tentar. Às vezes na primeira vez não dá certo, mas, quando insistimos na coisa certa, para melhorar, tem uma hora que tudo fica favorável. Insista até conseguir; você vai ver que tudo no final fica bem — respondeu Junior.

Enquanto os dois amigos conversavam, Sid e seus companheiros observavam com raiva. Alguns jovens desencarnados os instigavam para que ficassem mais e mais agressivos.

Sid foi ao banheiro e preparou a seringa com a droga destinada a ser aplicada em Junior. Ao sair, esbarrou no pai de Jorge, acabou perdendo o equilíbrio e a seringa caiu no chão.

— O que é isso, menino? — perguntou o senhor Osmar com ar de preocupação, abaixando-se e pegando a seringa.

— Não é nada, não. Me dá aqui! — Sid respondeu nervoso.

— Como não é nada? Isso é droga? — continuou o senhor Osmar.

— E se for? Vai lá pra fora e continua tomando a sua pinga, e não se mete comigo — respondeu Sid com raiva, avançando sobre o senhor Osmar que, rápido, se esquivou.

— Fora da minha casa. Se aparecer aqui de novo vou te denunciar. Fora daqui!

Falando assim, agarrou Sid pelo braço e o forçou em direção à saída, chamando a atenção de todos.

— Pai, o que foi? — perguntou Jorge.

— Peguei esse moleque usando droga dentro da minha casa — respondeu o senhor Osmar.

— E daí? Tá pensando que é só eu? Seu filhinho também usa. E quem é você para dar uma de bom pra cima de mim? Você vive bêbado — respondeu Sid.

O senhor Osmar, abismado, olhou para Jorge que, apavorado, saiu correndo e se trancou no quarto. O pai, preocupado, soltou Sid e foi atrás de Jorge.

— Vamos embora, galera, a coisa ficou preta.

Dizendo isso, Sid e sua turma saíram da casa, às gargalhadas.

Enquanto esse conflito acontecia entre os encarnados, passamos a socorrer no Plano Espiritual jovens tão perdidos dos verdadeiros valores morais. Maurício acompanhou Jorge e passou a intuí-lo para que pedisse ajuda aos pais, transformando um momento de desequilíbrio em um momento de oportunidade.

Junior aproximou-se de Vânia, mãe de Jorge que, desconsolada, chorava sentada em uma mureta do quintal.

— Dona Vânia, tome essa água com açúcar e procure se acalmar. Tudo vai ficar bem.

— Você também usa drogas, menino? — perguntou Vânia, aflita.

— Não senhora. Tenho consciência do mal que as drogas causam. Não uso, e não preciso.

— Que vergonha! Meu filho, um drogado! — continuou Vânia, em triste papel de vítima.

— A senhora me desculpe o que vou falar, mas bebidas alcoólicas também são drogas e, nesse momento, seu filho precisa de ajuda para poder superar a necessidade do vício. Acredito que todos podem aproveitar esse momento e decidir mudar o que está errado, com união, como deve ser em uma família — explicou Junior com seriedade.

— Você está me criticando? — indagou Vânia com raiva.

— Não senhora, mas meu pai sempre me ensinou a ser sincero, por mais difícil que seja a situação que enfrentamos. Não vou fazer de conta que não sei ou que não vi o que aconteceu aqui. Meu amigo Jorge precisa de ajuda e não é hora de fugir a esse acerto. Sei que sou jovem, e talvez a senhora se sinta insultada pelo que estou falando, mas a minha intenção é das melhores e, se precisarem de ajuda, me coloco à disposição. Por favor, conversem como amigos e com amor; só assim haverá solução para o problema de vocês.

Dizendo isso, Junior se levantou e pediu para usar o telefone. Solicitou que Samuel fosse buscá-lo.

Enquanto Junior falava com Vânia, simpático amigo do Plano Espiritual o inspirava. Mais tarde conversamos com ele e descobrimos ser o progenitor de Vânia, que há um bom tempo procurava auxiliá-los. Agradecido pela ajuda recebida, nos contou sua história.

— Desencarnei há vinte e um anos. Vânia ainda era uma criança. Minha esposa, apesar dos esforços despendidos, não conseguiu fazer com que nossa filha fugisse do vício do álcool. Essa encarnação seria a prova para a superação do vício que muito já a prejudicou em outras oportunidades. Comprometeu-se com antigo companheiro de desatinos, para juntos lutarem por momentos de mais dignidade, porém não conseguiram o intento, e voltaram a consumir alcoólicos. Jorge nasceu e, por um curto período, conseguiram se abster; entretanto, assim que a criança desmamou, voltaram novamente a se embebedar, e o mesmo processo aconteceu com os outros filhos. Com essa limitação, a educação das crianças também ficou deficiente, mesmo porque, no caso de nosso menino Jorge, ele luta contra a própria limitação. Quando Jorge passou a conversar com Junior, surgiu-nos abençoada esperança, pois percebemos a dignidade desse pequeno irmão que, aos poucos, foi despertando em meu neto a vontade de viver de maneira diferente. Acredito que tudo irá se modificar, pois esses momentos de escândalo e cobranças parecem ter despertado em todos a necessidade de modificar sua vida.

— Deus abençoe e fortaleça a todos. A oportunidade é sempre bem-vinda em nossas vidas; precisamos apenas aproveitá-la para que o futuro seja radiante — falou Ineque, se despedindo do amável senhor.

Junior, ao telefonar a seu pai, percebeu que havia algo errado.

— Está acontecendo alguma coisa, pai?

— Não se preocupe, Junior. Já estamos saindo e o pegaremos no caminho. Até já!

Junior saiu da casa de Jorge e ficou parado na frente. Percebeu que Sid e seus companheiros continuavam do outro lado da rua. Consciente de que poderia ocorrer algo mais grave, Junior decidiu que seria mais saudável voltar para dentro da casa. Nesse momento, Jorge e seu pai estavam entrando na sala.

— Junior, por favor, sente-se conosco. Meu filho me contou sobre as conversas que vem tendo com você. Quero agradecer e pedir desculpas pelo que ocorreu hoje em minha casa — falou o senhor Osmar.

— Não tem o que agradecer, senhor Osmar. Gosto muito do Jorge; ele é meu amigo. E acredito que quando nós realmente queremos modificar alguma coisa que não vai bem, conseguimos, mas precisamos ter força de vontade e persistir, pois tudo depende unicamente da gente — respondeu Junior.

— Quantos anos você tem, meu filho? — perguntou o senhor Osmar.

— Faço dezessete anos no próximo mês — respondeu Junior.

— Parece mais velho. Você fala com muita ponderação para um menino de sua idade — comentou o pai de Jorge.

— Nossa vida não tem sido fácil. Eu e minhas irmãs precisamos auxiliar meu pai, pois minha mãe é muito doente, e acredito que isso nos obrigou a amadurecer mais rápido que os outros jovens. Mas não me queixo não; minha família é muito especial, e partilhar tudo com eles é um privilégio para mim — confessou Junior.

Emocionado, o senhor Osmar se levantou do sofá e se encaminhou em direção a Junior, abraçando-o com carinho. E prosseguiu:

— Meu filho precisa muito de um amigo como você, e sei que tem feito muito por nós. Acredite que, a partir de hoje, você tem em nós amigos fiéis; se precisar de alguma coisa é só falar que teremos a honra de atendê-lo.

Junior devolveu o abraço e, com a voz embargada pela emoção, agradeceu. Nesse momento, a campainha tocou.

— Deve ser meu pai que veio me buscar. Agradeço o convite, Jorge. Até segunda-feira na escola.

Junior entrou no carro e observou que Sid e sua turma já não estavam mais na rua. Aliviado, fez uma prece agradecendo tudo que acontecera naquele dia.

Logo que entrou no carro, questionou Samuel sobre o que estava ocorrendo.

— Sua mãe sumiu novamente, e levou o carro de Sara. Preciso ir até a delegacia para dar queixa, pois já faz algumas horas, e ela não deu sinal de vida.

— Mas, pai, se o senhor fizer isso, ela vai ser internada.

— Infelizmente, essa será a consequência. Sinceramente, meu filho, não sei ao certo o que fazer. Se decidir não ir à delegacia, sua mãe pode fazer algo mais grave, ou sofrer algum acidente, como também pode não acontecer nada. Mas ela pegou dinheiro da bolsa de Sara, então não sei o que fazer.

Nesse instante, o celular de Samuel tocou e Junior atendeu. Era Sophia avisando que Virginia havia chegado em casa.

Samuel se dirigiu rapidamente para lá, preocupado em deixar as meninas sozinhas com Virginia. Chegando, Sara o avisou que Virginia estava no quarto, e em péssimo estado.

Samuel abriu a porta do quarto e pegou Virginia usando drogas. Suas roupas estavam rasgadas e sujas; seu cabelo, antes tão bem tratado, tinha sido cortado rente à cabeça. Apavorado, arrancou a seringa das mãos de Virginia, ergueu-a pelos braços e a levou para o chuveiro.

Abriu a água fria e a manteve embaixo da água. Em descontrole, gritou o nome de Sara e pediu-lhe que chamasse Saulo.

Saulo chegou à casa de Samuel e logo foi colocado a par do acontecido. Entristecido, adentrou o quarto de Virginia e passou a medicá-la. Sedada, ela adormeceu profundamente.

A família se reuniu na sala de jantar e conversaram, tentando decidir o que fazer.

— Virginia precisa ser internada, pelo menos, por quinze dias — foi a conclusão de Saulo.

— Pai, acho que Saulo está certo. Quando minha mãe chegou estava completamente bêbada, o senhor a viu. E, no estado de saúde em que se encontra, é muito perigoso que continue assim. Do jeito que as coisas estão caminhando, será difícil conseguirmos controlá-la. Todos trabalhamos e dona Silvia não consegue mais segurá-la em casa — falou Sophia.

— Além do mais, não temos coragem de enfrentá-la quando ela se enfurece, pois está muito agressiva. Hoje mesmo, na cozinha, fiquei apavorada — confessou Sara.

— Podemos conversar com o doutor Cláudio. Quem sabe, ele não pode dar uma medicação mais forte para que ela fique sob controle. Não gostaria de ver minha mãe internada. Sei que é muito difícil conviver com suas deficiências comportamentais, mas ela está morrendo, e eu queria muito cuidar dela — disse Junior chorando.

Samuel o abraçou e falou com calma:

— Todos têm razão, mas precisamos pensar no bem-estar de Virginia. Talvez a sugestão de Junior possa ser aplicada. O que você acha, Saulo? — perguntou Samuel.

— Vou conversar com o doutor Cláudio. Vamos ver se, modificando novamente a medicação, Virginia entra em controle — disse Saulo.

No dia seguinte, o doutor Cláudio examinou Virginia e modificou sua medicação, porém advertiu a todos de que não havia mais alternativas; caso essa nova medicação não funcionasse, seria necessário interná-la.

CAPÍTULO XXV

※

Atendimento mais que fraterno

872. A questão do livre-arbítrio pode resumir-se assim:

O homem não é fatalmente conduzido ao mal; os atos que pratica não "estavam escritos"; os crimes que comete não são o resultado de um decreto do destino. Ele pode, como prova e expiação, escolher uma existência em que se sentirá arrastado para o crime, seja pelo meio em que estiver situado, seja pelas circunstâncias supervenientes. Mas, será sempre livre de agir como quiser. Assim, o livre-arbítrio existe no estado do Espírito, com a escolha da existência das provas; e no estado corpóreo, com a faculdade de ceder ou resistir aos arrastamentos a que voluntariamente estamos submetidos. Cabe à educação combater as más tendências, e ela o fará de maneira eficiente quando se basear no estudo aprofundado da natureza moral do homem. Pelo conhecimento das leis que regem essa natureza moral chegar-se-á a modificá-la, como se modifica a inteligência pela instrução e as condições físicas pela higiene [...].

(O Livro dos Espíritos – Livro III – As Leis Morais – Capítulo X – Lei de Liberdade – Item VIII – Resumo Teórico do Móvel das Ações Humanas)

Mais uma semana se passou. Foi um período em que Virginia se manteve sossegada. A família, empenhada em mantê-la em casa, passou a dividir a responsabilidade em vigiá-la. Além de dona Silvia, Samuel, com a ajuda dos filhos, contratou uma enfermeira que trabalhava durante o dia, chegando às sete horas horas da manhã e indo embora às cinco da tarde, quando Junior chegava em casa.

Samuel convenceu Virginia a freqüentar o Centro Espírita Caminheiros de Jesus e participar do Atendimento Fraterno. Na primeira vez em que foi atendida, agiu com certa agressividade e sarcasmo com a pacienciosa atendente, mas alguma coisa de bom foi despertada em seu íntimo, pois durante toda a semana mostrou-se introspectiva, e seu comportamento foi menos agressivo.

Na segunda vez, pediu a Samuel que a deixasse entrar sozinha, pois se sentiria mais à vontade. Samuel olhou para a atendente, e esta, sorrindo, disse:

— Fique sossegado, iremos cuidar com carinho de Virginia.

Samuel voltou ao salão para acompanhar a palestra que se desenvolvia no momento e Virginia adentrou a sala de atendimento.

— Boa noite, Virginia.

— Boa noite. A semana passada eu fui atendida por uma outra senhora.

— Eu sei. Foi uma companheira que hoje não pôde vir trabalhar, pois está com problemas familiares.

— Ora, então, nem vocês são poupadas? — perguntou Virginia com cinismo.

— E por que deveríamos ser poupadas? — perguntou Sandra.

— Vocês não estão aqui trabalhando de graça? Pelo menos eles deveriam poupá-los de desgostos — observou Virginia no mesmo tom.

— Nosso trabalho é voluntário, e serve a nós mesmos como instrumento de crescimento pessoal. Nosso pagamento é a incrível sensação de estar fazendo o bem. E, quanto às provas e expiações, serão do tamanho e intensidade que precisamos para aprender a viver com mais dignidade moral, amor, compreensão, perdão e tantas outras virtudes que devemos adquirir conforme vamos aprendendo — explicou Sandra.

— Não entendo esse desprendimento de vocês. Passar horas e horas sentada nessa cadeira desconfortável ouvindo a lamentação dos outros... — disse Virginia.

— Bem, vamos ao que realmente interessa neste momento, pois não estamos aqui para falar de mim nem de outros trabalhadores da casa. Esse momento é seu — comentou Sandra.

— Estou aqui forçada pela minha família. Temo até que se não vier me internarão em um manicômio.

— E o que ocasionou essa situação?

— Sempre me trataram como se fosse uma débil mental. Acabei casando com Samuel porque era vantajoso na época; minha família fez o maior gosto nisso. Acredito que pensavam que teriam facilidades materiais, mas eu não sou boba não; nunca dei um tostão para eles, nem quando Samuel mandava entregar alguma ajuda.

— Por que você não entregava o que Samuel destinava a sua família?

— Ora, quem fazia o sacrifício de viver com Samuel era eu, então por que eles seriam beneficiados? Eles que fizessem seus próprios sacrifícios. E para manter esse casamento idiota até engravidei. Tive três filhos. Você não imagina como era aborrecido. Cuidar de três fedelhos impertinentes que me desgastavam o tempo todo com suas birras e manhas.

— Mas, apesar disso tudo, você deve amar seus filhos — afirmou Sandra.

Virginia mostrou-se pensativa, olhou para Sandra e falou com displicência:

— Nunca parei para pensar seriamente sobre isso.

— E se algo acontecesse com algum deles, o que você sentiria a respeito?

Os olhos de Virginia se encheram de lágrimas e ela falou com a voz embargada:

— Sofreria muito! Mas, eu não entendo por que, no fundo, não os suporto. Não consigo viver em paz com eles, e sei que sou a maior culpada por tudo que acontece. Você saberia me responder a isso? — perguntou Virginia, agarrando as mãos de Sandra.

Sandra amorosamente soltou suas mãos e respondeu a Virginia:

— Somos espíritos eternos. Viemos com um passado extenso para essa experiência, que é nossa vida de hoje. Desse passado, muitas vezes desequilibrado, trazemos lembranças em forma de sentimentos e sensações que, na maioria das vezes, não conseguimos explicar nem controlar. Essa família que a acolheu e que a ama, conseguindo lutar por sua melhora, por seu equilíbrio, para que viva de maneira mais feliz no futuro, em um passado não muito distante pode ter sido personagem de grandes contendas.

— Você quer dizer que foram meus inimigos? Que podem ter provocado grandes tragédias em minha vida?

— Ou o contrário. Talvez você também possa ter sido a responsável por essas tragédias, ou o comportamento desequilibrado de todos possa ter provocado as conseqüências hoje vividas.

— Não sei se acredito nesse negócio de outras vidas, mas seria interessante se fosse verdade. Explicaria muitas coisas que não consigo entender. Principalmente este sentimento de raiva e de que sempre estou sendo prejudicada por todos.

— Se você tem consciência desses sentimentos, também tem consciência dos erros que pratica e das reações que não consegue controlar, apesar de elas a incomodarem.

— Sabe, Sandra, sinto uma ânsia muito grande de viver coisas diferentes, e meus pais, depois Samuel, como meu marido, me impediram de viver tudo que anseio.

— Nem tudo que nos chega ao pensamento podemos realizar, mas nós não devemos permitir que isso seja motivo de nossa infelicidade. Inclusive muitas dessas idéias, que bloqueamos por não serem saudáveis, são provas que devemos superar em benefício de nosso próprio espírito.

— Você quer dizer que muitas dessas minhas idéias devem ser repudiadas?

— Se não forem saudáveis, com certeza devem ser. Sabemos exatamente o que é certo e o que é errado.

— Sandra, me responda uma coisa.

— Pode falar, Virginia!

— Eu sinto que nunca estou só, mas não é uma sensação boa. Tenho a impressão de que sempre alguém me olha com ódio. Quando sinto isso, parece que alguém me sopra ao ouvido algo como: "É seu marido que a odeia", ou "é seu filho", ou "suas filhas", ou qualquer outra pessoa. Então, a raiva cresce dentro de mim, e tenho necessidade de reagir agressivamente. Parece que, se não reagir, alguém irá me atacar. Será que estou louca como eles dizem?

— Pelo que sei, ninguém anda por aí dizendo que você está louca, mas sim que tem uma deficiência comportamental que precisa ser medicada. Quanto à sua pergunta, nós estamos rodeados de espíritos desencarnados, que tiveram a oportunidade de recomeçar sua vida após a morte do corpo físico; mas, por orgulho, por vaidade, por ódio ou com propósitos de vingança, permanecem na condição de desencarnados, com a finalidade de concluir objetivos menos sadios; nós, os encarnados, muitas vezes cedemos aos mesmos sentimentos, o que propicia a perfeita sintonia com esses irmãos. Dessa maneira, conseguem se aproximar e nos assediar com idéias que são acolhidas devido ao nosso baixo padrão vibratório.

Enquanto o Atendimento Fraterno transcorria, fomos avisados por trabalhadores da casa que havia um grupo tentando invadir o prédio. Além de ameaçar ruidosamente a todos, se opunham à entrada de Virginia na sala de atendimento.

Deslocamo-nos para a área de entrada da sala de triagem e passamos a atender esses irmãos.

— Boa noite. No que podemos auxiliá-los? — perguntei amavelmente.

— Em nada. Vamos entrar e tratar pessoalmente dessa dona. Se nos barrarem, se arrependerão, pois a bagunça será total.

— Percebo que o irmão está cansado. Sente-se um pouco enquanto conversamos — ofereceu Ineque.

— Não tenho tempo para sentar; preciso entrar e cumprir minhas tarefas — respondeu um rapaz que, pelas atitudes autoritárias, parecia ser o chefe daquele grupo.

— Esta casa de socorro possui algumas regras que devem ser respeitadas por todos os visitantes. Isso inclui o irmão e seus companheiros. Vocês terão a oportunidade de conversar conosco, mas não será permitida essa invasão sem propósitos beneméritos — disse-lhe com firmeza, olhando para o rosto do irmão tão infeliz.

— Então vamos esperar que ela se retire. Com certeza, conseguiremos fazê-la nos ouvir. Ela é fácil de manipular — respondeu o rapaz com empáfia.

— Fique à vontade, mas, enquanto espera, podemos conversar um pouco? — perguntei humildemente.

— Sobre o que você quer falar? Com certeza virá com aquelas conversas evangélicas que são extremamente entediantes — respondeu com atitudes de afronta.

— Não, não falarei em tom evangélico. Apenas estou curioso sobre o grau de amizade que tem por Virginia — comentei em tom de casualidade.

— Virginia? Não tenho nada com ela. Nem mesmo a conheço; sigo ordens de meu senhor. Em troca receberei alguns favores — respondeu pensativo.

— Percebo que o amigo demonstra certa angústia. Sua voz é triste e seus olhos se perdem ao longe como se lembranças desagradáveis o perseguissem após a morte — disse olhando para aqueles olhos tristes.

— Só estou aqui porque preciso; se tivesse escolha, não me sujeitaria a essa submissão, e é o mesmo caso de meus amigos.

— Conte-me sobre seu sofrimento. Tenho algum tempo disponível.

— Por que quer saber de minha vida? — perguntou-me o rapaz com rispidez e desconfiança.

— Talvez apenas curiosidade, ou talvez porque, de alguma maneira, possa auxiliá-lo — respondi com sinceridade. Ele me olhou nos olhos e senti que realmente precisava desse desabafo.

— Sei que não sou nenhum santo. Tenho cometido muitos erros em minha vida, mas nunca traí ninguém — respondeu com ar de quem sofria muito com uma idéia que não lhe saía do pensamento. — Ás vezes, sinto-me muito só, e a única maneira de resolver isso é libertar minha família do cativeiro daquele monstro. Eu era jovem e cheio de esperanças. Conheci Ana, com quem me casei. Ela era a mulher mais bonita que já tinha visto na vida. Apaixonei-me por ela assim que a vi. Namoramos muitos anos antes de podermos nos casar, mas cada instante perto dela valeu a pena, todo o esforço despendido. Não percebi que meu irmão gêmeo me invejava, até chamei-o para meu padrinho. Nós nos casamos e vieram dois filhos. Éramos felizes como poucos conseguiam ser nessa vida. Mas a inveja e a cobiça daquele monstro nos trouxe a desgraça. Terrível acidente de carro tirou-me a vida. Éramos apenas eu e ele dentro daquele veículo. Morri na hora. Com o corpo estraçalhado entre as ferragens, ele simplesmente saiu andando pela via pública sem um arranhão. Vaguei como um louco atrás de minha família, e, quando os encontrei, lá estava ele deitado em minha cama, no meu lugar, como se fosse de seu direito usurpar meus bens e meus amores — confessou aos prantos.

— E por que o amigo fala sobre traição? — perguntei com simplicidade.

— No começo pensei apenas ser traído pela mulher que tanto amei, pois ela permitiu que o monstro ocupasse meu lugar. Depois fui esclarecido que o irmão que tanto amava tinha planejado minha morte, aliando-se aos espíritos das trevas. Quando aconteceu a colisão, foi poupado por eles, que o arrancaram do perigo — disse-me, desconsolado.

— E quem o informou desse fato, meu amigo? — indaguei com mansidão.

— O meu Senhor das Sombras, o amigo que não permitirá que saiam impunes os criminosos, pois depois soube também que a mulher que tanto amava era cúmplice da traição.

— Vou auxiliá-lo a recordar cada segundo daquele momento e presenciar os acontecimentos posteriores. Quem sabe seu amigo das sombras não se enganou em seu julgamento?

Dizendo isso, Ineque e amigos da casa se aproximaram para auxiliar-me nesse Atendimento Fraterno.

Lázaro, o amigo sofredor a quem atendíamos, fechou os olhos sob o comando mental de Ineque. Aos poucos imagens foram se formando em sua mente e lembranças escondidas foram sendo recordadas com equilíbrio e paz. Lázaro viu o momento do acidente, quando, cansado do longo dia de trabalho, seus olhos se fecharam, rendendo-se ao sono. Viu quando o carro bateu de lado no caminhão estacionado, sentiu o impacto e viu seu irmão ser arremessado longe, levantar-se cambaleante e gritar em desespero antes que o carro se incendiasse.

Presenciou o velório, seu caixão lacrado no centro da sala, e o pranto convulsivo de dor de seus filhos, sua esposa e seu irmão. Acompanhou o sofrimento de todos, de como sentiam sua falta, como reverenciaram sua imagem e o respeito que lhe dispensaram. Viu que, apesar de ser o culpado pelo acidente, seu irmão nunca contara isso a ninguém, preservando sua imagem de equilíbrio e amor.

Viu que anos tinham se passado. Percebeu que seus filhos haviam crescido e que as crianças, que ora via em sua casa, eram seus netos, e não filhos da união recente de dois espíritos que o amavam.

Um pranto de arrependimento e alívio o envolveu, devolvendo a ele a sanidade perdida há tanto tempo. Olhou para todos nós e, humildemente, disse:

— Perdoem esse tolo que preferiu acreditar na sandice de uma traição a enfrentar a própria culpa. — Voltou-se para seus companheiros, que também haviam se emocionado com os últimos acontecimentos, e falou-lhes: — Vou aceitar a ajuda que me oferecem com tanto carinho, e peço a vocês que também repensem suas vidas. Quem sabe também não são vítimas do próprio orgulho e da própria vaidade, como eu mesmo fui?

O grupo se entreolhou e apenas um irmão, mais reticente na própria dor, professou entre dentes:

— Covardes! Basta que esses almofadinhas lhes mostrem mentiras piedosas e se deixam envolver. Vocês são traidores de poderoso senhor. A vingança dele será terrível e cruel. Esperem e verão!

Dizendo isso, saiu em disparada e ganhou a rua gritando impropérios.

Dirigi-me aos abençoados irmãos e lhes confortei:

— Não se assustem com ameaças vãs. Aquele que adentra a casa do Pai, com verdadeiras intenções de se arrepender dos malfeitos, está protegido em Seu Amor. Sigam com esses companheiros; eles irão encaminhá-los a uma nova morada. Deus os abençoe.

CAPÍTULO XXVI

❦

Quando a mão do destino impõe o limite

873. O sentimento de justiça é natural ou resulta de idéias adquiridas?

É de tal modo natural que vos revoltais ao pensamento de uma injustiça. O progresso moral desenvolve sem dúvida esse sentimento, mas não o dá. Deus o pôs no coração do homem. Eis por que encontrais freqüentemente, entre os homens simples e primitivos, noções mais exatas de justiça do que entre pessoas de muito saber.

(O Livro dos Espíritos – Livro III – As Leis Morais – Capítulo XI – Lei de Justiça, Amor e Caridade – Item I – Justiça e Direito Natural)

Após o Atendimento Fraterno, Samuel e Virginia voltaram para casa. No caminho, Virginia pediu-lhe que tivesse um pouco mais de paciência com ela, e caiu em prantos. Samuel estacionou o carro e a abraçou, falando baixinho para que ela se acalmasse.

— Calma, Virginia, calma. Tudo vai ficar bem, você verá!

— Samuel, estou com um pressentimento terrível, tenho a sensação de que irei morrer logo. Você está me escondendo alguma coisa? Será que eu não estou muito doente? Fale sobre a gravidade de meu câncer. Antes até acreditei que estava curada, mas agora sinto que meu tempo está se esgotando.

— Acalme-se, Virginia. Você está fragilizada por tantas coisas que aconteceram nos últimos dias. Acalme-se, está bem?

— Você jura que não vou morrer logo? Que não estou doente?

— Virginia, ninguém pode dar essa resposta a ninguém; nem você a mim. E agora não é hora para conversarmos, estamos na rua, e anda tão perigoso, com tanta violência, que seria irresponsabilidade minha permanecer aqui.

— Desculpe, não sei o que anda acontecendo comigo. São tantas emoções, e tão violentas, que não consigo nem pensar direito. Acho que me sinto culpada por tudo que fiz de mal a vocês.

Samuel passou as mãos pelos cabelos de Virginia e disse com carinho:

— Isso é muito bom, meu bem. A consciência, quando passa a cobrar nossas más ações, assinala crescimento moral, é sinal de que você está passando a questionar o que realmente é importante. Agora, encoste no banco e descanse. Quando chegarmos em casa, eu a acordarei.

Virginia recostou-se no banco e adormeceu imediatamente.

Os dias foram passando e na casa de Samuel a calma permanecia. Às vezes Virginia parecia perder o controle, mas Maria Inês conseguia aproximar-se e acalmá-la novamente.

Maurício foi ao nosso encontro com excelentes notícias sobre a família de Jorge.

— Bom dia a todos! Estou muito feliz e quero compartilhar este momento com vocês — falou eufórico.

— Bom dia. Já me sinto ansioso em ouvir tal notícia. O que aconteceu ao amigo? — perguntei sorrindo, feliz por ver aquele jovem trabalhador que tinha vencido as próprias limitações, e hoje conseguia encontrar felicidade nas coisas mais simples e saudáveis, auxiliando outros tantos jovens que viviam situações semelhantes às que havia superado.

— Acabamos de chegar da casa de Jorge. Os pais dele, após aquele domingo traumático, resolveram modificar suas vidas. A vergonha de serem alvo de críticas merecidas os fez tomar uma atitude. Jorge foi internado esta manhã, para desintoxicação, e seus pais acabam de entrar no Alcoólicos Anônimos em busca de auxílio — informou-nos com lágrimas nos olhos.

Alegres, nos unimos em um abraço fraterno e proferimos agradável prece em agradecimento ao Pai por esta bendita oportunidade.

— E os outros garotos? — perguntei com preocupação.

— Jorge enfrentou Sid e tem conversado com ele, falando sobre como está se sentindo nessa luta contra as drogas. Pediu ao grupo que não aja contra Junior porque quem tinha resolvido mudar tinha sido ele, e seu novo amigo apenas o incentivara e mostrara maneiras para que ele conseguisse alcançar seus objetivos — respondeu Maurício.

— Será que há possibilidades de esses jovens modificarem suas atitudes? — perguntou Ineque.

— Não desistiremos de auxiliá-los, mas percebemos que há uma grande diferença entre jovens como Jorge, que assumem riscos, no fundo com a intenção de chamar a atenção, ou punir a pais deficientes na educação de seus filhos, e jovens como Sid, que demonstram gostar do que fazem e, realmente, não percebem o mal que causam a si mesmos — respondeu Maurício.

— Você está querendo nos dizer que Sid ignora de fato que, devido a suas ações doentias, ele terá conseqüências graves? — perguntei curioso.

— É isso mesmo, Vinícius. Sid não vê nada de errado em suas ações. Acredita que tem todo o direito de traficar. Não se sente responsável se disso advier alguma desgraça, pois acredita que somente compra a droga quem quer e somente este será responsável por suas ações, e também pelas conseqüências que sobrevierem. Ainda é um espírito em grave estado de ignorância moral. Oculta de si mesmo a centelha divina que brilha em seu espírito, assim abafa a cobrança da própria consciência — respondeu Maurício.

— E as conversas que Jorge anda tendo com ele, não o ajudam a questionar suas atitudes? — indaguei a Maurício.

— Ele fica surpreso com o comportamento de Jorge, pois não entende suas razões, mas tal fato não chega a fazê-lo questionar os próprios atos. Ainda é muito para ele conceber a Lei de Ação e Reação. Contudo, dois amigos do grupo andam procurando Jorge e um deles até já telefonou para Junior. Portanto, continuaremos a acompanhá-los, na esperança de mais um filho pródigo — respondeu Maurício.

Contentes com as novas notícias, nos despedimos de Maurício, combinando novo encontro para o dia seguinte, pois voltaríamos à Cidade das Sombras.

Reunimo-nos na Praça da Paz Celestial para mais um dia de trabalho na Seara do Senhor. O amanhecer glorioso nos brindava com o alvorecer singelo, o brilho do sol nas exuberantes e coloridas flores dos canteiros cultivados e cuidados por irmãos abnegados era paisagem admirável a nossos olhos. Tudo nos parecia perfeito, fazendo com que nossa esperança em dias melhores se confirmasse por meio do crescimento dos espíritos do Senhor, e isso nos fazia sorrir, confiantes. Ineque expressou em poucas palavras o que nos ia na alma:

— Vocês já imaginaram que temos a oportunidade, em futuro próximo, de entender o mundo como Jesus já o faz? Isso me incentiva a procurar melhorar os meus pensamentos e minhas atitudes a cada momento, pois Ele, o nosso Irmão Mais Sábio, um dia foi tão ignorante como qualquer um de nós, e há dois mil anos teve o merecimento de vir ao planeta para, por meio de suas atitudes virtuosas, nos ensinar a mudar o rumo em que caminhava a humanidade.

Sorriu para nós e seu sorriso nos pareceu tão radiante como o brilho daquele magnífico astro-rei que despontava no horizonte.

Sorrimos com nosso companheiro, e acabei pensando alto, pois todos riram de meu comentário casual:

— Em um futuro próximo, serei como o amigo Ineque. Terei a capacidade de entender espontaneamente essas questões brilhantes.

Dando-me conta de que havia falado alto, comentei com humor:

— Mas não é para ficar vaidoso, hein, meu amigo?

Ineque sorriu e nos convidou a iniciar a caminhada para a Cidade das Sombras.

Diferente da outra ocasião em que visitamos nosso amigo, o Senhor das Sombras, o caminho nos parecia menos íngreme, e a energia, que a tudo envolvia, menos densa. Questionei a Ineque sobre minhas sensações, e ele respondeu:

— Há dez dias viemos a essas furnas e, durante esse espaço de tempo, amigos trabalhadores especializados em transformações energéticas têm agido nessa comunidade. Maria Inês poucas vezes se afastou do lado de nosso irmão, por isso nos parece diferente a densidade energética que ora enfrentamos.

— Ineque, você saberia nos dizer qual é a relação entre Maria Inês e o Senhor das Sombras? — perguntou Aurélio.

— Tenho por regra não questionar as razões de nossos companheiros. Quando for o momento e, se for importante, saberemos os acontecimentos que motivaram tanto sofrimento — retrucou Ineque. — Estamos nos aproximando da Cidade das Sombras. Permaneçamos em oração, sempre mentalizando boas energias a envolver a todos os sofredores.

Maria Inês veio sorridente ao nosso encontro.

— Obrigada por mais uma vez descerem a esta importante morada de redenção — disse com alegria.

— Querida amiga, é sempre uma alegria auxiliar esses irmãos que se aproximam do acordamento de sua consciência. Nada pode me alegrar mais do que poder auxiliar, como eu mesmo fui auxiliado — respondeu Ineque.

— Como está seu pupilo? — perguntei com carinho.

— Demonstra grave estado de depressão, para em seguida reagir com raiva, demonstrando euforia no planejamento de sua vingança contra Virginia — falou Maria Inês.

— Assemelham-se ao estado de bipolaridade entre os encarnados essas características, não é? — perguntou Maurício.

— Todo desvio de comportamento tem origem no próprio espírito, mesmo quando tem como causa as disfunções químicas. Portanto, nada mais lógico que, após o desencarne, o espírito continue a demonstrar desvios comportamentais ou de humor, porque a única coisa que se alterou foi o estado de encarnado para desencarnado — falou-nos Ineque.

— Desculpem a ignorância, mas ainda existem situações que me confundem — disse-nos Maurício.

— Devemos agradecer esses questionamentos, pois nos ajudam na evolução de nosso próprio espírito por meio da aquisição de conhecimentos, que são importantes tanto para a compreensão de nós mesmos como a de nosso próximo — explicou Maria Inês.

— A irmã irá nos instruir a respeito de como nos comportaremos diante do socorrido? — perguntei atenciosamente.

— Davi, esse é seu nome. No século IV, depois de Cristo, o casamento entre nobres era arranjado pelas famílias, na maioria dos casos por razões financeiras, ou políticas, ou mesmo religiosas. Contava com apenas onze anos quando lhe fui prometida. Era descendente da casta benjamita, e ele da nobre castra dos Judá. Nossa união serviria para compensar traição de nossos antepassados e tornar legal a retomada do trono. Davi, descendente de Salomão, acreditava-se de origem divina. Prepotente, não admitia ser contrariado, acreditando-se merecedor da lealdade de todos, sem nunca ter sido justo em seus julgamentos. Ele tinha várias escravas, que o satisfaziam sexualmente. Eram mulheres lindíssimas e muitas delas cultas intelectualmente, sem direito de expressar suas opiniões ou vontades. Um dos nobres daquela bizarra corte, em troca de favores, o presenteou com a mais bela de suas concubinas, Helena . Davi se apaixonou perdidamente pela nova escrava, e a ela permitia liberdades, nem mesmo oferecidas à própria esposa. Esqueceu-se de todas as outras, somente dirigindo sua atenção à mais bela de todas. Com isso despertou o ciúme e a inveja de suas companheiras. Seu irmão Constantino, embora destinado ao clero, também se apaixonou por aquela mulher, que, ardilosa, envolveu-o em suas teias de falsidades e mentiras. Fazendo Constantino acreditar em seu amor, assediou-o sem descanso, até que este se comprometeu em matar seu irmão e usurpar o trono. Constantino, apesar de envolvido com Helena, não teve coragem de concluir seus planos malévolos. Por isso Helena o castigou e, traiçoeiramente, no leito nupcial, apunhalou o amante até ter a certeza de que a vida havia abandonado aquele corpo. Mandou chamar a esposa de Davi, que, ainda jovem, viu-se envolvida em triste conspiração. Acusada do assassinato do próprio cunhado, ela foi aprisionada e executada — falou Maria Inês.

— Você foi a jovem esposa de Davi nessa encarnação, não é? — perguntou Ineque.

— Exatamente. Porém, após a execução, Davi descobriu que eu carregava em meu ventre um filho seu. Apesar de prematuro, nasceu de meu corpo morto e sobreviveu a duras penas. Helena não gostou da nova situação, pois seu plano era livrar-se da esposa de Davi, eu, e depois dominar o nobre, mais maleável a sua influência. Quando descobriu que meu filho sobrevivera, ensandecida pelo ódio, avançou sobre o pequeno ser que repousava nos braços do pai com a intenção de matá-lo. Davi a afastou com fúria e ela, vingativamente, contou o que tinha feito — falou Maria Inês, fazendo uma breve pausa para controlar as emoções. — Davi, abismado com a crueldade daquela mulher, mandou que a trancafiassem na mais profunda masmorra. Helena, enlouquecida pelo ódio, prometeu vingar-se de todos. Cortou os próprios pulsos esfregando-os em rochas pontiagudas. Após sua desencarnação traumática, passou a perseguir Davi até levá-lo ao suicídio, escravizando-o imediatamente após o desencarne. Davi, após a morte de Helena, deixou-se envolver pelo ódio e pelo ciúme, sendo presa fácil à influência de sua obsessão por ela. E durante séculos se digladiaram em lutas perversas, até que Helena, cansada, e quase enlouquecida, foi resgatada por equipes de socorristas. Mas como no mundo de nosso Pai o mal é limitado para que nenhum de seus filhos se perca, é chegada a hora da limitação. Novamente, conversaremos com Davi, oferecendo abençoada oportunidade de redenção, pois, se sua consciência não for despertada, temos instrução de avisá-lo sobre uma encarnação compulsória, portanto perderá temporariamente o direito ao livre-arbítrio. Até que sua mente volte a se equilibrar — continuou Maria Inês.

Inclinamos nossa cabeça em sinal de humildade a nosso Pai e um amoroso pedido de ajuda a nosso Mestre Jesus brotou espontâneo de nossas mentes. Imploramos para que a luz da consciência cristã iluminasse nosso irmão Davi.

CAPÍTULO XXVII

～⊙⊙～

Álvaro faz uma surpresa muito desagradável

880. Qual é o primeiro de todos os direitos naturais do homem?

O de viver. É possível que ninguém tenha o direito de atentar contra a vida do semelhante ou fazer qualquer coisa que possa comprometer a sua existência corpórea.

(O Livro dos Espíritos – Livro III – As Leis Morais – Capítulo XI – Lei de Justiça, Amor e Caridade – Item II – Direito de Propriedade. Roubo)

Enquanto estávamos na Cidade das Sombras, irmãos socorristas, alertados por espíritos familiares a Sara, Sophia e Junior, nos avisaram de que Álvaro estava sendo assediado por membros do grupo de Davi com a intenção de levá-lo à casa de Virginia.

Apesar dos esforços empreendidos para dissuadir Álvaro, em lastimável estado mental e emocional, eles foram em vão. Encorajado pelo consumo de drogas pesadas, dirigiu-se à casa de Virginia e, em descontrole, a invadiu com violência, fazendo Junior, Virginia e Sara de reféns.

Alertados por Aurélio, que recebeu comunicação telepática de amigo espiritual da família, pedimos a Maria Inês que adiasse a conversa com Davi, pois concluímos que o socorro à família de Samuel era mais urgente.

— Não me desafiem! Façam o que eu mandar, senão vou matar um a um — ameaçava Álvaro.

— Álvaro, pare! Vá embora! — gritava Virginia em desespero.

— Sua descarada, dando uma de mãe boazinha. Você não passa de uma vagabunda — gritou ele de volta, esbofeteando Virginia.

— Não faça isso com minha mãe. Se você quer dinheiro, eu tenho um pouco — disse Junior.

— Vai lá, moleque, pegue o dinheiro. Se não for o suficiente, vou pegar sua irmãzinha — disse, indo em direção a Sara.

— Não toque em minha filha, seu desgraçado — respondeu Virginia, avançando em direção a Álvaro.

Sara, apavorada, segurou Virginia pelo braço e disse:

— Pare, mamãe. Não o afronte. Fique aqui a meu lado, por favor!

Virginia abraçou a filha e murmurava sem parar:

— Perdoem-me, sou culpada por tudo isso.

— É isso mesmo, sua vagabunda. Dando uma de boazinha... Vou contar a sua filhinha o que a mãe fazia lá em casa — ameaçou Álvaro debochadamente, avançando novamente em direção a Sara.

— Pare! Não toque em minha filha, seu animal.

Falando isso, Virginia avançou em direção a Álvaro que, assustado, apertou o gatilho, atingindo Junior, que voltava à sala com o pouco dinheiro que tinha.

Virginia, em desespero, avançou sobre Álvaro. Este, apalermado pelo estrondoso barulho da bala saindo da arma, não reagiu por alguns momentos. Virginia se atirou sobre ele com violência e passou a esmurrá-lo e unhá-lo, fazendo com que a arma voasse longe.

Sara assistia à cena em pânico, e, quando viu a arma bater com um som surdo sobre a mesa de canto da sala, correu e a segurou entre as mãos trêmulas, gritando em desespero, no exato momento em que Álvaro pareceu despertar e passou a se defender de Virginia, desfechando violentos socos em seu abdômen.

— Pare! Pare! Seu infeliz, solte minha mãe.

Samuel neste momento estacionava o carro em frente da porta de sua casa, acompanhado de Saulo e Sophia. Ao escutarem os gritos de Sara, eles se precipitaram em direção ao interior da residência. Imediatamente dominaram Álvaro, que urrava e se debatia como um animal ferido.

Saulo viu Junior caído em uma poça de sangue e disse a Samuel:

— Amarre esse infeliz na cadeira. Junior está ferido; preciso socorrê-lo.

Sara correu e ajudou Sophia e seu pai a amarrar Álvaro em uma cadeira. Depois telefonou para a polícia pedindo socorro e uma ambulância. Nesse momento, Virginia olhou-o e pediu:

— Perdoe-me, filha, perdoe-me.

Sara apenas teve tempo de correr e amparar Virginia, que desmaiou em seus braços.

Saulo examinou Junior. Percebendo a gravidade do ferimento, procurou estancar a hemorragia, deduzindo que seu rim havia sido perfurado pela bala. Sendo assim, gritou para que Sara apressasse o socorro médico.

A família, em estado de choque e ferida, foi socorrida, enquanto a polícia levava Álvaro preso.

No hospital, Junior foi imediatamente encaminhado a uma sala de cirurgia, enquanto Virginia, ainda desacordada, recebeu os primeiros socorros.

Saulo pediu a um colega que examinasse Sara, Sophia e Samuel, pois o estado emocional dos amigos era preocupante. O doutor Cláudio os examinou e sugeriu que tomassem um calmante a fim de facilitar o controle das emoções naquele momento doloroso.

— Desculpe, doutor Cláudio, mas não vou tomar. Meu filho e Virginia precisam de cuidados, e quero estar totalmente lúcido para tomar as decisões necessárias — falou Samuel.

— Samuel, é apenas um relaxante que servirá como proteção a você, mantendo-o calmo e lúcido diante das circunstâncias. Ele é necessário para todos; por favor, confiem em mim — aconselhou o doutor Cláudio, notando a precariedade do estado emocional geral da família. — Assim você ajudará suas filhas, que também permitirão a medicação.

Samuel aceitou o medicamento, e os três permaneceram sentados na sala de espera, aguardando notícias sobre Junior e Virginia.

— Samuel, o rim do Junior está muito danificado e deverá ser removido. Precisamos que você assine a autorização — pediu Saulo.

— Oh! Saulo, não tem outro jeito? — implorou Samuel.

— Infelizmente, não. Mas não se preocupe. Junior terá uma vida normal, embora o procedimento seja realmente necessário, pois, do jeito que a bala entrou e explodiu dentro do rim, provocou grave hemorragia, e a única solução é a retirada do órgão.

Samuel, trêmulo, assinou a autorização e foi abraçado por Sara e Sophia.

Sara perguntou a Saulo sobre o estado de saúde de sua mãe, e ele informou que Virginia estava com uma grave hemorragia no abdômen, e que provavelmente também precisaria de cirurgia.

Leonora, avisada por Saulo do que estava acontecendo, dirigiu-se ao hospital e passou a fazer companhia aos três amigos.

As horas passavam vagarosamente. Cada vez que a porta da sala de espera se abria, levantavam-se ansiosos do sofá.

Samuel orava e orava para que Deus se compadecesse de Junior e de Virginia, para que conseguissem mais uma vez superar esses momentos de dor e ansiedade. Olhava para suas filhas e sentia forte angústia por ver em seus olhos o sofrimento e a insegurança, decorrentes de tantos e tantos traumas. Olhou para Leonora, e esta retribuiu com um sorriso amoroso, dizendo-lhe:

— Samuel, não permita que o desânimo vença a sua fé e a sua força, que vêm do amor que você tem pela sua família.

— Amável, segurou em suas mãos, e Samuel sentiu-se fortalecido.

— Obrigado, Leonora, por mais uma vez estar ao nosso lado.

Naquele momento, nossos queridos amigos, Junior e Virginia, lutavam pela continuidade da vida naquele abençoado corpo material, assistidos por bons amigos, trabalhadores do

Plano Espiritual, e também pelos companheiros de jornada. Uma equipe médica consciente do valor de seu trabalho, em prol de minimizar o sofrimento alheio. Saulo assistia, atento, às cirurgias necessárias, a Virginia e a Junior; ora estava em uma sala, ora estava em outra.

Virginia, após horas aos cuidados de um cirurgião, sob a supervisão do oncologista, foi suturada e encaminhada à sala de recuperação.

— Senhor Samuel, sou o doutor Túlio, responsável pela cirurgia de sua esposa — apresentou-se o médico com amabilidade.

— E Virginia, está bem? — perguntou Samuel.

— No momento encontra-se na sala de recuperação, ainda sedada. Após acordar, será encaminhada à Unidade de Terapia Intensiva. Os golpes que ela sofreu no abdômen provocaram intensa hemorragia, isso devido à fragilidade de seu estado de saúde. Alguns tumores se romperam e procedemos à retirada desse material — explicou o médico.

— E ela ficará bem, doutor? — perguntou Sophia.

— Vocês têm consciência da gravidade do estado de saúde de Virginia, quanto às neoplasias malignas? — perguntou o médico.

— Sabemos de seu estado. Por causa dessa violência que ela sofreu, houve complicações? — perguntou Samuel.

— Infelizmente, sim. Será muito difícil que ela sobreviva a esses traumas. Sinto muito — respondeu o médico com compaixão.

Sara voltou-se para Leonora e a abraçou em prantos, enquanto Sophia procurava refúgio nos braços de seu pai.

As horas lentas continuaram seu caminho. Entristecidos pelas notícias a respeito da saúde de Virginia, aguardavam notícias de Junior. Saulo abriu a porta e, sorridente, disse:

— Junior está bem. Já foi levado para a recuperação. Estava apenas um pouco confuso, mas está consciente.

Todos se abraçaram felizes e fizeram comovedora prece de agradecimento a Deus pelo socorro que o menino amado havia recebido.

Junior foi levado para a sala de recuperação e logo viu uma maca em um canto, reconhecendo sua mãe, que ainda estava inconsciente. Pediu ao enfermeiro que o colocasse a seu lado. Este, reticente, olhou para o médico que operara Junior. O médico, sorrindo, permitiu a proximidade de mãe e filho.

Junior estendeu a mão e, com a ajuda do enfermeiro, segurou com firmeza a mão de Virginia.

— Ela ainda está inconsciente? — perguntou ao médico.

— Informei-me sobre a cirurgia de sua mãe. O estado dela é grave, pois alguns dos tumores se romperam com a violência dos golpes que ela recebeu. Fale com ela, incentive-a a voltar da sedação — sugeriu o médico.

Junior olhou com carinho para Virginia e seguiu os conselhos do médico.

— Mãe, acorda, mãe. Estou aqui a seu lado; nós dois ficaremos bem. Eu te amo muito, mãe.

O menino repetia mensagens de encorajamento, acarinhando a mão pálida de sua mãe.

Virginia, afastada do corpo material, sentia muito medo de voltar e sentir aquelas dores horríveis, que pareciam dilacerar sua carne. Nesse momento, nos aproximamos dela.

— Virginia, não tenha medo. Embora machucado, esse corpo ainda tem função para você. Aproxime-se sem medo; seu filho está a seu lado, e a ajudará a superar esses momentos — encorajei com carinho.

— Tenho medo. E se aquele louco aparecer de novo? Aqui fora ele não me achará. Aqui estou protegida.

— Mas ainda não é chegada a hora de seu desligamento. Você tem, a sua frente, preciosos momentos de resgate, que, se forem aproveitados plenamente, poderão livrá-la de dores muito maiores — explicou Ineque.

— Eles não vão me perdoar! Eu fiz muita burrada, minha família sofre muito por minha culpa. Não tenho coragem de encará-los — confessou nossa irmã.

— Não fuja de seus acertos. Seus filhos e Samuel merecem que você enfrente seu orgulho e sua vaidade e lhes peça perdão por tudo que sofreram até este momento. Lutaram e continuam lutando para que você tenha paz de espírito, e somente você poderá dar esse passo. Deixe de lado a sensação de humilhação e os abrace com carinho e amor, como eles merecem. Dessa maneira, querida irmã, você também estará começando a se perdoar — falei, comovido, estendendo a mão para Virginia. — Segure em minha mão e venha, assuma o controle de seu corpo, e faça valer cada minuto que ainda lhe resta.

— Estou muito doente, não é? — perguntou, com lágrimas nos olhos.

— Seu corpo está muito doente, pois reflete desequilíbrios originados em seu espírito. Procure mudar sua relação com a vida, com seus familiares e, principalmente, com você mesma. Volte e aproveite essa abençoada oportunidade.

— Mas... os erros são tantos, e tão graves. Como poderão me perdoar, como Deus pode me perdoar?

— Deus é Pai de oportunidade; nunca nega a nenhum de seus filhos o recomeço. Arrependa-se verdadeiramente e volte a caminhar na direção certa. É apenas isso que Deus quer de nós.

Virginia estendeu as mãos e, auxiliada por mim e meus amigos, voltou a controlar seu corpo material. Abriu lentamente os olhos e viu Junior a seu lado. Emocionada, sussurrou:

— Meu filho, me perdoe.

— Mãe, que bom que você acordou.

CAPÍTULO XXVIII

~~~

Ninguém vai arredar o pé

886. *Qual o verdadeiro sentido da palavra caridade, como a entendia Jesus?*

Benevolência para com todos, indulgência para as imperfeições alheias, perdão das ofensas. O amor e a caridade são o complemento da Lei de Justiça, porque amar o próximo é fazer-lhe todo o bem possível, que desejaríamos que nos fosse feito. Tal é o sentido das palavras de Jesus: "Amai-vos uns aos outros como irmãos" [...].

(O Livro dos Espíritos – Livro III – As Leis Morais – Capítulo XI – Lei de Justiça, Amor e Caridade – Item III – Caridade e Amor ao Próximo)

Assim que tudo se estabilizou no hospital, voltamos à Cidade das Sombras para darmos continuidade ao resgate de Davi. Maria Inês e sua equipe de socorristas nos esperavam pacientemente.

— Como está a família de Samuel? — indagou Maria Inês.

— Graças ao auxílio de nosso Pai Maior, tudo está em paz. O episódio de violência, provocado por Álvaro, apesar de traumático, nos pareceu também ser útil à união dessa família. Virginia demonstra sentir remorsos por sua conduta desregrada. Junior, como era de esperar, perdoa e acolhe os mais necessitados. As meninas Sara e Sophia reagiram bem e estão apoiando todos. Percebo luz em nosso caminho. Oremos para que Virginia aproveite o pouco tempo que lhe resta — falei, informando Maria Inês. — E quanto ao nosso amigo Davi?

— Mostra-se irritadiço e inquieto. Olha constantemente a sua volta como se procurasse algo fora do comum. Acredito que pressente a nossa aproximação, e sinto que se apavora diante dos compromissos de resgate que deverá assumir daqui para diante — respondeu Maria Inês.

— Maurício e seus companheiros de trabalho estão a caminho com outros grupos de resgate. Teremos um dia maravilhoso de amor e perdão a nossa frente. Oremos para que possamos ser firmes e piedosos nesses momentos — disse Ineque.

Abri *O Evangelho Segundo o Espiritismo* e li o prefácio, um texto d'O Espírito da Verdade:

Os Espíritos do Senhor, que são as virtudes dos céus, como um imenso exército que se movimenta, ao receber a ordem de comando, espalham-se sobre toda a face da Terra. Semelhantes a estrelas cadentes, vêm iluminar o caminho e abrir os olhos aos cegos.

Eu vos digo, em verdade, que são chegados os tempos em que todas as coisas devem ser restabelecidas no seu verdadeiro sentido, para dissipar as trevas, confundir os orgulhosos e glorificar os justos.

As grandes vozes do céu ressoam como o toque da trombeta, e os coros dos anjos se reúnem. Homens, nós vos convidamos ao divino concerto: que vossas mãos tomem a lira, que vossas vozes se unam e, num hino sagrado, se estendam e vibrem, de um extremo do Universo ao outro.

Homens, irmãos amados, estamos juntos de vós. Amai-vos também uns aos outros e dizei, do fundo de vosso coração, fazendo a vontade do Pai que está no Céu: "Senhor! Senhor!", e podereis entrar no Reino dos Céus.

O Espírito da Verdade

Dirigimo-nos ao centro do salão, onde, anteriormente, havíamos presenciado triste acontecimento de barbárie moral. Davi encontrava-se sentado em seu trono de dor e iniqüidade. Sentindo nossa presença, levantou lentamente o rosto e nos disse:

— Vocês irão se arrepender!

Maria Inês se aproximou do trono, ajoelhou-se a seus pés, inclinando a cabeça em direção ao seio.

— Peço que nos perdoe a insistência, porém precisamos conversar com o irmão mais uma vez — disse com humildade.

— Não mudei minha opinião. Ainda desejo ardentemente vingar-me daqueles que me traíram. Podem aprisionar-me, que saberei fugir; podem me cegar, que tatearei até encontrar o caminho; podem impor-me uma encarnação, que saberei romper a bolsa que me constrange; não sabem de meus poderes e de meus conhecimentos, precisei aprimorar-me nas artes santas e nas artes de magia. Nada pode me deter. Sou senhor deus de mim mesmo, não aceito a interferência desse seu Deus covarde e omisso — falou em altos brados.

— Se tem tantos conhecimentos — continuou Maria Inês —, também sabe que o Pai Celestial não permitirá a nenhum de seus filhos atravessar a porta da insanidade eterna; então, meu amado irmão, é chegado o momento em que deverá optar por continuar merecedor do livre-arbítrio, ou será necessária a intervenção divina para que não se perca a sua identidade eterna.

— Lembro-me de ti, ingrata, covarde e traidora. Foste também crucificada pela infeliz meretriz, e ainda estás aí a defendê-la de sua sina justa? Qual o direito que tens de vir a minha casa, dar-me ordens? Não passas de um trapo demente sem amor-próprio — urrou Davi dirigindo-se a Maria Inês.

— Eu a perdoei, pois entendi que faz o mal porque ainda não consegue perceber o bem. Entendi também, meu irmão, que esse momento é transitório, pois faz parte de nosso aprendizado; mas, também, adquiri o conhecimento de que nosso Deus Pai não permitirá jamais que percamos a lucidez, de tal maneira a nos levar à loucura eterna, e que o momento de nossa limitação é abençoado socorro que, no início, nos revolta, pois parece invadir nossa liberdade, para depois, em futuro próximo, percebermos que é somente oportunidade de redenção. — Fazendo ligeira pausa, nossa querida irmã continuou com delicadeza e firmeza. — Você, neste momento, ainda tem escolha: aceitar participar dessa nova programação de vida ou colocar-se nas mãos de sábios amigos, apenas por sua teimosia alimentada pelo orgulho insano.

— Parece que não tenho escolha, não é? É assim que vocês pensam? Verão minha ira, pagarão caro por essa prepotência, ou melhor, vou pensar e decidir nosso futuro, e para isso preciso caminhar — esclareceu Davi.

Falando isso, desceu do bizarro trono e saiu do recinto sob os olhares atentos de todos nós.

— Maria Inês, ele está indo direto ao encontro de Virginia — disse Ineque.

— Está sim, meu amigo. Está indo ao lugar certo para a sua redenção — respondeu Maria Inês.

Maria Inês deu instruções às equipes socorristas que ficariam na Cidade das Sombras, pois, em breve, muitos daqueles irmãos acorrentados à própria dor gozariam de abençoada oportunidade de socorro. Então, nos dirigimos ao hospital onde estava internada Virginia.

Saulo, pressentindo que algo maior estava por acontecer, reuniu-se à família de Samuel para a leitura d'*O Evangelho Segundo o Espiritismo*. Após a prece de abertura, Sara abriu aleatoriamente uma página do *Evangelho* e passou à leitura:

— "*Os inimigos desencarnados*. 5. Tem o espírita ainda outros motivos de indulgência para com seus inimigos. Sabe ele, primeiro, que a maldade não é o estado permanente dos homens; que ela se deve a uma imperfeição momentânea, e que, do mesmo modo que a criança se corrige de seus defeitos, o homem mau reconhecerá um dia seus erros e se tornará bom.

— "Sabe ainda que a morte não o livra senão da presença material de seu inimigo, mas que este pode persegui-lo com o seu ódio, mesmo depois de ter deixado a Terra; que, assim, a vingança falha no seu objetivo e, ao contrário, tem por efeito produzir uma irritação maior, que pode continuar de uma existência a outra. Cabia ao Espiritismo provar, pela experiência e pela lei que rege as relações do mundo visível e do mundo invisível, que a expressão: *apagar o ódio com o sangue* é radicalmente falsa, e o que é verdadeiro é que o sangue conserva o ódio, mesmo no além do túmulo; de dar, por conseguinte, uma razão de ser efetiva e uma utilidade prática ao perdão, e à sublime máxima de Cristo: *Amai os vossos inimigos*. Não há coração tão perverso que não seja tocado pelos bons procedimentos, mesmo inconscientemente; pelos bons procedimentos tira-se pelo menos todo pretexto de represálias; de um inimigo pode-se fazer um amigo, antes e depois da sua morte. Pelos maus procedimentos, ele se irrita, *e é então que serve de instrumento à justiça de Deus para punir aquele que não perdoou*.

— "6. Pode-se, pois, ter inimigos entre os encarnados e entre os desencarnados; os inimigos do mundo invisível manifestam sua malevolência pelas obsessões e pelas subjugações, das quais tantas pessoas são alvo, e que são uma variedade das provas da vida; essas provas, como as outras, ajudam ao adiantamento e devem ser aceitas com resignação, e como conseqüência da natureza inferior do globo terrestre; se não houvesse homens maus na Terra, não haveria Espíritos maus ao redor dela. Se, pois, deve-se ter indulgência e benevolência para com os inimigos encarnados, devemos tê-la igualmente para com os inimigos desencarnados.

— "Outrora, sacrificavam-se vítimas sangrentas para apaziguar os deuses infernais, que não eram outros senão os Espíritos maus. Aos deuses infernais sucederam os demônios, que são a mesma coisa. O Espiritismo veio provar que esses demônios não são outros senão as almas dos homens perversos, que não se despojaram ainda dos instintos materiais; *que não se pode apaziguá-los senão pelo sacrifício de seu ódio, quer dizer, pela caridade*; que a caridade não tem apenas por efeito impedi-los de fazer o mal, mas de os conduzir ao caminho do bem, e de contribuir para a sua salvação. É assim que a máxima: *Amai os vossos inimigos* não está circunscrita ao círculo estreito da Terra e da vida presente, mas se integra na grande Lei da Solidariedade e da Fraternidade universais" (*O Evangelho Segundo o Espiritismo* – Capítulo XII – Amai os Vossos Inimigos – Itens 5 e 6).

Enquanto a família, unida em um mesmo propósito, procedia à leitura d'*O Evangelho Segundo o Espiritismo*, Davi adentrou a Unidade de Terapia Intensiva, onde se encontrava Virginia. Aproximou-se do leito da enferma e, com raiva, gritou em seu ouvido:

— Não mais mandarei serviçais para cuidar de você, farei eu mesmo o trabalho necessário a sua punição. Você me ouve? Estou aqui a sua espera. Sou paciente e não arredarei pé do seu lado, sua meretriz traidora!

Conforme ele falava, Virginia reagia à densa energia que Davi expelia em sua direção. O corpo da infeliz começou a tremer e poucos instantes depois grave crise convulsiva acontecia.

A equipe médica de plantão correu em socorro de Virginia, e nós passamos a envolver Davi em uma espécie de cúpula energética que isolava seus sentimentos. Virginia foi se acalmando, mas os danos estavam feitos. Seu cérebro, afetado pelo desequilíbrio químico provocado pela ação de Davi, foi atingido por grave crise isquêmica, prejudicando ainda mais o estado de saúde física de Virginia. Esta, desligada parcialmente do corpo material, encolhida a um canto da sala, em convulsivo pranto de pavor, levantou os olhos e implorou em silêncio por auxílio. Aproximamo-nos da infeliz criatura e passamos a energizá-la para que se acalmasse e pudesse descansar um pouco.

Davi, envolvido pela cúpula energética plasmada com amor, sentiu-se fraco e, revoltado, nos olhou com raiva. Infelizmente, o sentimento de ódio ainda o dominava sobremaneira, porém percebemos o tormento que lhe ia na alma. Maria Inês carinhosamente se aproximou e sentou-se a seu lado, dizendo:

— Também não arredarei pé do lado do irmão até que se conclua esse tormento que inflige a si mesmo.

Davi a olhou e disse:

— Não entendo seu altruísmo, não entendo!

Maria Inês sorriu com bondade e apenas sugeriu:

— Descanse um pouco, meu amigo, apenas descanse!

CAPÍTULO XXIX

⁂

Amor, desencarne e redenção

890. O amor maternal é uma virtude ou um sentimento instintivo, comum aos homens e aos animais?

É uma coisa e outra. A Natureza deu à mãe o amor pelos filhos, no interesse de sua observação; mas no animal esse amor é limitado às necessidades materiais: cessa quando os cuidados se tornam inúteis. No homem ele persiste por toda a vida e comporta um devotamento e uma abnegação que constituem virtudes; sobrevive mesmo à própria morte, acompanhando o filho além da tumba. Vedes que há nele alguma coisa mais do que no animal.

(O Livro dos Espíritos – Livro III – As Leis Morais – Capítulo XI – Lei de Justiça, Amor e Caridade – Item IV – Amor Maternal e Filial)

Os dias foram passando lentamente! Junior, já recuperado o suficiente, recebeu alta e voltou para casa. Porém, Virginia, a cada dia mais fraca, permanecia internada na UTI. A hemorragia provocada pelos golpes violentos desferidos contra seu abdômen voltou de maneira intensa. Os médicos pediram a Samuel uma reunião da família para decidirem o que fazer.

Mais uma vez, nosso amigo foi obrigado a uma decisão difícil, porém, com o apoio de seus filhos, tinha certeza de que iriam fazer o melhor. A família, entristecida, e já ciente do que encontraria, permaneceu unida, e cada um procurou controlar seus próprios sentimentos.

Saulo os recebeu à entrada do hospital. Carinhosamente abraçou a todos, mostrando mais uma vez sua solidariedade.

Reunidos na mesma sala em que Samuel precisou decidir sobre a melhor forma de tratar sua mãe, ele relembrou o auxílio recebido e como tudo fora conduzido da maneira mais caridosa. Respirou fundo e, emocionado, elevou o pensamento a Deus:

— Senhor, mais uma vez este seu filho vem humildemente pedir sua ajuda. Por favor, cuide de Virginia e também de seus companheiros espirituais para que se tornem lúcidos e arrependidos de seus desacertos, para que consigam aceitar o socorro necessário, dessa maneira não complicando ainda mais suas vidas.

Os médicos envolvidos no tratamento de Virginia adentraram a sala e cumprimentaram, amáveis, a família que já conheciam devido a tantas passagens difíceis nos últimos tempos.

— Infelizmente, não temos boas notícias de Virginia. A hemorragia não está cedendo. Precisaríamos fazer uma nova cirurgia, mas, no estado de debilidade em que ela se encontra, com certeza não resistirá. Aconselhamos que a deixem partir em paz, sem prolongar seu sofrimento. Ela está praticamente sedada o tempo todo — falou o médico.

— Não há mesmo mais nada a ser feito? — perguntou Samuel.

— Infelizmente não, meu amigo. Podemos dar-lhe conforto, nada mais — respondeu o outro, com compaixão.

— Nós poderemos vê-la? — perguntou Sophia com a voz embargada.

— Pediremos que ela seja removida para um quarto particular, e vamos liberar as visitas — respondeu Saulo.

— Quanto tempo mais ela ficará conosco? — indagou Sara.

— Acreditamos que no máximo vinte e quatro horas — tornou o médico.

Samuel, olhando para as filhas, disse:

— Vou tomar algumas providências na empresa e volto para ficar com Virginia.

— Não se preocupe, Samuel. Até conseguirmos um quarto demorará pelo menos umas três horas — respondeu Saulo.

— Agradeço o que têm feito por minha família. Que Deus os abençoe por sua atenção caridosa — disse Samuel se dirigindo à equipe de médicos.

Virginia foi transferida para um quarto em poucas horas. Sara e Sophia a esperavam ansiosamente. A doente, embora enfraquecida, estava lúcida. Ainda na UTI, em um momento de lucidez, solicitou aos médicos que não a sedassem novamente, pois percebera a gravidade de seu estado de saúde. Os médicos, incertos, informaram-na sobre as dores que sentiria sem a sedação. Mas Virginia os convencera dizendo que precisava aproveitar as poucas horas que lhe restavam convivendo com seus familiares. Sorrindo, dissera que esses poucos momentos que lhe restavam deveriam valer por uma vida. Quando chegou ao quarto, olhou a sua volta e, comovida, fitou as filhas. Disse-lhes:

— Dêem-me um abraço, por favor.

As meninas se aproximaram, a abraçaram e beijaram carinhosamente. Virginia, com voz fraca, lhes pediu:

— Gostaria muito de falar com Leonora. Vocês podem lhe pedir que venha até o hospital?

— Posso sim, mamãe, mas...

— Não se preocupe, Sara. Minha intenção é pedir perdão por todo o mal que lhe fiz. Por favor, façam isso para mim.

— Então, descanse um pouco, mãe. Você está muito cansada — aconselhou Sophia.

— Cante para mim, minha filha? — pediu Virginia com um sorriso nos lábios. — Aquela música que eu gosto.

Sophia começou a cantar com emoção, segurando as mãos de Virginia, que adormeceu serenamente. Davi, a um canto do quarto, olhava estupefato a cena que se desenrolava a sua frente. Furioso, olhou-nos e perguntou:

— O que fizeram a ela? Hipnotizaram-na? Ou ela está fingindo ter se arrependido com medo de me encontrar? Deve ser isso. Ela não pode ter mudado tanto, é somente fingimento. Vocês não vêem? Ninguém consegue me enganar, eu descobri a tramóia que essa embusteira está preparando, mas estarei aqui quando ela morrer. Vou esperar, e a mim ela não engana. Eu a conheço como ninguém.

Olhava para nós e caminhava de uma ponta a outra do quarto, irritado, sem conseguir se aproximar de Virginia, que, também adormecida, no Plano Espiritual, se fortalecia em doce meditação.

Maria Inês a envolveu em um carinhoso abraço no instante em que, desligada pelo sono, aproximou-se de nós cambaleante. Agora, acolhida no seio maternal dessa irmã amorosa, descansava sob o som angelical da voz de Sophia.

Samuel voltou ao hospital após encaminhar os seus compromissos profissionais, dividindo tarefas com seus funcionários que, prestativos e agradecidos pelo respeito com que eram tratados, prontamente se ofereceram para ajudar a família. Antes de retornar ao hospital, foi buscar Junior e colocou-o a par dos últimos acontecimentos, auxiliado por Saulo, que providenciou transporte médico para o filho ficar ao lado de sua mãe nesses momentos finais.

Assim que entrou no hospital, encontrou-se com Leonora em frente ao elevador. Curioso, olhou-a.

— Sophia me telefonou e disse que Virginia quer falar comigo. Vim imediatamente, pois ela me avisou sobre a gravidade do estado de saúde da mãe.

— Leonora, não sei como ela irá se portar. Caso se desequilibre, peço que nos perdoe — desculpou-se Samuel.

— Não creio que minha mãe irá fazer algo de ruim. Sinto que ela está melhor do que em qualquer momento dessa vida — falou Junior, sentado em uma cadeira de rodas.

— Sou da mesma opinião, Junior. Esta encarnação de Virginia perto de vocês, sua família amorosa, que sempre a apoiou, mesmo nos momentos mais traumáticos, com certeza em algum instante precioso acordaria o amor que ela sente por todos vocês — disse Leonora acariciando a cabeça do rapazinho. — Tenhamos fé, porque o Senhor nunca nos abandona nos momentos mais sofridos.

Chegando à porta do quarto, Leonora elevou o pensamento a Deus e adentrou o recinto. No mesmo instante, Virginia abriu os olhos e a fitou, mas sua visão abrangeu os dois mundos. Então viu Davi recostado a um canto do quarto. Observou quando ele se levantou e avançou sobre Leonora, que sentiu ligeira tontura e precisou se apoiar em Samuel. Virginia gritou apavorada:

— Deixe-a em paz! Não vê que estamos em nossos últimos momentos? Deixe-a em paz! Ela é que cuidará de minha família daqui para a frente. Deixe-a em paz! Eu vou com você, mas deixe-a em paz!

Gritando, apavorada, Virginia ergueu o corpo no leito alvo, e voltou a cair devido à fraqueza que sentia. Pareceu voltar a si e caiu em sentido pranto.

Sophia, com os olhos arregalados, disse baixinho, traindo o próprio pavor:

— Eu o vi, eu o vi!

— Viu quem, Sophia, o que você viu? — perguntou Samuel se aproximando da filha, enquanto Sara e Leonora socorriam Virginia.

— Um homem muito grande e muito feio. Ele é todo deformado, tem mãos em forma de garra. Quando Leonora entrou no quarto, ele avançou para ela, e minha mãe passou a gritar com ele — disse Sophia, entre lágrimas de pavor.

— Sophia, o que temos aprendido nos últimos tempos? O que devemos fazer, quando percebemos a presença desses irmãos infelizes? — perguntou Samuel, levantando o queixo da filha com delicadeza.

— Orar para que possam se sentir melhor e conseguir enxergar a luz de Jesus.

Junior segurou a mão da irmã e disse com carinho:

— Então, vamos orar para ele e para nossa mãe, que acaba de nos defender com seu amor — falou, olhando com carinho para sua mãe.

Todos unidos pelas mãos envolveram Virginia e fizeram a oração que nosso Mestre Jesus nos ensinou: o Pai-Nosso.

Virginia sorriu, feliz, com as palavras de Junior, e fixou seus olhos nesse rapazinho singular. Comovida, percebeu brilhante facho de luz que o envolvia e se expandia durante a oração. Sentiu doce calor a envolvendo. Olhando para o canto onde estava Davi, mentalmente pediu-lhe que a perdoasse e permitisse a si mesmo sentir o que ela mesma nunca acreditara ser possível. Davi a olhava sem entender como aquela a quem ele havia perseguido durante séculos parecia lhe fugir à visão. A cada segundo que passava, ela lhe parecia mais e mais distante.

Enraivecido, saiu do quarto e, sem suportar o frio que sentiu ao se distanciar de Virginia, caminhou cabisbaixo, sentindo-se fraco e infeliz. Deixou-se cair aos pés da cama de Virginia e adormeceu.

Davi ficou ali, inerte, sem vontade de se mexer ou mesmo de pensar. Maria Inês se aproximou e o tomou nos braços, como a uma criança, e passou a embalá-lo com carinho maternal. Sophia sentiu necessidade de cantar e, com a voz comovida, entoou doce canção infantil.

Virginia fechou os olhos e deixou-se embalar. Estendendo as mãos, chamou por Leonora e, num último esforço, falou:

— Cuide de minha família, ela é sua por direito e por amor. Perdoe-me o ciúme doentio e desnecessário, pois você é uma mulher digna. Samuel, venha aqui perto. — Samuel se aproximou, chorando, e Virginia lhe disse: — Não chore, nunca me senti tão bem em toda minha vida. Quero que vocês dois sejam felizes juntos, sei que sempre se amaram, um amor digno e fiel, como eu nunca fui capaz de sentir. Meus filhos, sei que não tenho direito a isso, pois nunca mereci, mas me orgulho de vocês. Se posso pedir algo a Deus, nesse momento, peço a ele que os guarde sempre de todo mal. — Dizendo isso, Virginia fechou os olhos com serenidade.

Comovidos com os desígnios abençoados de nosso Pai, passamos a auxiliar a equipe que procedia ao desligamento de nossa irmã.

Maria Inês, com Davi nos braços, fez emocionada prece, agradecendo o socorro que presenciamos nesses abençoados dias de reajuste. Davi abriu lentamente os olhos e, embargado, viu Virginia, seu antigo amor Helena, sendo desligada do corpo material. Disse-lhe em um murmúrio:

— Eu a perdi para sempre!

Maria Inês olhou-o e respondeu:

— Está enganado, meu amigo, você acaba de encontrá-la para sempre. Vamos também para o lugar certo, visando ao nosso crescimento. Teremos a nossa frente muito trabalho de renovação.

CAPÍTULO XXX

Mensagem reconfortadora

893. Qual a mais meritória de todas as virtudes?

Todas as virtudes têm o seu mérito, porque todas são indícios de progresso no caminho do bem. Há virtude sempre que há resistência voluntária ao arrastamento das más tendências; mas a sublimidade da virtude consiste no sacrifício do interesse pessoal para o bem do próximo, sem segunda intenção. A mais meritória é aquela que se baseia na caridade mais desinteressada.

(O Livro dos Espíritos – Livro III – As Leis Morais – Capítulo XII – Perfeição Moral – Item I – As Virtudes e os Vícios)

Os primeiros dias após o desencarne de Virginia foram de reequilíbrio para a família de Samuel. Sabiam que nada mais havia a ser feito, a não ser orar e lhe enviar doces energias de amor e perdão. Mas a saudade e a insegurança do estado atual de Virginia parecia enfraquecê-los.

Durante uma visita a Casa Espírita Caminheiros de Jesus, Samuel e seus filhos tiveram grata surpresa à espera.

Sandra, ao vê-los no salão assistindo à palestra, pediu à pessoa responsável aos encaminhamentos da noite que os fizesse entrar em sua pequena sala de trabalho.

— Boa noite, Samuel! Boa noite, meninos! Sejam bem-vindos!

—- Sandra, nós viemos apenas para a palestra, não pedimos atendimento — explicou Sara.

— Eu sei, Sara. Fui eu que pedi a Marisa para encaminhá-los — respondeu a outra com um sorriso.

— Tem alguma coisa errada? — perguntou Samuel.

— Não, pai. Não tem nada de errado. Acho que Sandra tem notícias de minha avó e de minha mãe — disse Junior com um sorriso de contentamento nos lábios.

— Muito bem, Junior. Você acertou — respondeu Sandra.

— Percebi, porque você estava muito feliz, como quando alguém quer ofertar um presente-surpresa — falou o rapaz.

— Você é bastante perspicaz, meu amigo. Que tal começar a freqüentar a Mocidade Espírita da Casa? — convidou Sandra.

— Espero apenas receber alta. Aí sim vou me dedicar aos estudos espíritas. Estou procurando entender algumas coisas. Estudo *O Livro dos Espíritos* com meu pai.

— Todos nós estamos estudando, e Saulo pretende se unir a nosso pequeno grupo — afirmou Sara.

— Isso é muito bom. E o presente a que Junior se referiu é uma mensagem psicografada em nossa casa. Já passou por uma equipe de correção doutrinária, e foi aprovada para ser entregue — disse-nos Sandra.

— Nossa! Não sabia que havia todo um trabalho por trás de uma simples mensagem — comentou Junior.

— Esse é um trabalho muito importante, pois a mensagem escrita, quando bem elaborada pelo Plano Espiritual, traz alento àqueles que ainda permanecem no mundo dos encarnados. Essas correspondências podem ser de cunho doutrinário, consolador ou esclarecedor; mas é de responsabilidade dos freqüentadores da casa que já possuem algum conhecimento estudá-las e avaliar seu conteúdo — explicou Sandra.

— Pode acontecer de serem psicografadas mensagens que não sejam boas? — perguntou Sophia.

— Pode sim! Nós somos seres imperfeitos, e muitas vezes também podemos ser envolvidos por espíritos ignorantes, que não têm o objetivo da caridade, e sim de causar conflitos e alimentar desequilíbrios, ou até mesmo desejar alimentar a própria vaidade. Por isso é importante que os grupos de psicografia também tenham apoio de membros da casa, que se proponham analisar os textos recebidos — esclareceu a trabalhadora do centro.

— Isso nos deixa mais confiantes no recebimento dessas mensagens porque uma só pessoa não consegue perceber aspectos variados ou diferentes da mesma coisa. O que um não viu, o outro pode perceber — completou Sara.

— Exatamente. Precisamos ser humildes em aceitar várias opiniões, e isso é fácil quando o objetivo não é personalizar, e sim trabalhar em conjunto para um mesmo objetivo — disse-nos Sandra.

— E a mensagem, onde está? — indagou Sophia, demonstrando certa ansiedade.

— Aqui mesmo. Deixe-me pegá-la. — Sandra, tomando uma pasta nas mãos, olhou dois envelopes e escolheu um. — Aqui está! — E o entregou a Samuel.

Este, comovido, retirou a folha psicografada de dentro do envelope e viu no final da página a assinatura de sua mãe.

— Pai, leia em voz alta! — pediu Sophia.

— "Queridos filho e netos, graças à bondade de Deus, estou muito bem. Fui prontamente socorrida por amigos leais e amorosos. Durante algum tempo fiquei sob os cuidados de bendita casa de saúde, onde me fortaleci e me preparei para esse novo e bendito caminho. Sabemos que estão preocupados com Virginia, mas sosseguem seus corações; ela vive momentos delicados para manter o pouco de sanidade que conseguiu nos últimos dias de sua encarnação. Sua luta será árdua, mas acredito que a vencerá, pois já consegue sentir o que um momento de paz pode fazer por nosso espírito, ainda infiel à verdadeira moral. Estamos cuidando dela com carinho e pedimos a vocês, nossa amada família terrena, que continuem a orar, nos beneficiando com essa energia bendita de amor e perdão. Deus os abençoe, e, se me for permitido, voltarei a escrever por intermédio desses abnegados trabalhadores do Senhor."

Eles se abraçaram, felizes. Sophia comentou:

— Estou contente com a cartinha da vovó. É bem a cara dela. Falou-nos a verdade, sem tampar o sol com a peneira, como ela costumava dizer. E também nos mostrou que, embora a verdade não seja exatamente do tamanho que nós gostaríamos que fosse, ela também poderá ser modificada de acordo com nosso esforço.

— É verdade. Se a mensagem dissesse que tudo estava às mil maravilhas, eu não acreditaria. Nós já temos uma noção da Lei de Ação e Reação, e sabemos que nossa mãe tem muita coisa para acertar. É exatamente da maneira que a vovó descreveu que eu imaginei. Minha mãe sendo cuidada, mas também com algumas dificuldades — expressou Sara.

— O importante é que ela está sob os cuidados de bons amigos. Agora vai depender somente dela mesma — completou Junior.

— Penso também, Sandra, em como estará aquele senhor que eu vi no hospital. Ele estava tão mal. Será que aceitou o auxílio que pedimos? — perguntou Sophia.

— Esse irmão é um antigo companheiro de minha mãe, não é? Se mamãe conseguiu entender alguma coisa boa e modificou sua relação conosco, mesmo que por alguns dias, talvez ele também tenha conseguido enxergar algo — concluiu Junior.

— Sabem, não devemos esperar demais de nossos atendidos. Uns conseguem enxergar um pouquinho mais que os outros. Mas uma faísca, por menor que seja, pode causar um grande incêndio, e essa claridade é do tamanho que nossos olhos possam agüentar. Acredito que a modificação de Virginia nos últimos dias também auxiliou esse irmão a questionar o seu próprio caminho. Quando orarem, lembrem-se dele com carinho — sugeriu Sandra.

— Você pode nos dizer se ele também foi recolhido? — perguntou Sara.

— Pergunte a seu coração. O que sente em relação a tudo que viveram? Pense nesse irmão com carinho e saberá intuitivamente como ele está.

— Isso nos faz aprender a nos relacionar com a vida, não é isso? — perguntou Samuel.

— Exatamente. Não aceitem respostas prontas, que facilitam apenas o lado material da vida. Busquem dentro de vocês mesmos as respostas e as perguntas que necessitam, para encontrar a própria tranqüilidade. Façam dos questionamentos instrumentos de crescimento, e não só de curiosidade — falou Sandra.

— Obrigado pela atenção e pelo carinho que dedicaram a nossa família. Espero, com sinceridade, que a partir desse momento possamos passar do papel de auxiliados para o de auxiliadores, dessa maneira agradeceremos o bem recebido — disse-lhe Samuel.

Sandra levantou-se da cadeira e abraçou a todos carinhosamente:

— Que maravilha! Só aqui contamos com mais quatro encarnados trabalhando em nossa casa de socorro. Sejam bem-vindos em nome de Jesus!

Contentes com o caminhar dos acontecimentos, saímos da Casa Espírita Caminheiros de Jesus e nos dirigimos ao Hospital onde Virginia e Davi estavam internados. Lá encontramos Maria Inês.

— Boa noite, meu amigos.

— Boa noite. Viemos saber notícias de Virginia e Davi.

— Ainda estão adormecidos. Davi com raros momentos de lucidez; mas Virginia nos surpreende, pois mais e mais nos parece equilibrada; enfim, melhora dia a dia — respondeu Maria Inês com alegria.

— Você sabe se há algum planejamento para o futuro dos dois? — perguntei, confesso que com certa curiosidade.

— Há sim, Vinícius. Estou me preparando para reencarnar. Irei ao planeta por meio de Samuel e Leonora, em dois ou três anos. Então, em idade propícia, receberei Virginia e Davi como meus filhos — disse-nos Maria Inês sorrindo.

— Você voltará ao planeta? — Ineque indagou com surpresa.

— Voltarei, sim. Por que o amigo se surpreendeu? — perguntou Maria Inês.

— Tivemos notícias de que a irmã foi convidada a exercer importante tarefa em um Plano Superior — ele lhe respondeu.

— Nada que não possa ser adiado por um tempo. Conversei com bons amigos, mais esclarecidos do que eu mesma, e chegamos à conclusão de que seria mais importante, neste momento, o encaminhamento de meus tutelados pelo amor. Depois, sim, assumirei outras tarefas.

Emocionado, olhei para aquela irmã e percebi o altruísmo de seu espírito, a renúncia consciente que fazia em prol de seu próximo. Senti-me afortunado por ter partilhado desses momentos de aprendizado por meio do exemplo edificante de amor e tolerância. Agradecido, ajoelhei-me a seus pés e respeitosamente beijei suas mãos.

Entendi, então, como um simples gesto pode ser sentido com humildade, pois ela também se ajoelhou em minha frente e carinhosamente beijou minha face, dizendo:

— Somos valorosos uns aos outros. Quando unidos em benefício da humanidade, cresceremos como irmãos de Cristo.

CAPÍTULO XXXI

~~~

Um espírito de luz chega ao planeta

919. Qual o meio prático mais eficaz para se melhorar nesta vida e resistir ao arrastamento do mal?

Um sábio da Antiguidade vos disse:
"Conhece-te a ti mesmo".

(O Livros dos Espíritos – Livro III – Livro III – As Leis Morais – Capítulo XII – Perfeição Moral – Item V – Conhecimento de Si Mesmo)

Quando tudo vai bem, o tempo parece passar com rapidez. Assim sentiam Samuel e sua família.

Saulo e Sara iriam se casar em breve. Ansiosos com os preparativos, pareciam correr de um lado a outro e, na realidade, nada resolver. Sophia os observava sorrindo e também estava um tanto inquieta, pois sua partida para a Itália estava próxima. Às vezes se sentia insegura de ficar longe das pessoas que mais amava, depois refletia e pensava que era o que gostaria de fazer: estudar canto lírico e se dedicar a essa carreira, e tinha consciência de que, por meio da boa música, poderia auxiliar muitos espíritos a elevar seus pensamentos ao Bem Maior.

Junior, próximo de terminar o segundo grau, decidiu que prestaria vestibular para medicina. Admirava o trabalho do futuro cunhado e, conversando com ele, sentiu-se incentivado. Acreditava em sua capacidade para atender e minimizar o sofrimento alheio.

Samuel e Leonora, cada vez mais próximos, sentiam-se felizes e realizados. Passavam horas conversando e, encantados, descobriam as muitas afinidades que possuíam.

Tudo estava bem e tudo ficaria a cada dia melhor; era assim que sentiam.

No dia do casamento de Sara e Saulo, estávamos presentes. Alegres, percebemos o clima de amizade e amor entre todos. Finalmente viviam em paz.

Dois anos se passaram!

Maurício entrou no Posto de Socorro ansioso à nossa procura e foi logo falando:

— Precisamos ir à maternidade agora.

— Maternidade? Do que o amigo está falando? — perguntei sorrindo.

— Maria Inês está para nascer!

— Já? — perguntei com cara de bobo.

— Já. Samuel e Leonora a estão recebendo como filha. Vamos rápido! Quero estar presente neste maravilhoso momento — replicou, já saindo da sala.

Encaminhamo-nos à maternidade da cidade e presenciamos, com satisfação, o nascimento de uma menina saudável e linda por sua própria luz.

Samuel, ao lado de Leonora na sala de parto, olhou para aquele pequenino corpo e estendeu os braços. Acolheu-a com delicadeza e mostrou-a a sua esposa.

— Olhe, meu amor, olhe para ela!

— Oh! Minha filha, sinto que a conheço. Seja bem-vinda — disse Leonora, chorando mansamente e estendendo os braços.

A família de Samuel e a família de Leonora, reunidas na sala de espera, ansiosas para ver o novo membro daquela família feliz, oravam e sorriam uns para os outros.

Nesse momento, vimos dona Heloísa de mãos dadas com Virginia, adentrarem a sala de parto.

Virginia se aproximou mansamente de Leonora e Samuel. Com admirável doçura, se aproximou da criança recém-nascida e disse-lhe:

— Estou feliz! Não sinto mais nenhuma raiva e nenhum ódio, dona Heloísa. Estou feliz! Posso desejar de coração a esses pais e a essa criança tudo que há de bom no mundo de Deus. E aqui, agora, digo a você, minha futura mãe: estou indo, de livre e espontânea vontade, pedir a oportunidade de renascer em seus braços.

Virginia se inclinou, amorosamente, e depositou um beijo na fronte da criança, que sorriu, feliz.

— Samuel, você viu? Ela sorriu! — encantou-se Leonora.

— Ela é linda, Leonora! Ela é linda! Qual o nome que lhe daremos?

— Clara, como o espírito iluminado da companheira de Francisco de Assis. Clara, somente Clara.

Saímos da maternidade e Maurício, sorridente, nos convidou a visitar o local onde se localizava a Comunidade das

Sombras há tempos idos. Aceitamos o convite de nosso amigo e para lá nos dirigimos.

Admirados, encontramos belíssimo prédio material que abrigava um Centro Comunitário para jovens da região. A luz incidia esplendorosa sobre o local. A natureza exuberante exibia colorido indescritível, e, no Plano Espiritual, molde aprimorado para a matéria, grande número de espíritos iam e vinham em busca de lazer saudável, direcionado ao aprendizado e esclarecimento de todos aqueles que se dispunham à renovação da vida.

Afastamo-nos rumo ao firmamento e, comovido, voltei-me para observar o que antes abrigava tristes furnas de redenção. Observei delicado feixe luminoso que, ao tocar o solo, explodiu em delicadas gotículas de luz, que, por sua vez, se expandiam e iluminavam cada canto daquelas paragens.

Ajoelhei-me e intensa emoção me envolveu. Entendi que essa era apenas mais uma das maravilhas do Reino de Deus!

Abençoados somos por ser Filhos de um Pai tão amoroso!

Vinícius

Ribeirão Preto, 26 de julho de 2006

Leia os romances de Schellida!
Emoção e ensinamento em cada página!
Psicografia de Eliana Machado Coelho

O Brilho da Verdade
Samara viveu meio século no Umbral passando por experiências terríveis. Esgotada, consegue elevar o pensamento a Deus e ser recolhida por abnegados benfeitores, começando uma fase de novos aprendizados na espiritualidade. Depois de muito estudo, com planos de trabalho abençoado na caridade e em obras assistenciais, Samara acredita-se preparada para reencarnar.

Um Diário no Tempo
A ditadura militar não manchou apenas a História do Brasil. Ela interferiu no destino de corações apaixonados.

Despertar para a Vida
Um acidente acontece e Márcia, uma moça bonita, inteligente e decidida, passa a ser envolvida pelo espírito Jonas, um desafeto que inicia um processo de obsessão contra ela.

O Direito de Ser Feliz
Fernando e Regina apaixonam-se. Ele, de família rica, bem posicionada. Ela, de classe média, jovem sensível e espírita. Mas o destino começa a pregar suas peças...

Sem Regras para Amar
Gilda é uma mulher rica, casada com o empresário Adalberto. Arrogante, prepotente e orgulhosa, sempre consegue o que quer graças ao poder de sua posição social. Mas a vida dá muitas voltas.

Um Motivo para Viver
O drama de Raquel começa aos nove anos, quando então passou a sofrer os assédios de Ladislau, um homem sem escrúpulos, mas dissimulado e gozando de boa reputação na cidade.

O Retorno
Uma história de amor começa em 1888, na Inglaterra. Mas é no Brasil atual que esse sentimento puro irá se concretizar para a harmonização de todos aqueles que necessitam resgatar suas dívidas.

Dois romances imperdíveis!
Obras do espírito Caio Fábio Quinto
Psicografia de Christina Nunes

SOB O PODER DA ÁGUIA
Uma viagem até a Roma Antiga na qual o general Sálvio Adriano viverá um grande drama em sua vida ao lado de Helatz, sua prisioneira, e o irmão dela, Barriot.

ELYSIUM - Uma História de Amor entre Almas Gêmeas
Cássia acordou em uma cidade espiritual na Itália. E nem imaginava que um grande amor estava à sua espera há anos.

Romances do espírito Eugene!
Leituras envolventes com
psicografia de Tanya Oliveira

LONGE DOS CORAÇÕES FERIDOS
Em 1948, dois militares americanos da Força Aérea vão viver emoções conflitantes entre o amor e a guerra ao lado da jornalista Laurie Stevenson.

O DESPERTAR DAS ILUSÕES
A Revolução Francesa batia às portas do Palácio de Versalhes. Mas dois corações apaixonados queriam viver um grande amor.

A SOMBRA DE UMA PAIXÃO
Um casamento pode ser feliz e durar muitos anos. Mas um amor de outra encarnação veio atrapalhar a felicidade de Theo e Vivian

bra do Espírito Vinícius (Pedro de Camargo)
Aprendizado na espiritualidade!
Psicografia de Eliane Macarini

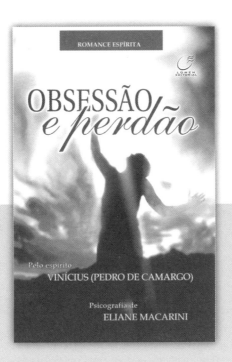

Obsessão e Perdão

Não há mal que dure para sempre. E tudo fica mais fácil quando esquecemos as ofensas e exercitamos o perdão.
Este é o ensinamento que o espírito Vinícius, o conhecido amigo Pedro de Camargo, vem nos trazer com Obsessão e Perdão, por intermédio da psicografia de Eliane Macarini. Nesta obra, vamos conhecer a história da família de Maria de Lourdes, abastada médica que enfrenta um sério caso de obsessão com reflexos em toda a família e em sua fazenda. O comando do mal estava a cargo de Hazim, espírito com forma quase animalesca que chefia uma falange dominada pelo terror.

Obras da médium Maria Nazareth Dória
Mais luz em sua vida!

A Saga de Uma Sinhá (espírito Luiz Fernando - Pai Miguel de Angola)
Sinhá Margareth tem um filho proibido com o negro Antônio. A criança escapa da morte ao nascer. Começa a saga de uma mãe em busca de seu menino.

Lições da Senzala (espírito Luiz Fernando - Pai Miguel de Angola)
O negro Miguel viveu a dura experiência do trabalho escravo. O sangue derramado em terras brasileiras virou luz.

Amor e Ambição (espírito Helena)
Loretta era uma jovem nascida e criada na corte de um grande reino europeu entre os séculos XVII e XVIII. Determinada e romântica, desde a adolescência guardava um forte sentimento em seu coração: a paixão por seu primo Raul. Um detalhe apenas os separava: Raul era padre, convicto em sua vocação.

Sob o Olhar de Deus (espírito Helena)
Gilberto é um maestro de renome internacional, compositor famoso e respeitado no mundo todo. Casado com Maria Luiza, é pai de Angélica e Hortência, irmãs gêmeas com personalidades totalmente distintas. Fama, dinheiro e harmonia compõem o cenário daquela bem-sucedida família. Contudo, um segredo guardado na consciência de Gilberto vem modificar a vida de todos.

Um Novo Despertar (espírito Helena)
Simone é uma moça simples de uma pequena cidade interiorana. Lutadora incansável, ela trabalha em uma casa de família para sustentar a mãe e os irmãos, e sempre manteve acesa a esperança de conseguir um futuro melhor. Porém, a história de cada um segue caminhos que desconhecemos.

Jóia Rara (espírito Helena)
Leitura edificante, uma página por dia. Um roteiro diário para nossas reflexões e para a conquista de uma padrão vibratório elevado, com bom ânimo e vontade de progredir. Essa é a proposta deste livro que irá encantar o leitor de todas as idades.

Obras de Irmão Ivo: leituras imperdíveis para seu crescimento espiritual
Psicografia da médium Sônia Tozzi

O Preço da Ambição
Três casais ricos desfrutam de um cruzeiro pela costa brasileira. Tudo é requinte e luxo. Até que um deles, chamado pela própria consciência, resolve questionar os verdadeiros valores da vida e a importância do dinheiro.

O Amor Enxuga as Lágrimas
Paulo e Marília, um típico casal classe média brasileiro, levam uma vida tranqüila e feliz com os três filhos. Quando tudo parece caminhar em segurança, começam as provações daquela família após a doença do filho Fábio.

A Essência da Alma
Ensinamentos e mensagens de Irmão Ivo que orientam a Reforma Íntima e auxiliam no processo de autoconhecimento.

Quando Chegam as Respostas
Jacira e Josué viveram um casamento tumultuado. Agora, na espiritualidade, Jacira quer respostas para entender o porquê de seu sofrimento

Somos Todos Aprendizes
Bernadete, uma estudante de Direito, está quase terminando seu curso. Arrogante, lógica e racional, vive em conflito com familiares e amigos de faculdade por causa de seu comportamento rígido.

Impresso nas oficinas da
Gráfica Palas Athena